U0516556

中华经典藏书

资治通鉴

陈磊 译注

中华书局

图书在版编目(CIP)数据

资治通鉴/陈磊译注. —北京:中华书局,2016.1(2025.7
重印)
(中华经典藏书)
ISBN 978-7-101-11459-1

Ⅰ.资… Ⅱ.陈… Ⅲ.①中国历史-古代史-编年体②《资
治通鉴》-注释③《资治通鉴》-译文 Ⅳ.K204.3

中国版本图书馆 CIP 数据核字(2016)第 000212 号

书　　　名　资治通鉴
译 注 者　陈　磊
丛 书 名　中华经典藏书
文字编辑　宋凤娣
责任编辑　周梓翔
装帧设计　毛　淳
责任印制　陈丽娜
出版发行　中华书局
　　　　　　(北京市丰台区太平桥西里 38 号　100073)
　　　　　　http://www.zhbc.com.cn
　　　　　　E-mail:zhbc@zhbc.com.cn
印　　　刷　河北博文科技印务有限公司
版　　　次　2016 年 1 月第 1 版
　　　　　　2025 年 7 月第 17 次印刷
规　　　格　开本/880×1230 毫米　1/32
　　　　　　印张 12¾　插页 2　字数 180 千字
印　　　数　288001-296000 册
国际书号　ISBN 978-7-101-11459-1
定　　　价　26.00 元

前　言

　　《资治通鉴》是宋代史学家司马光和助手刘恕、刘攽、范祖禹、司马康等人历时 19 年编纂而成的史学巨著，是我国第一部编年体通史，规模空前。全书共 294 卷，约 300 多万字。其所记载的历史断限，上起周威烈王二十三年（前 403），下迄后周显德六年（959），涵盖了 1362 年的历史。

　　《资治通鉴》主编司马光（1019—1086），字君实，陕州夏县涑水乡（今属山西）人。后人因为他著有《涑水纪闻》，又称他为涑水先生。谥封为温国公，赐谥文正，又称司马温公、文正公。司马光生活在北宋中期，生于真宗天禧三年（1019），卒于哲宗元祐元年（1086），历经真、仁、英、神、哲五朝，其时正是文学家、史学家、哲学家辈出的时代。司马光为人诚笃正直，勤奋好学，政治态度保守，和王安石私交甚笃而反对其变法，在北宋有极高的声望。后来蔡京当权时期立"元祐党人碑"，第一个名字就是司马光，工匠因此拒绝署名。

　　司马光的修史工作开始于公元 1064 年。由于古代社会的大臣无法选择君主，于是只能尽力辅佐皇帝。自古以来的史书浩如烟海，皇帝不可能读得完，所以司马光希望将历史经验总结出来进献给皇帝，以供借鉴之用。最初称为《历年图》。公元 1066 年，即英宗治平三年，改称《通志》，当时写成前 8 卷，记载了从公元前 403 年到秦朝的历史，这是《通鉴》的早期范本。其时英宗皇帝支持司马光的想法，下诏置书局于崇文院，授权给他可以自己选择人员，书名改称《论历代君臣事迹》。公元 1067 年，英宗去世，神宗即位。其时司马光为侍讲学士，其修史的计划继续得到神宗的支持。皇帝为这部还未写成的史书赐名"资治通鉴"，就是希望它可以当作皇帝治国借鉴的史书。当年，神宗亲自写了序文。他授权司马光自己选择助手，可以在洛阳任意阅览国家书局的书籍，并将自己为颍王时的二千余册书籍全部都赐给了他。

从此以后，司马光和他选中的助手刘恕、刘攽、范祖禹及其子司马康一起，潜心编纂了这部史书。

刘恕（1032—1078），字道厚，筠州（今江西高安）人。政治观点和司马光接近，反对变法，富于史学才能，尤其善于治乱世史。

刘攽（1023—1089），字贡父，临江新渝（今江西新余）人。反对变法，专长在于汉史。

范祖禹（1041—1098），字淳甫，一字梦得。成都华阳（今属四川成都）人。幼年失怙，为叔祖范镇抚养长大，其政治和学术观点也都受到范镇的影响。他同样反对王安石变法，政治观点和司马光接近，但是学术观点却和他相异。范祖禹专治唐史，写成 600 卷，后来为司马光删成 81 卷，二人对于史事的看法也往往不同，因此后来范祖禹又有《唐鉴》传世，材料不及《通鉴》，但有些观点却在《通鉴》之上。

编纂过程中，司马光将其分成三个不同阶段，即丛目、长编和定稿。丛目是指标立事目、注明出处和排定时间。长编即是初稿，将史事作了编排，当时的原则是宁失之于繁，不可失之于略。刘恕、刘攽、范祖禹三人所做的工作到长编为止，其中战国到秦出于司马光的《通志》，两汉部分出自刘攽，刘恕编撰了魏晋南北朝部分，唐代部分出自范祖禹之手，至于五代则目前尚有疑问。全祖望、陈垣等人都曾作过分析，目前大多认为五代部分长编出于刘恕之手，司马光也参与了其中一部分的编撰工作。

在长编的基础上，司马光再来考证材料，加以分析删定，并对文字进行润色。虽然刘恕才华横溢，刘攽治学严谨，范祖禹纵论天下，但经过司马光的修定之后，全书风格前后一致。最后，在公元 1084 年，也就是神宗元丰七年，终于完成了《资治通鉴》这部史学巨著，开创了编年体通史这一体例。

《通鉴》在材料的分配上并不均匀，其中战国到三国共 646 年，78 卷。晋到隋历时 353 年，106 卷。唐五代 343 年，110 卷。这主要受制于史料的详略。三国以前史料的主要来源是前四史，并没有新的材料，因此内容极其简略。西晋到隋这一时期在编写时无疑参考了新的史料，但由于历史的原因，现在已无法分辨信史。而唐五代部分则运用了大量新史料，内容所占的比重也最大，是书中最具价值的部分。

北宋时期，天下承平日久，文化发展迅速，私人藏书大量增加，很多失传的史书比如唐代的国史、实录、时政记等都重现于世，因此司马光在编撰这一部分史书的时候，对于其时种种野史、官史、谱录、墓志、行状、碑碣材料无不毕览，今人认为书中所引用的材料有二百余种。

在《通鉴》的具体内容上，以周威烈王二十三年（前 403）为开端，这一年周王正式承认三家分晋，因为史书的目的即在于"史鉴"，司马光于此作了第一篇议论——"臣光曰"。下迄后周世宗显德六年（959），不及当代史。纪年的体例上，凡是一年有几个年号的，《通鉴》一律用最后一个。分裂时期，三国用魏、晋的年号，南北朝则用南朝。

和《史记》有所不同，司马迁的目标是"究天人之际，通古今之变，成一家之言"，重视天人关系和朝代更替的规律；而司马光写《资治通鉴》的目的则更加现实，他是要"鉴前世之兴衰，考当今之得失"。因此在选材上，能够为统治者提供借鉴作用的政治史就毫无疑问地占据了最重要的位置。《通鉴》极其重视政治，对于政治清明和黑暗时期都用功很深，也重视战争。举凡权力更迭、施政得失、制度沿替、人才进退都有详尽深入的记载，这些内容也是《通鉴》一书的精华所在，记述中尤其表现出编年史的优点。比起纪传体的一事互见于不同传记，《通鉴》在记述一件事、一项制度的时候，可以更清晰地表现出其全貌和发展变化的过程。

司马光也非常重视经济部分，对于有助于经济发展和造成经济破坏的种种内容书中都加以记述和分析，但是总的说来，这一部分比较琐碎，内容也少，尤其是关于社会生产和物质生活的资料。至于与统治没有直接关系的科学、文艺、思想、学术的内容在书中也记载极少。

《通鉴》的议论部分沿袭了以往史书的形式，即书中的"臣光曰"。全书共186篇，沿用前人的84篇，出于自己之手的102篇。内容主要是有关国家治乱和君臣之道的。总的说来，这些议论局限很大，大多表现了作者自身比较保守的政治观点，但也有一些出色的内容，比如卷二百六十三中评论唐代宦官的部分。

《通鉴》另有考异30卷，主要集中在南北朝以后，尤其是隋唐五代。由于史料丰富，很多史事都有相异的说法。一般的史书会经过考证选择其中一种，而司马光则是经过鉴别选择一种之后，将其余材料一概照录，然后加以分析，表明观点。这样保存了大量珍贵的资料，考异和本文一样，都是值得重视的史学著作。

概括地说，《通鉴》的史料价值极高，尤其是隋唐五代部分。在现存的史书中，《通鉴》可以和两《唐书》、《册府元龟》并列，制度的记述则可以和《唐会要》、《唐六典》相提并论。编纂方法也相当先进，参与的人员之间各取所长，明确分工，按照修史的过程部署了三个阶段，从提纲要领到资料汇编，最后定稿，开创了集体合作、分工负责、有步骤地编写大部史书的方法。

自然，《通鉴》也有不足之处，比如坚持用一个年号，这样在分裂时期，同时出现几个王朝，在时间记载上对于读者不是太方便。而且由于司马光本人在政治上的保守立场，《通鉴》对于变革均持保守态度。即使良史如司马光，有极其严格的修史标准，仍不可避免的造成了一定影响。同时由于过于注重"史鉴"的作用，书中在叙述具有典型性的明主、暴君时会有一定程度的归善和归恶，比如有关隋炀帝的记载就能看出明显的痕迹。当然这一点只要在读史时参以相关史书作出分析即可弥补。

哲宗元祐元年（1086）九月，司马光病逝，十月，《资治通鉴》出版。早在编撰过程中，神宗皇帝就称之为"前代未有之书"。完成以后，得到了极高的评价。宋人普遍视为"如桑麻谷粟"，不可或缺。清代的《四库全书总目提要》称赞它"网罗宏富，体大思精，为前古之所未有"。近人也大多推崇此书。后世对于《通鉴》的赞许，除了《史记》之外，几乎没有一部史书可以和它媲美。比起第一部纪传体通史，《通鉴》在文采上或者略逊，但是在史料的选择和写作的严谨程度上均有过之。

《通鉴》对后世历史编纂的影响极大。宋时已经有人为其作注，而以宋元之际的胡三省的《通鉴》注最为出色。胡三省（1230—1302）的注用力近三十年才成书，于正文下作注，再将考异插入。内容主要包括了注字音、地名、人物，注释典章文物，补充和修正史料。后人因此将胡注称为《通鉴》的大功臣。除此以外，历代都有《通鉴》一书的续撰、改编、评论、校补等著作问世。比较著名的有南宋时李焘的《续资治通鉴长编》、袁枢的《通鉴纪事本末》、朱熹的《通鉴纲目》；清王夫之的《读通鉴论》、毕沅的《续资治通鉴》、夏燮的《明通鉴》等传世。

本书限于篇幅，只选取《通鉴》记载的 26 项事件，而且因为其书自身的特点，选材上也倾向于政治方面，仅加以整理，稍作概括，希望读者通过这个选本能略微体会到《通鉴》

精华之万一。选择上挂一漏万，在所难免。自然，领略其书精髓最好的方法就是翻开《资治通鉴》，从第一页开始，读下去。

陈 磊

2015 年 12 月

目 录

秦纪

荆轲刺秦 …………………………………………… 1

汉纪

楚汉相争 …………………………………………… 9

诸吕之变 …………………………………………… 22

戾太子事件 ………………………………………… 33

王莽的复出 ………………………………………… 51

马皇后抑制外戚 …………………………………… 67

宦官专权 …………………………………………… 77

魏纪

司马懿诛曹爽 ……………………………………… 92

晋纪

桓温废立 …………………………………………… 107

淝水之战 …………………………………………… 126

齐纪

魏迁洛阳 …………………………………………… 136

梁纪

侯景之乱 …………………………………………… 151

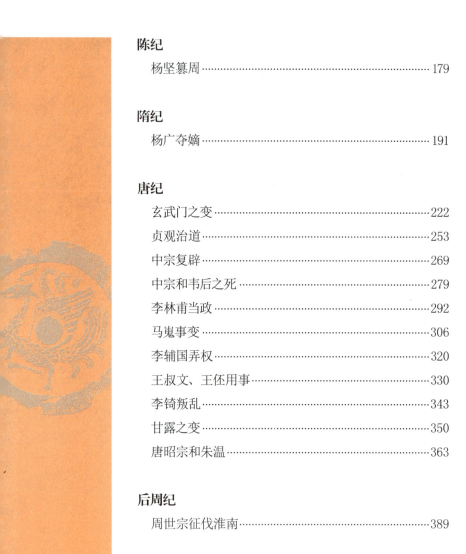

陈纪

杨坚篡周 ································ 179

隋纪

杨广夺嫡 ································ 191

唐纪

玄武门之变 ····························· 222

贞观治道 ······························ 253

中宗复辟 ······························ 269

中宗和韦后之死 ························· 279

李林甫当政 ····························· 292

马嵬事变 ······························ 306

李辅国弄权 ····························· 320

王叔文、王伾用事 ······················ 330

李锜叛乱 ······························ 343

甘露之变 ······························ 350

唐昭宗和朱温 ··························· 363

后周纪

周世宗征伐淮南 ························· 389

秦纪

荆轲刺秦

　　面对秦国的强大实力和咄咄逼人的野心，六国丢盔弃甲，一败涂地。燕国太子丹清醒地看到了自己国家的命运，他努力寻求可以挽救燕国的办法。在他看来，秦国和六国之间的实力对比过于悬殊，而且六国已经被秦国的强大吓破了胆，都战战兢兢，只求自保。所以他拒绝了太傅从长计议的主张，选择了他眼中最快、最有效的方式——刺杀秦王。

　　《通鉴》的记载比起《史记》来要简单得多。其着重点不在人物性格的塑造和人物关系的挖掘上，而将选材集中于太子丹和太傅的两种观点上，表现出《通鉴》和之前的史书记载方式与解读方式的不同。

燕太子丹怨王①,欲报之,以问其傅鞠武②。鞠武请西约三晋,南连齐、楚,北媾匈奴以图秦③。太子曰:"太傅之计,旷日弥久,令人心惛然④,恐不能须也⑤。"顷之,将军樊於期得罪⑥,亡之燕;太子受而舍之。鞠武谏曰:"夫以秦王之暴而积怒于燕,足为寒心,又况闻樊将军之所在乎!是谓委肉当饿虎之蹊也⑦。愿太子疾遣樊将军入匈奴!"太子曰:"樊将军穷困于天下,归身于丹,是固丹命卒之时也,愿更虑之!"鞠武曰:"夫行危以求安,造祸以为福,计浅而怨深,乃连结一人之后交,不顾国家之大害,所谓资怨而助祸矣⑧。"太子不听。

【注释】

①太子丹:燕王喜的太子,曾被送到秦国当人质,因为受到冷遇,逃回燕国。荆轲行刺秦王失败后,秦国发兵攻燕,太子丹率部退保辽东,被燕王喜斩首,奉献给秦国。

②鞠武:燕国太子丹的老师,曾跟随太子丹到赵国都城邯郸做人质。

③媾(gòu):求和。

④惛(hūn)然:神智不清。

⑤须:等待。

⑥樊於期:秦国将领,由于反对秦王获罪逃亡入燕。

⑦蹊(xī):小路,路。

⑧资:帮助。

【译文】

始皇帝十九年（前228），燕太子丹怨恨秦王嬴政，想要报复，于是就向太傅鞠武求教。鞠武提出燕国和西面的三晋，南面的齐、楚联合，同时和北方的匈奴结好，来共同对付秦国。太子丹说："太傅的计策，旷日持久，让人心神不宁恐怕我们等不及。"不久，秦国将军樊於期得罪了秦王逃到燕国，太子丹收留了他，还提供地方安顿他。鞠武劝谏说："以秦王的残暴和他对燕国的积怨，已经够让人害怕的了，何况他再听说我们接纳樊将军的事！这就像人家说的，是把肉丢在饿虎出没的小路啊。请太子快将樊将军打发到匈奴去！"太子丹说："樊将军走投无路，投奔到我这里，这正是我舍弃生命也要保全他的时候，请您再考虑一下！"鞠武说："做危险之事来企求平安，制造祸端以期得到福祉，用简单浅陋的方法去解决怨恨，这些都是为结交一个人而不顾国家安危的做法，只能让怨恨加深，加速祸事来临而已！"太子丹听不进去。

太子闻卫人荆轲之贤①，卑辞厚礼而请见之。谓轲曰："今秦已虏韩王，又举兵南伐楚，北临赵；赵不能支秦，则祸必至于燕。燕小弱，数困于兵，何足以当秦？诸侯服秦，莫敢合从②。丹之私计愚，以为诚得天下之勇士使于秦，劫秦王，使悉反诸侯侵地，若曹沫之与齐桓公③，则大善矣；则不可，因而刺杀之。彼大将擅兵于外而内有乱，则君臣相疑，以其间，诸侯得合从，其破秦必矣。唯荆卿留意焉！"荆轲许之。于是舍荆卿于上舍，太子日造门下④，所以奉养荆轲，无所不至。及王翦灭赵，太子闻之惧，欲遣荆轲行。荆轲曰："今行而无信，则秦未可亲也。诚得樊将军首与燕督亢之地图⑤，奉献秦王，秦王必说见臣⑥，臣乃有以报。"太子曰："樊将军穷困来归丹，丹不忍也！"荆轲乃私见樊於期曰："秦之遇将军，可谓深矣，父母宗族皆为戮没！今闻购将军首，金千斤，邑万家，将奈何？"於期太息流涕曰："计将安出？"荆卿曰："愿得将军之首以献秦王，秦王必喜而见臣，臣左手把其袖，右手揕其胸⑦，则将军之仇报而燕见陵之愧除矣！"樊於期曰："此臣之日夜切齿腐心也！"遂自刎⑧。太子闻之，奔往伏哭，然已无奈何，遂以函盛其首⑨。太子豫求天下之利匕首，使工以药焠之⑩，以试人，血濡缕⑪，人无不立死者。乃装为遣荆轲，以燕勇士秦舞阳为之副，使入秦。

【注释】

①荆轲：战国末期卫人，好读书击剑，卫人称为"庆卿"，后到燕国，被当地人称为荆卿。由燕国田光推荐给太子丹，拜为上卿。前227年，荆轲带燕督亢地图和樊於期首级，前往秦国进献。秦王大喜，在咸阳宫隆重召见。献图时，图穷匕首现，刺秦王不中，被杀。

②合从：即"合纵"，泛指联合。

③曹沫之与齐桓公：曹沫，鲁国人。齐桓公和鲁会盟，
　曹沫劫持齐桓公，逼迫他答应尽数归还侵夺的鲁国
　土地。
④造：到。
⑤督亢：今河北涿州东南有督亢陂，其附近定兴、新
　城、固安诸县一带即战国燕督亢，是燕国的膏腴之地。
⑥说：同"悦"。
⑦揕（zhèn）：刺。
⑧自刎（wěn）：割颈自杀。
⑨函：匣子。这里作动词用，指用匣子装上。
⑩焠（cuì）：浸染。
⑪濡（rú）缕：沾湿一缕。形容沾湿范围极小，引申
　指力量微弱。

【译文】

　　太子丹听说卫人荆轲的贤名，于是带了很多礼物，态
度谦恭地去拜访。太子丹对荆轲说："现在秦国已俘虏了韩
王，又举兵南伐楚，北伐赵；赵国无力抵抗秦兵，一旦赵
国被灭，则燕国的亡国之祸也就不远了。燕国弱小，屡屡
受到战争的骚扰，怎么能抵抗秦国的进攻呢？各国诸侯都
被秦国的强大震慑，不敢以合纵之计对敌。我有一条计策，
只要找到天下的勇士出使秦国，劫持秦王，逼迫他交还诸
侯的土地，就像以前曹沫对待齐桓公的方法，如果能圆满
完成就再好不过了；万一不成功，也可以借此机会刺杀秦
王。一旦秦王遇刺，出征在外的大将听说国内出事，必定
使得秦国君臣彼此猜疑，趁此机会，诸侯得以行合纵之计，

那时秦国必定为六国所破。这件事希望荆卿能认真考虑一下！"荆轲答应了太子丹。于是太子丹将荆轲安顿在上舍，每天上门拜望，奉养荆轲无微不至。等到秦国将军王翦灭赵的消息传来，太子丹害怕了，想立刻派荆轲去秦国。荆轲说："现在我们没有可以取信于秦国的办法，即使去了也很难接近秦王。如果有樊将军的首级和燕督亢的地图献给秦王，秦王必定高兴地召见臣，臣才可以依计行事。"太子丹说："樊将军走投无路来投靠我，我不忍心这么做啊！"于是荆轲单独去见樊於期说："秦国对待将军真可谓残忍啊，父母宗族都被诛杀！如今还以金千斤、邑万家悬赏将军首级，将军有何打算？"樊於期叹息流泪说："你有什么办法呢？"荆卿说："我希望得到将军首级进献秦王，秦王必定欢喜地召见我，我左手抓住他的袖子，右手直刺他的胸膛，那时候，将军大仇得报而燕国被欺侮的耻辱也可以消除了！"樊於期说："你说的也正是我日夜刻骨铭心想着的事啊！"于是自刎。太子丹听说了赶去哭祭，但已经没有别的办法了，只得用匣子将樊於期的首级盛放起来。太子事先找到了天下最锋利的匕首，派工匠以药焠炼，用人来试验，见血封喉，没有不立刻毙命的。于是做好派遣荆轲的一切准备，又以燕国勇士秦舞阳为荆轲的副手，让他们出发到秦国去。

荆轲至咸阳①，因王宠臣蒙嘉卑辞以求见；王大喜，朝服，设九宾而见之②。荆轲奉图以进于王，图穷而匕首见③，因把王袖而揕之；未至身，王惊起，袖绝。荆轲逐王，王环柱而走。群臣皆愕，卒起不意④，尽失其度。而秦法，群臣侍殿上者不得操尺寸之兵⑤，左右以手共搏之，且曰："王负剑⑥！"负剑，王遂拔以击荆轲，断其左股⑦。荆轲废，乃引匕首擿王⑧，中铜柱。自知事不就，骂曰："事所以不成者，以欲生劫之，必得约契以报太子也！"遂体解荆轲以徇⑨。王于是大怒，益发兵诣赵，就王翦以伐燕⑩，与燕师、代师战于易水之西，大破之。

【注释】

①咸阳：秦国都城，今陕西咸阳。

②九宾：为古代宾礼中最隆重的礼仪，主要有九个迎宾赞礼的官员延迎上殿。

③图穷而匕首见：地图打开到最后，里面藏着的匕首露了出来。图，地图。穷，尽。见，同"现"。

④卒：同"猝"。

⑤兵：武器。

⑥负：背。

⑦股：腿。

⑧擿（zhì）：投掷。

⑨徇：示众。

⑩王翦：秦著名将领，在秦始皇统一六国的战争中立有大功。荆轲事件之后，秦王派王翦攻打燕国，在易水西击破燕军主力，逼迫燕王逃到辽东，平定了燕蓟。

【译文】

　　始皇帝二十年（前227），荆轲到了咸阳，通过秦王宠臣蒙嘉态度谦卑地请求谒见；秦王听说了他们带来的礼物大喜，身穿朝服，在朝廷上设九宾之礼召见。荆轲捧着地图进献秦王，图穷而匕首现，他抓住秦王的衣袖，以匕首行刺；没有刺中，秦王惊起，袖子挣断。荆轲追上去，秦王绕着柱子跑。群臣一时都惊呆了，因事情发生得突然，出乎意料，大家尽失常态。而秦法规定，殿上群臣不得携带武器，于是左右上前徒手和荆轲搏击，有人叫道："大王背上的剑！"于是秦王拔出背后的剑斩断了荆轲的左腿。荆轲无法再继续追击，就把匕首投向秦王，却击中了铜柱。荆轲自知行刺不成，大骂道："之所以没有成功，是因为想活捉秦王，逼他许下有利于燕国的约定，来回报太子！"于是秦人将荆轲分尸示众。秦王大怒，增加兵力到赵国，命令王翦攻打燕国，在易水之西大破燕、代的军队。

汉纪

楚汉相争

　　刘邦、项羽之间的战争延续了好几年，时战时和，互有胜败。刘邦从弱小到强大，项羽从占尽优势到渐落下风，相关的史料在《通鉴》中并不是最早和最详尽的，但是记事都沿着时间推进而展开，其间双方力量对比的变化，不同人物对于情势的不同理解和反应，都使得这一事件的铺陈显得特别生动。以这里所选的段落看，刘邦一方陈平的反间计、纪信的忠心和牺牲、张良对于局势精审的分析，都表现出知己知彼的智慧。对刘邦的记载虽少，却清晰地展现了其人从善如流的豁达作风；反之，项羽的多疑、心胸狭窄直接导致了楚军内部的离心，最后造成他的失败。而垓下一战，《通鉴》用了相当详尽的篇幅记述了项羽的最后时刻，一改原先的"意忌信谗"、优柔寡断的形象，在面临生死胜败之际，项羽镇定如恒，谈笑处之，我们可以从史书上看到一个无论勇猛、胆略、气度无不令人心折的末路英雄。当然这样运用大量对话和细节的史书写作方式在《通鉴》一书中也并不典型。

　　另外，在汉军节节胜利的背景下，我们已经可以看到刘邦和韩信、彭越等功臣之间隐隐的阴影。

汉王谓陈平曰①:"天下纷纷,何时定乎?"陈平曰:"项王骨鲠之臣②,亚父、钟离眛、龙且、周殷之属③,不过数人耳。大王诚能捐数万斤金④,行反间⑤,间其君臣,以疑其心;项王为人,意忌信谗,必内相诛,汉因举兵而攻之,破楚必矣。"汉王曰:"善!"乃出黄金四万斤与平,恣所为⑥,不问其出入。平多以金纵反间于楚军,宣言:"诸将钟离眛等为项王将,功多矣,然而终不得裂地而王,欲与汉为一,以灭项氏而分王其地。"项羽果意不信钟离眛等。

【注释】

①陈平:刘邦谋臣。足智多谋,锐意进取,屡以奇计辅佐刘邦定天下,汉初被封为曲逆侯。汉文帝时,曾升为右丞相,后改任左丞相。

②骨鲠之臣:忠直敢于直言进谏的属下。

③亚父:即范增,项羽的主要谋士,被尊称为"亚父"。钟离眛:楚王项羽的大将。龙且、周殷:均为项羽的大将。

④捐:舍弃。

⑤间(jiàn):离间。

⑥恣(zì):放纵,没有拘束。

【译文】

汉太祖高皇帝三年(前204),汉王对陈平说:"纷乱的天下什么时候才能太平呢?"陈平说:"项王身边正直忠心的臣子不过是亚父、钟离眛、龙且、周殷这些人，只几个人而已。大王如果能拿出数万斤金，行反间计，就能离间他们君臣的关系，让他们互生疑心；项王的为人，易于猜忌，偏听偏信，君臣之间起了疑心，内部必定互相残杀，我们借机举兵进攻，一定能够打败项王。"汉王说："好！"拿出黄金四万斤交给陈平，任由他自己掌握，并不过问支出。陈平用钱在楚军中施行反间，传播谣言："钟离眛将军他们跟着项王立了那么多功劳，然而总是不能裂土封王，现在要跟汉联合，消灭项氏取得土地称王。"流言传布，项羽果真开始怀疑钟离眛等人了。

夏，四月，楚围汉王于荥阳①，急；汉王请和，割荥阳以西者为汉。亚父劝羽急攻荥阳；汉王患之②。项羽使使至汉，陈平使为大牢具③。举进，见楚使，即佯惊曰："吾以为亚父使，乃项王使！"复持去，更以恶草具进楚使④。楚使归，具以报项王，项王果大疑亚父。亚父欲急攻下荥阳城，项王不信，不肯听。亚父闻项王疑之，乃怒曰："天下事大定矣，君王自为之，愿请骸骨⑤！"归，未至彭城⑥，疽发背而死⑦。

【注释】

①荥（xíng）阳：今河南荥阳西。

②患：担心，担忧。

③大牢具：即太牢具。盛牲的食具叫牢，大的叫太牢，

太牢盛牛、羊、豕三牲，因此宴会或祭祀时并用三牲也称为太牢。这里指丰盛的酒食款待。

④恶草具：粗糙简陋的待客食具。

⑤请骸（hái）骨：请求退休。

⑥彭城：今江苏徐州。

⑦疽（jū）：指毒疮。

【译文】

（前204）夏四月，汉王在荥阳陷入了楚的包围，情形危急；汉王求和，准备仅保留荥阳以西为汉地。亚父范增劝项羽急攻荥阳；汉王十分担心。项羽派使者到汉地来，陈平准备了丰盛的酒食款待来宾。陈平一见楚使就假装吃惊地说："我还以为是亚父的使者，原来是项王派来的！"让人把东西端走，重新准备了比较粗陋草率的酒食进奉楚使。楚使回去后如实禀报给项王，项王果然对亚父起了很重的疑心。亚父急着要攻下荥阳城，项王不相信他，不肯听他的意见。亚父发现了项王对自己的怀疑，怒道："天下大局已定，君王好自为之，请让老臣告老还乡吧！"他在前往彭城的途中，背上的毒疮发作而死。

五月，将军纪信言于汉王曰①："事急矣！臣请诳楚②，王可以间出。"于是陈平夜出女子东门二千余人，楚因四面击之。纪信乃乘王车，黄屋，左纛③，曰："食尽，汉王降。"楚皆呼万岁，之城东观。以故汉王得与数十骑出西门遁去，令韩王信与周苛、魏豹、枞公守荥阳④。羽见纪信，问："汉王安在？"

曰:"已出去矣。"羽烧杀信。

【注释】

①纪信:刘邦手下将领,在"楚汉之争"中保护刘邦
　有功。

②诳(kuáng):欺骗。

③纛(dào):古时军队或仪仗队的大旗。

④枞:音cōng。

【译文】

　　五月,将军纪信对汉王说:"局势紧急!请让臣用计策引开楚军,汉王可以趁机离开。"于是陈平在夜里将二千余女子放出东门,引来楚军四面围击她们。纪信乘汉王的车,车上张黄盖,左边竖立着汉王的旗帜,叫道:"食尽粮绝,汉王降楚。"楚人高呼万岁,都聚集到城东来围观。汉王则趁此机会带了数十骑出西门逃走,令韩王信与周苛、魏豹、枞公守荥阳。项羽见到是纪信,问:"汉王在哪里?"纪信回答道:"已经离开了。"项羽烧死了纪信。

　　项羽自知少助;食尽,韩信又进兵击楚①,羽患之。汉遣侯公说羽请太公②。羽乃与汉约,中分天下,割洪沟以西为汉③,以东为楚。九月,楚归太公、吕后,引兵解而东归。汉王欲西归,张良、陈平说曰:"汉有天下太半,而诸侯皆附;楚兵疲食尽,此天亡之时也。今释弗击④,此所谓养虎自遗患也⑤。"汉王从之。

【注释】

①韩信：刘邦大将，汉初著名军事家。

②太公：汉王刘邦的父亲。

③洪沟：即鸿沟。古代最早沟通黄河和淮河的人工运河。西汉时期又称狼汤渠。

④释：放弃。

⑤养虎自遗患：留着老虎不除掉，就会成为后患。比喻纵容坏人坏事，留下后患。

【译文】

高帝四年（前203）八月，项羽自知身边缺少帮手，粮草即将用尽，韩信又进兵击楚，心中非常忧虑。汉王派了侯公来劝说项羽放回太公、吕后。于是项羽和汉王约定平分天下，以洪沟为界，以西归汉，以东归楚。九月，项羽放还了太公和吕后，带兵解了荥阳之围而东归。汉王也打算西归关中，张良、陈平劝阻说："汉已拥有大半天下，各地诸侯也都前来归附，而楚兵已疲惫不堪，粮草将尽，这是上天赐予的灭楚的最好时机。如果就此放过楚人，这就是所谓的养虎遗患。"汉王听从了他们的意见。

冬，十月，汉王追项羽至固陵①，与齐王信、魏相国越期会击楚②；信、越不至，楚击汉军，大破之。汉王复坚壁自守，谓张良曰："诸侯不从，奈何？"对曰："楚兵且破③，二人未有分地，其不至固宜。君王能与共天下，可立致也④。齐王信之立，非君王意，信亦不自坚；彭越本定梁地，始，君王以魏豹故拜越为相国⑤，今豹死，越亦望王，而君王不早定。今能取睢阳以北至穀城皆以王彭越⑥，从陈以东傅海与齐王信⑦。信家在楚，其意欲复得故邑。能出捐此地以许两人，使各自为战，则楚易破也。"汉王从之。于是韩信、彭越皆引兵来。

【注释】

①固陵：古地名，今河南淮阳西北。

②齐王信：即韩信，时为齐王。魏相国越：即彭越，汉初著名将领。拜魏相国，又被封为梁王。

③且：将要，快要。

④致：招引，引来。

⑤魏豹：六国时魏国的公子。

⑥睢（suī）阳：今河南商丘南。穀（gǔ）城：今山东东阿。

⑦陈：陈州，相当于今河南周口地区。

【译文】

高帝五年（前202）十月，汉王追击项羽到固陵，和齐王韩信、魏相国彭越约好共同出击楚国。可是韩信、彭越二人失期不至，楚大败汉军。汉王只好重新坚壁自守，对张良说："韩信、彭越这些手下不听我的，我该怎么办？"张良说："楚兵就快要败了，而韩信、彭越二人未有明确分封到土地，所以他们不来也是很正常的事。如果您能和他们共享天下，他们立刻就会来。齐王韩信的封爵并非汉王的意思，他自己也觉得不安心；彭越平定了梁地，原来您因为魏豹是魏王的缘故所以拜彭越为相国，现在魏豹死了，彭越也在等着您能封他为王，您却没有早些决定。如果您能把睢阳以北至穀城的土地都封给彭越，把从陈以东沿海一带都给韩信。韩信的家在楚地，他想要的封地包括他的故乡。假如您答应分割这些土地给他们二人，让他们各自为战，则打败楚军轻而易举。"汉王听从了他的意见，于是韩信、彭越都带了军队来会合。

　　十二月，项王至垓下①，兵少，食尽，与汉战不胜，入壁；汉军及诸侯兵围之数重。项王夜闻汉军四面皆楚歌，乃大惊曰："汉皆已得楚乎？是何楚人之多也！"则夜起，饮帐中，悲歌慷慨，泣数行下；左右皆泣，莫能仰视。于是项王乘其骏马名骓②，麾下壮士骑从者八百余人③，直夜，溃围南出驰走。平明④，汉军乃觉之，令骑将灌婴以五千骑追之⑤。项王渡淮，骑能属者才百余人⑥。至阴陵⑦，迷失道，问一田父，田父绐曰"左"。左，乃陷大泽中，以故汉追及之。

【注释】

①垓下：古地名，在今安徽灵璧东南。
②骓（zhuī）：毛色苍白相杂的马。
③麾（huī）下：指将帅的部下。
④平明：天刚亮的时候。
⑤灌婴：汉初名将。

⑥属（zhǔ）：连接，跟着。

⑦阴陵：春秋楚邑。为项羽兵败后迷失道处，汉时置县。故城在今安徽定远西北。

【译文】

十二月，项王撤兵至垓下，兵少食尽，与汉军作战不顺利，退守营垒；陷入了汉军和诸侯兵的重重包围之中。项王夜里听见汉军阵营中到处传唱楚歌，大惊问道："汉军已得到所有的楚地么？怎么有这么多的楚人？"半夜在帐中饮酒，慷慨悲歌，流下数行眼泪；身边的人也都流泪哭泣，不敢抬头看他。于是项王乘上叫做骓的骏马，带领八百余壮士骑从，趁夜深突破重围向南快马奔驰。天亮时分，汉军才发觉，骑将灌婴带了五千骑兵追击。项王渡过淮河的时候，跟随他的只有百余骑兵了。到阴陵时迷了路，向一农夫询问，农夫骗他们说"向左"。他们向左走，结果陷入大泽中，因此被汉军追上来。

项王乃复引兵而东，至东城①，乃有二十八骑。汉骑追者数千人，项王自度不得脱，谓其骑曰："吾起兵至今，八岁矣；身七十余战，未尝败北，遂霸有天下。然今卒困于此，此天之亡我，非战之罪也。今日固决死，愿为诸君快战，必溃围，斩将，刈旗②，三胜之，令诸君知天亡我，非战之罪也。"乃分其骑以为四队，四乡。汉军围之数重。项王谓其骑曰："吾为公取彼一将。"令四面骑驰下，期山东为三处。于是项王大呼驰下，汉军皆披靡③，遂斩汉一将。是时，郎中骑杨喜追项王④，项王瞋目而叱之⑤，喜人马俱惊，辟易数里⑥。项王与其骑会为三处，汉军不知项王所在，乃分军为三，复围之。项王乃驰，复斩汉一都尉⑦，杀数十百人。复聚其骑，亡其两骑耳。乃谓其骑曰："何如？"骑皆伏曰："如大王言！"

【注释】

①东城：今安徽定远东南。

②刈（yì）旗：砍断敌旗。刈，砍断。

③披靡：草木随风倒伏，比喻军队溃败。

④郎中骑：骑兵禁卫官。

⑤瞋（chēn）目：睁大眼睛。叱（chì）：大声责骂。

⑥辟易：惊慌地退避，避开。

⑦都尉：武官名。始置于战国，位略低于将军。秦时设郡，掌郡内军事。西汉时为郡守之辅佐，掌全郡军事。

【译文】

项王又率兵向东，到东城时只剩下二十八骑。而汉军的追兵有数千人。项王估计不可能脱身，对属下骑兵说："我起兵至今八年，身经七十余战，从未失败过，这才霸有天下。但是如今终被困于此，这是天要亡我，不是我仗打得不好。今日自然要决一死战，愿为大家痛痛快快地打一场仗，突出重围、斩杀敌将、拔取敌旗，要打赢对手，让大家知道是天要亡我，而不是我指挥作战有什么过错。"于是分二十八骑为四队，向四个方向冲杀。汉军围了几层。项王对属下说："我为各位斩对方一将。"同时他命令骑兵们向四面骑驰而下，约定在山的东面分三处集合。于是项王和属下骑兵大呼驰下，汉军溃散，项王斩了一员汉将。当时郎中骑杨喜追项王，项王瞪大眼睛怒喝，杨喜人马俱惊，向后奔逃数里。项王和属下分为三处，汉军不知项王在哪里，于是分军为三，又将楚军包围起来。项王继续奔驰冲杀，又斩杀一名汉军都尉，杀死汉军数百人。召集属下人马，发现只损失了两骑。项王问道："怎么样？"属下都佩服地说："正如大王所说。"

于是项王欲东渡乌江①，乌江亭长舣船待②，谓项王曰："江东虽小，地方千里，众数十万人，亦足王也。愿大王急渡！今独臣有船，汉军至，无以渡。"项王笑曰："天之亡我，我何渡为！且籍与江东子弟八千人渡江而西，今无一人还；纵江东父兄怜而王我，我何面目见之！纵彼不言，籍独不愧于心乎！"乃以所乘骓马赐亭长，令骑皆下马步行，持短兵接战。独籍所杀汉军数百人，身亦被十余创。顾见汉骑司马吕马童③，曰："若非吾故人乎？"马童面之，指示中郎骑王翳曰④："此项王也！"项王乃曰："吾闻汉购我头千金、邑万户，吾为若德⑤。"乃刎而死。王翳取其头，余骑相蹂践争项王⑥，相杀者数十人。最其后，杨喜、吕马童及郎中吕胜、杨武各得其一体；五人共会其体，皆是。故分其户，封五人皆为列侯⑦。

【注释】

①乌江：在安徽和县境内。

②亭长：秦汉时每十里为一亭，设亭长一人，掌治安、诉讼等事。舣（yǐ）船：使船靠岸。

③骑司马：项羽自立建立郡国后采用的新的军事官职。

④翳：音yì。

⑤德：情义，恩惠。

⑥蹂践：踩踏。

⑦列侯：爵位名。秦制爵分二十级，彻侯位最高。汉承秦制，为避汉武帝刘彻讳，改彻侯为通侯，或称列侯。

【译文】

这时项王想要东渡乌江，乌江亭长停船靠岸等着他，对项王说："江东虽小，方圆千里，百姓数十万，也足以让您称王了。请大王立刻渡江！这里只有臣有船，汉军即使追到，也无法过江。"项王笑着说："上天要亡我，我还渡江干什么！而且项籍当年带了八千江东子弟渡江西征，如今没有一人回去；纵使江东父兄怜惜我而仍然视我为王，可我又有何面目去见他们！即使他们不怪我，难道我就不会有愧于心么？"把所乘骓马赐亭长，下令骑兵都下马步行，持短兵器迎战。仅项王一人就杀了数百汉军，身上也负伤十余处。回头忽然看见汉骑司马吕马童，说："你不是故人么？"吕马童看到了，用手指着项羽对中郎骑王翳说：

"这是项王！"项王说："我听说汉王以千金和封邑万户悬赏我的头颅，我就把这件好处留给故人吧。"自刎而死。王翳取其头，别的骑兵互相践踏争抢项王，有数十人在争斗中被杀。最后，杨喜、吕马童及郎中吕胜、杨武各得到项王的一件肢体，将肢体拼凑起来，证实是项羽。所以刘邦在封赏时，将悬赏的邑万户分为五份，五人都被封为列侯。

诸吕之变

　　诸吕之变是西汉初期的著名历史事件。高祖刘邦已经考虑到异姓王的威胁，所以生前和大臣杀白马盟誓，非刘不王。但是由于吕太后的擅权和惠帝的早逝，其后出现了太后称制时期。因此诸吕谋求王位，直接威胁到刘氏宗室的安全。外戚专权在汉代一直是个严重的问题，吕后应该是开风气之先的一位皇后。

　　值得注意的是，诸吕意图叛乱是在吕后过世之后。事实上，吕氏家族除了吕后之外，新任诸王在朝廷中毫无根基，也谈不到真正的势力。太后这座靠山一倒，颇有四面楚歌之势。从史书的记载看，陈平、周勃和宗室合作，在极短的时间内就轻松平定了这次未遂的政变。比起空有其表的外戚诸王，反而是刘姓宗室的力量不可小看，他们有地位，有血统的联系，有诸多关系网络和掌握各种权力，后来发动七国之乱的宗室势力已经在此时初露锋芒，等到汉武帝用一系列政策削夺宗室实力以后，刘姓家族的力量才渐渐削弱下去。

冬，太后议欲立诸吕为王①，问右丞相陵②。陵曰："高帝刑白马盟曰：'非刘氏而王，天下共击之。'今王吕氏，非约也。"太后不说③。问左丞相平、太尉勃④，对曰："高帝定天下，王子弟⑤；今太后称制，王诸吕，无所不可。"太后喜，罢朝。王陵让陈平、绛侯曰⑥："始与高帝喋血盟⑦，诸君不在邪？今高帝崩，太后女主，欲王吕氏；诸君纵欲阿意背约⑧，何面目见高帝于地下乎？"陈平、绛侯曰："于今，面折廷争，臣不如君；全社稷，定刘氏之后，君亦不如臣。"陵无以应之。十一月，甲子，太后以王陵为帝太傅⑨，实夺之相权。陵遂病免归。

【注释】

① 太后：刘邦皇后吕雉。

② 右丞相陵：王陵，刘邦的重臣之一。孝惠帝六年（前189），相国曹参去世，安国侯王陵为右丞相，陈平为左丞相。

③ 说：同"悦"。

④ 太尉：掌军事，地位与丞相相同。勃：即周勃，是刘邦的大将，被封为绛侯。

⑤ 王子弟：封子弟为王。

⑥ 让：责备。

⑦ 喋（shà）血盟：古代几方相会结盟时的一种仪式。口中含牲血表示忠诚。一说手指蘸血涂在口四周。喋血，即"歃血"。

⑧阿意：迎合他人的意旨。

⑨太傅：太子太傅，辅导太子的官。

【译文】

高后元年（前187）冬天，吕太后与臣下商议想立吕氏诸人为王，于是问右丞相王陵。王陵说："高皇帝当年杀白马盟誓：'不是刘氏子弟而封了王，天下共起讨伐。'如今封吕氏为王，岂不是违背了誓约。"太后不高兴。又问左丞相陈平、太尉周勃，他们回答说："高皇帝平定天下，所以封刘姓子弟为王；如今太后称制，那么封吕氏子弟为王，也无不可。"太后听了很高兴。罢朝后王陵责备陈平、周勃道："早先和高皇帝歃血盟誓时，难道诸君不在吗？如今高帝驾崩，太后要封吕氏为王，诸君想要迎合太后的意旨，阿谀奉承，违背誓约，将来有何面目去见高帝？"陈平、周勃说："在朝廷上面折廷争，我们不如阁下；保全社稷，安定刘氏后人，阁下就不如我们了。"王陵也无话可说。十一月，甲子，太后以王陵为帝太傅，实际剥夺了他的相权。王陵于是告病归家。

乃以左丞相平为右丞相，以辟阳侯审食其为左丞相①，不治事，令监宫中，如郎中令②。食其故得幸于太后，公卿皆因而决事。

【注释】

①审食其（yì jī）：刘邦同乡，汉初被封为辟阳侯。

②郎中令：掌宫殿掖门户。

太后用左丞相陈平为右丞相，以辟阳侯审食其为左丞相，不负责宰相事务，而是让他监理宫中事务，像郎中令。审食其得到太后的宠幸，公卿都按照他的意思办事。

太后怨赵尧为赵隐王谋①，乃抵尧罪。

上党守任敖尝为沛狱吏②，有德于太后，乃以为御史大夫③。

太后又追尊其父临泗侯吕公为宣王，兄周吕令武侯泽为悼武王，欲以王诸吕为渐。

【注释】

①赵隐王：刘邦之子刘如意，戚夫人所出，后为吕后所杀。

②上党：上党郡，在今山西的东南部。任敖：初为沛县狱吏，与刘邦友善。后跟随刘邦起兵。

③御史大夫：秦置，为御史台长官，地位仅次于丞相，掌管弹劾纠察及图籍秘书。与丞相（大司徒）、太尉（大司马）合称"三公"。

【译文】

太后怨恨赵尧为赵隐王出主意，就治了赵尧的罪。

上党太守任敖曾经做过沛县狱吏，有恩于太后，太后就任用他为御史大夫。

太后又追尊父亲临泗侯吕公为宣王，兄周吕令武侯吕泽为悼武王，想以此为封诸吕为王的开端。

七月，太后病甚，乃令赵王禄为上将军，居北军①；吕王产居南军。太后诫产、禄曰："吕氏之王，大臣弗平。我即崩，帝年少，大臣恐为变。必据兵卫宫，慎毋送丧，为人所制！"辛巳，太后崩，遗诏：大赦天下，以吕王吕产为相国，以吕禄女为帝后。高后已葬，以左丞相审食其为帝太傅。

【注释】

①北军：汉代守卫京师的屯卫兵。未央宫在京城西南，其卫兵称南军；长乐宫在京城东面偏北，其卫兵称北军。

【译文】

高后八年（前180）七月，太后病重，下令赵王吕禄为上将军，统率北军；吕王吕产统率南军。太后告诫吕产、吕禄说："吕氏封王，大臣心中不服。我快要死了，皇帝年幼，大臣中恐怕会有人要趁机政变。你们一定要握住兵权，保卫皇宫，千万不要送丧，以免为人所制！"辛巳，太后驾崩，遗诏：大赦天下，以吕王吕产为相国，以吕禄女为帝后。高后下葬之后，左丞相审食其出任太傅。

诸吕欲为乱，畏大臣绛、灌等，未敢发。朱虚侯以吕禄女为妇①，故知其谋，乃阴令人告其兄齐王，欲令发兵西，朱虚侯、东牟侯为内应②，以诛诸吕，立齐王为帝。齐王乃与其舅驷钧、郎中令祝午、中尉魏勃阴谋发兵③。齐相召平弗听。八月，丙午，齐王欲使人诛相。相闻之，乃发卒卫王宫。魏勃绐召平曰④："王欲发兵，非有汉虎符验也⑤。而相君围王固善，勃请为君将兵卫王。"召平信之。勃既将兵，遂围相府，召平自杀。于是齐王以驷钧为相，魏勃为将军，祝午为内史⑥，悉发国中兵。

【注释】

①朱虚侯：刘章，齐悼惠王刘肥次子。刘肥是汉高祖长子，公元前201年，立刘肥为齐王。惠帝中，刘肥去世，子襄立，是为齐哀王。刘章到长安入宿卫，被吕后封为朱虚侯，并以吕禄女妻之。文帝即位，因朱虚侯刘章诛诸吕有功，封朱虚侯户二千，银千斤。后又被封为城阳王，都莒（今山东莒城）。

②东牟侯：刘兴居，齐悼惠王刘肥之子。

③郎中令：秦置，汉初沿袭，为皇帝左右亲近的高级官职，掌守卫宫殿门户。中尉：汉官，掌京师治安。

④绐（dài）：欺哄。

⑤虎符：中央发给地方官或驻军首领的调兵凭证，作虎形。刻有铭文，分为两半，多为铜质。调兵遣将时需要两半勘合验真，才能生效。

⑥内史：官名，西汉初，诸侯王国置内史，掌民政。

【译文】

吕氏诸人想作乱，但是畏惧大臣绛侯周勃、灌婴等人，不敢先发难。朱虚侯娶了吕禄的女儿为妻，所以知道了吕家的阴谋。他悄悄地让人告诉了兄长齐王，想让他发兵西进，朱虚侯、东牟侯为内应，来诛杀诸吕，立齐王为帝。齐王和他的舅舅驷钧、郎中令祝午、中尉魏勃密谋发兵。齐相召平不愿参与。八月丙午，齐王想派人杀召平。召平听说了，于是发兵守住王宫。魏勃骗召平说："齐王要发兵，非有汉虎符证明不可。而您想围住王宫也好，我自请为您带兵保护齐王。"召平相信了。结果魏勃一拿到兵权，就包围了召平的相府，召平自杀。于是齐王以驷钧为齐相，魏勃为将军，祝午为内史，把国中的士卒全部派了出去。

吕禄、吕产欲作乱，内惮绛侯、朱虚等，外畏齐、楚兵，又恐灌婴畔之①。欲待灌婴兵与齐合而发，犹豫未决。

【注释】

①畔：通"叛"。

【译文】

吕禄、吕产想作乱，在内畏惧绛侯、朱虚侯等人，在外又怕齐、楚的军队，又怕灌婴背叛他们。所以他们想等到灌婴带的军队和齐兵会合后再发动，犹豫未决。

九月，庚申旦，平阳侯曹窋行御史大夫事①，拜见相国产计事。郎中令贾寿出使从齐来，因数产曰："王不早之国，今虽欲行，尚可得邪！"具以灌婴与齐、楚合从欲诛诸吕告产，且趣产急入宫②。平阳侯颇闻其语，驰告丞相、太尉。

①窋：音 zhú。行：代理。

②趣（cù）：催促，督促。

【译文】

九月庚申清早，平阳侯曹窋代理御史大夫事，拜见相国吕产商量事情。郎中令贾寿出使从齐国回来，责备吕产说："大王不早早回到封国，如今即使想回封地，恐怕也不行了。"他把灌婴和齐、楚联合诛杀诸吕的事情详细告诉了吕产，并且催他赶紧入宫。平阳侯曹窋听到了这些话，赶紧去告诉丞相陈平和太尉周勃。

太尉欲入北军，不得入。襄平侯纪通尚符节①，乃令持节矫内太尉北军。太尉复令郦寄与典客刘揭先说吕禄曰②："帝使太尉守北军，欲足下之国。急归将印辞去。不然，祸且起。"吕禄以为郦况不欺己，遂解印属典客，而以兵授太尉。太尉至军，吕禄已去。太尉入军门，行令军中曰："为吕氏右袒，为刘氏左袒！"军中皆左袒，太尉遂将北军。然尚有南军。丞相平乃召朱虚侯章佐太尉，太尉令朱虚侯监军门，令平阳侯告卫尉③："毋入相国产殿门。"

【注释】

①符节：古代派遣使者或调兵时用做凭证的东西。用竹、木、玉、铜等制成，刻上文字，分成两半，一半存朝廷，一半给外任官员或出征将帅。尚：管

　　理，掌管。

②郦寄：汉初大臣郦商之子。典客：官名，秦置，掌
　　管接待少数民族和诸侯来朝事务。

③卫尉：汉九卿之一，掌宫廷警卫。卫尉主宫门和宫
　　内，与主宫外的中尉相为表里。

【译文】

　　太尉想入北军，但无法进入。襄平侯纪通掌管符节，就让人持节假传圣旨让太尉入北军。太尉又让郦寄与典客刘揭先劝吕禄说："皇帝派太尉掌管北军，想要足下回封地去。你赶紧回去将掌管的北军的印交出去，否则就要大祸临头了。"吕禄以为郦况不会骗自己，就解印交给典客刘揭先，将北军的兵权交给了太尉周勃。太尉到北军时吕禄已经离开。太尉一入军门，就在军中下令说："站在吕氏一边的祖露右臂，站在刘氏一边的祖露左臂。"军中都祖露左臂，太尉就此接管了北军。而还有南军仍然在吕氏手中。丞相陈平召朱虚侯刘章帮助太尉，太尉令朱虚侯守着军门，令平阳侯告诉卫尉："别让相国吕产进殿门。"

　　吕产不知吕禄已去北军①，乃入未央宫②，欲为乱。至殿门，弗得入，徘徊往来。平阳侯恐弗胜，驰语太尉。太尉尚恐不胜诸吕，未敢公言诛之，乃谓朱虚侯曰："急入宫卫帝！"朱虚侯请卒，太尉予卒千余人。入未央宫门，见产廷中。日铺时③，遂击产，产走。天风大起，以故其从官乱，莫敢斗，逐产，杀之郎中府吏厕中。朱虚侯已杀产，帝命谒者

持节劳朱虚侯④。朱虚侯欲夺其节，谒者不肯。朱虚侯则从与载，因节信驰走，斩长乐卫尉吕更始⑤。还，驰入北军报太尉。太尉起，拜贺朱虚侯曰："所患独吕产。今已诛，天下定矣！"遂遣人分部悉捕诸吕男女，无少长皆斩之。

【注释】

①去：离开。

②未央宫：汉未央宫在长安城的西南部（今陕西西安西北），是汉朝君臣朝会的地方。

③馎（bū）时：午后三时到五时，傍晚。

④谒者：官名。始置于春秋、战国时，秦汉因之。掌宾赞受事，即为天子传达。节：符节，使臣执以示信之物。

⑤长乐卫尉：皇后所居为长乐宫，设长乐卫尉。

【译文】

吕产不知吕禄已离开北军，就直入未央宫，试图叛乱。到了殿门却不能进入，在外徘徊。平阳侯怕出纰漏，骑马通报了太尉。太尉也怕不能战胜诸吕，不敢公开宣布诛杀诸吕的事。他对朱虚侯说："马上进宫保卫皇上！"朱虚侯要求给他一些人马，太尉给了他千余人。朱虚侯进入未央宫门，看见吕产正在廷中。傍晚，刘章带人袭击吕产，吕产逃跑，这时天起了大风，吕产的随从乱作一团，都不敢狠斗，刘章追上吕产，在郎中府吏的厕所里杀了他。朱虚侯杀了吕产之后，皇帝命谒者持节慰劳朱虚侯。朱虚侯想将他的符节抢过来，谒者不肯。朱虚侯就和他同车而行，进入长乐宫，斩杀了长乐卫尉吕更始。回去驰入北军向太尉回报。太尉站起来拜谢朱虚侯说："我们担心的不过是吕产。如今已死，天下太平了。"于是派人分部捉拿诸吕男女，无论老少一律处死。

戾太子事件

戾太子事件也就是武帝朝著名的巫蛊之祸。

戾太子是汉武帝的嫡长子，卫皇后所出，武帝朝前期，卫氏家族显赫一时，皇后盛宠，太子的地位相当稳固。但是随着时间的推移，武帝有了越来越多的儿子，关键是卫青和霍去病去世，卫家后继乏人，这一家族的荣耀陡然黯淡下去，太子温厚，和雄才大略的武帝性格迥异。武帝开始对太子不满，情感上也相当疏远，但是在很长一段时间里，武帝仍然视之为合格的继承者。这种态度的形成，一方面是武帝出于对政局的理智判断，即在长年的征伐之后太子这样的统治者可以带来安静的、与民休息的政治格局；而另一方面则是皇后和太子的极度小心、勉力支撑的结果。

在出事以前，武帝和太子的关系大约是这样的：皇帝可以放心地在短期内将朝廷和宫中事务交托给太子和皇后，太子似乎也没有犯过什么严重的错误。武帝已经默认了他们父子之间政治风格的差异。但是随着太子进入朝局，不同的大臣之间出现了更接近皇帝或者更接近太子的分别。武帝时期受到重用的大臣普遍不大欢迎太子。同时武帝身边的宦官开始频繁地构陷太子，至少有一点是可以肯定的，太子在当时的朝局和宫廷中都处于比较孤立无援的状态。法定的储君身份和武帝的肯定是太子仅有的支持。

巫蛊案就是在这样的背景下发生的。

事件发生的大环境是汉代巫风盛行的宫廷，而事件的发动者江充则是上述那些讨厌太子的臣仆中的一个。他利用了环境

和武帝的疑忌心理，发动了事件，武帝身边那些原本就对太子
不满的力量就不约而同地把矛头指向了太子。

初，上年二十九乃生戾太子①，甚爱之。及长，性仁恕温谨，上嫌其材能少，不类己；而所幸王夫人生子闳②，李姬生子旦、胥，李夫人生子髆③，皇后、太子宠浸衰④，常有不自安之意。上觉之，谓大将军青曰⑤："汉家庶事草创，加四夷侵陵中国，朕不变更制度，后世无法⑥；不出师征伐，天下不安；为此者不得不劳民。若后世又如朕所为，是袭亡秦之迹也。太子敦重好静，必能安天下，不使朕忧。欲求守文之主⑦，安有贤于太子者乎！闻皇后与太子有不安之意，岂有之邪？可以意晓之。"大将军顿首谢。皇后闻之，脱簪请罪⑧。太子每谏征伐四夷，上笑曰："吾当其劳⑨，以逸遗汝，不亦可乎？"

【注释】

①戾（lì）太子：刘据，汉武帝长子，卫皇后所出。死后谥为戾。

②闳：音 hóng。

③髆：音 bó。

④浸：逐渐。

⑤大将军青：汉大将军卫青，卫皇后同母异父的弟弟。

⑥法：标准，仿效。

⑦守文：遵循先王法度。

⑧脱簪请罪：周宣姜后曾经用脱簪珥、待罪于永巷的方法劝谏宣王，后世指后妃取下簪珥等首饰，表示自责请罪。

⑨当：承担。

【译文】

当初，武帝二十九岁时才生下戾太子刘据，非常疼爱他。太子日渐长成，性格仁恕温和谨慎，武帝嫌他缺少才能，不像自己；其时武帝宠幸的王夫人生子刘闳，李姬生子刘旦、刘胥，李夫人生子刘髆，皇后和太子渐渐失宠，经常有不自安之意。武帝觉察到了，对大将军卫青说："汉家诸事均属草创，加上四夷侵扰中原，朕不变更制度，后世就没有可以效法的准则；不出师征伐，天下就没有安宁；因此不得不劳民。如果后世也像朕一样，岂不是延续了亡秦的风气。太子为人稳重好静，必定能给天下带来安定，不让朕担忧。想找一个遵循法度的守文之主，难道还有比太子更好的人选吗？听说皇后与太子有不安之意，难道真有这事吗？你可以把意思转述给他们听。"大将军磕头谢恩。皇后听到后，向皇帝脱簪请罪。太子经常劝谏不要征伐四夷，武帝就笑着说："我承担辛苦的征伐，打出太平时世留给你，不也很好吗？"

上每行幸，常以后事付太子，宫内付皇后。有所平决①，还，白其最，上亦无异，有时不省也。上用法严，多任深刻吏②；太子宽厚，多所平反，虽得百姓心，而用法大臣皆不悦。皇后恐久获罪，每戒太子，宜留取上意，不应擅有所纵舍。上闻之，是太子而非皇后。群臣宽厚长者皆附太子，而深酷用法者皆毁之；邪臣多党与③，故太子誉少而毁多。卫青薨后④，臣下无复外家为据，竟欲构太子⑤。

【注释】

①平决：裁断处置。

②深刻：刻薄寡恩。

③党与：即党羽。

④薨（hōng）：古代称诸侯之死。后世有封爵的官员之死也称"薨"。

⑤构：图谋，设计陷害。

【译文】

　　武帝每每外出，就把京城的事托付太子，宫内的事托付皇后。他们有所处置，等武帝回来将重要的加以汇报，武帝也没有异议，有时甚至不加过问。武帝法度严明，任用的多为严苛的官吏。太子宽厚，经常将案例平反，虽然得百姓心，但是执法大臣大多不高兴。皇后怕这样下去时间一长太子会受处罚，就经常告诫他，应该留心遵从皇帝的意旨后再处理，不应擅自更张。武帝听说以后，认为太子没错而皇后多虑了。群臣中宽厚长者都倾向于太子，而严苛的官员则对太子多有不满指责；后者党羽众多，因此说太子好话的少而说坏话的多。卫青死后，那些不满的大臣眼看太子没有了有势力的外戚依靠，甚至想要设计陷害太子，动摇他的地位。

　　上与诸子疏，皇后希得见。太子尝谒皇后，移日乃出①。黄门苏文告上曰②："太子与宫人戏。"上益太子宫人满二百人。太子后知之，心衔文③。文与小黄门常融、王弼等常微伺太子过④，辄增加白之。皇后切齿，使太子白诛文等。太子曰："第勿为过⑤，何畏文等！上聪明，不信邪佞⑥，不足忧也！"上尝小不平⑦，使常融召太子，融言"太子有喜色"，上嘿然⑧。及太子至，上察其貌，有涕泣处，而佯语笑，上怪之；更微问，知其情，乃诛融。皇后亦善自防闲⑨，避嫌疑，虽久无宠，尚被礼遇。

【注释】

①移日：形容时间久。

②黄门：宦官。

③衔：怀恨。

④微伺：暗中伺察。

⑤第：但，且。

⑥邪佞（nìng）：奸邪，奸邪小人。

⑦小不平：小病。

⑧嘿（mò）然：沉默。

⑨防闲：防备约束。

【译文】

武帝和诸子都很疏远，皇后也难得进见。太子曾经谒见皇后，过了很久才出来。黄门苏文禀告武帝说："太子和皇后宫中的宫女嬉戏。"武帝因此将太子宫人增加到将近二百人。太子后来知道此事，心里怀恨苏文。苏文和小黄门常融、王弼等常常窥探太子的过错，在皇帝面前加油添醋地汇报。皇后切齿痛恨，让太子向皇帝奏报杀掉苏文等人。太子说："只要我不犯错，何必怕苏文这些人！皇上耳聪目明，不信奸邪小人，不必担心。"武帝曾经有点不舒服，派常融召太子，常融说"太子有喜色"，武帝默然不语。等太子到了，武帝留心观察，太子脸上有泪痕，好像哭泣过，但表面上假装言笑如常，武帝觉得奇怪；详细问了才了解了内情，于是杀了撒谎倾陷太子的常融。皇后也十分小心谨慎，严加防备，躲避嫌疑，因此虽已不再受宠爱，但仍受到礼遇。

　　是时，方士及诸神巫多聚京师①，率皆左道惑众②，变幻无所不为。女巫往来宫中，教美人度厄③，每屋辄埋木人祭祀之；因妒忌恚詈④，更相告讦⑤，以为祝诅上无道⑥。上怒，所杀后宫延及大臣，死者数百人。上心既以为疑，尝昼寝，梦木人数千持杖欲击上，上惊寤⑦，因是体不平，遂苦忽忽善忘。江充自以与太子及卫氏有隙⑧，见上年老，恐晏驾后为太子所诛⑨，因是为奸，言上疾祟在巫蛊⑩。于是上以充为使者，治巫蛊狱。充将胡巫掘地求偶人，捕蛊及夜祠⑪，视鬼染污令有处，辄收捕验治，烧铁钳灼⑫，强服之。民转相诬以巫蛊，吏辄劾以为大逆无道；自京师、三辅连及郡、国，坐而死者前后数万人。

【注释】

①方士：古代称从事求仙、炼丹等活动的人。

②左道：邪道。泛指非正统不正派者。

③度厄：旧时迷信，认为人有灾难，可以禳除逃过，谓之"度厄"。

④恚詈（huìlì）：怒骂。

⑤讦（jié）：攻击别人的短处或揭发别人的隐私。

⑥祝诅：诅咒。

⑦惊寤（wù）：受惊而醒。

⑧江充：因举发赵太子刘丹事为武帝信用。曾经惩办过在御用驰道中疾驰的太子家使，拒绝太子的求情。

⑨晏驾：古时帝王死亡的讳称。

⑩祟（suì）：迷信说法指鬼怪害人。巫蛊：巫师使用邪术加害于人。蛊，古代传说把许多毒虫放在器皿里使互相吞食，最后剩下不死的毒虫叫蛊，用来害人。

⑪夜祠：夜间祭祀。祠，祭祀。

⑫烧铁钳（qián）灼：一种酷刑，用烧红的烙铁夹人和烫人。

【译文】

这时，方士和众多神巫都聚集在京师，大多都是以旁门左道迷惑人，变幻多端，无所不为。女巫往来宫中，教宫中美人禳除凶恶的法术，在屋里埋木人祭祀。她们彼此因为妒忌互相咒骂，结果相互上告，说是诅咒皇帝无道。武帝发怒，因为此事杀了后宫和大臣数百人。武帝心里怀疑宫里有人用法术诅咒他。一次武帝午睡，梦见数千木人持杖想要攻击自己，惊醒之后身体就不舒服，精神恍惚，记忆力衰退。江充自认为和太子及卫氏家族有嫌隙，见武帝年老，担心皇帝过世后为太子所杀，故意借此机会为奸，宣称武帝的病是巫蛊在作祟。于是武帝派江充为使者，追查巫蛊案。江充带了胡巫掘地找偶人，捉拿巫蛊、夜里祭祀的人，令巫人在埋下木人之处做标记，用这种办法轻易地将人逮捕刑讯，严刑拷打以强迫别人服罪。百姓彼此诬告进行巫蛊，官吏则弹劾他们大逆不道；从京师、三辅到郡、国，因此牵连而死的有数万人。

是时，上春秋高①，疑左右皆为蛊祝诅；有与无，莫敢讼其冤者。充既知上意，因胡巫檀何言："宫中有蛊气；不除之，上终不差②。"上乃使充入宫，至省中，坏御座，掘地求蛊；又使按道侯韩说、御史章赣、黄门苏文等助充。充先治后宫希幸夫人③，以次及皇后、太子宫，掘地纵横，太子、皇后无复施床处。充云："于太子宫得木人尤多，又有帛书，所言不道；当奏闻。"太子惧，问少傅石德。德惧为师傅并诛，因谓太子曰："前丞相父子、两公主及卫氏皆坐此④，今巫与使者掘地得征验，不知巫置之邪，将实有也，无以自明。可矫以节收捕充等系狱，穷治其奸诈。且上疾在甘泉⑤，皇后及家吏请问皆不报；上存亡未可知，而奸臣如此，太子将不念秦扶苏事邪⑥！"太子曰："吾人子，安得擅诛！不如归谢，幸得无罪。"太子将往之甘泉，而江充持太子甚急；太子计不知所出，遂从石德计。秋，七月，壬午，太子使客诈为使者，收捕充等；按道侯说疑使者有诈，不肯受诏，客格杀说。太子自临斩充，骂曰："赵虏！前乱乃国王父子不足邪⑦！乃复乱吾父子也！"又炙胡巫上林中⑧。

【注释】

①春秋：年纪。

②差（chài）：病除。

③希幸：很少受到宠幸。

④前丞相父子、两公主及卫氏：指公孙贺及其子敬声、诸邑公主、阳石公主和卫伉，都是公孙贺巫蛊案中牵连的人，其中公孙贺之妻为卫皇后的姐姐卫君孺，诸邑公主、阳石公主是武帝的女儿，卫皇后所出。卫伉则是卫青之子。

⑤甘泉：甘泉宫，在今陕西淳化北的甘泉山南麓。

⑥秦扶苏事：扶苏，秦始皇太子，始皇死后，遗命扶苏即位，赵高联络李斯，矫诏立始皇幼子胡亥，并逼迫扶苏自尽。

⑦乱乃国王父子：指赵国太子丹和其父赵王刘彭祖。

⑧炙（zhì）：烧。

【译文】

此时武帝年事已高，怀疑左右都用巫蛊诅咒他，而当时的人不管做了还是没做，都不敢因为这种事诉冤。江充知道了皇帝的心思，就让胡巫檀何说："宫中有蛊气，不清除，皇上就不会痊愈。"武帝于是派江充入宫，到省中，拆掉御座，掘地搜蛊。武帝又派了按道侯韩说、御史章赣、黄门苏文等人帮着江充查。江充先在后宫不受宠的夫人那里找，再找到皇后和太子宫里。在地上横挖竖掘，太子、皇后想找一块平稳的地方安放床榻都不行。江充回奏说："在太子宫找到的木人最多，还有帛书，写的都是大逆不道的话，应当向皇上奏明。"太子害怕了，问少傅石德应该怎么办。石德怕身为太子师傅会一起牵连被杀，就对太子说："前丞相父子、两公主及卫氏家族的人都因巫蛊获罪，现在胡巫和使者掘地找到这些东西，不知是他们放在那里的，还是那里真有，这样的情形太子是无法分辩清楚的。不如假传圣旨，收捕江充等关押起来，审问清楚再说。而且皇上在甘泉宫卧病，皇后及东宫家吏请安都没有回音；皇上存亡与否尚未可知，奸臣如此弄权，太子就没想到秦扶苏的往事么？"太子说："我身为皇上之子，怎么能擅自诛杀官员？不如去皇上那里谢罪，也许侥幸无事。"太子将要前往甘泉宫，而江充追究太子很是急迫；太子一时想不出对付的办法，就听了石德的计策。秋季，七月壬午，太子派人假装为使者，收捕江充等人。按道侯韩说怀疑使者有诈，不肯奉诏，太子派去的人就杀了韩说。太子亲自监斩江充，骂道："赵虏！你以前在赵国害国君父子还不够么，还要害我们父子。"又在上林苑中烧死了胡巫。

太子使舍人无且持节夜入未央宫殿长秋门[①]，因长御倚华具白皇后[②]，发中厩车载射士[③]，出武库兵④，发长乐宫卫卒。长安扰乱，言太子反。苏文迸走，得亡归甘泉，说太子无状⑤。上曰："太子必惧，又忿充等，故有此变。"乃使使召太子。使者不敢进，归报云："太子反已成，欲斩臣，臣逃归。"上大怒。丞相屈氂闻变⑥，挺身逃，亡其印绶，使长史乘疾置以闻⑦。上问："丞相何为？"对曰："丞相秘之，未敢发兵。"上怒曰："事籍籍如此⑧，何谓秘也！丞相无周公之风矣，周公不诛管、蔡乎⑨？"乃赐丞相玺书曰⑩："捕斩反者，自有赏罚。以牛车为橹⑪，毋接短兵，多杀伤士众！坚闭城门，毋令反者得出！"太子宣言告令百官云："帝在甘泉病困，疑有变；奸臣欲作乱。"上于是从甘泉来，幸城西建章宫⑫，诏发三辅近县兵⑬，部中二千石以下⑭，丞相兼将之。太子亦遣使者矫制赦长安中都官囚徒⑮，命少傅石德及宾客张光等分将；使长安囚如侯持节发长水及宣曲胡骑⑯，皆以装会。侍郎马通使长安⑰，因追捕如侯，告胡人曰："节有诈，勿听也！"遂斩如侯，引骑入长安。

【注释】

①舍人：太子属官。

②长御：宫中女官名。

③中厩：宫中的车马房。

④武库：储藏兵器的仓库。

⑤无状：罪大不可言状。

⑥氂：音máo。

⑦长史：官名，秦置，汉相国、丞相都有长史。疾置：古时为供紧急传递公文的使人途中停宿、换乘马匹等而设置的驿站。

⑧籍籍（jí）：众口喧腾貌。

⑨周公不诛管、蔡乎：周公不是也诛杀了管、蔡吗。周武王死后，成王年幼，由周公摄政。管叔、蔡叔和霍叔勾结武庚及东方夷族叛周，周公奉成王命出师东征平定。

⑩玺书：指皇帝的诏书。

⑪橹：盾。

⑫建章宫：汉长安城西郊的一处园林式的离宫。

⑬三辅：京畿之地，辖境相当于今陕西中部地区。

⑭二千石：汉制，郡守俸禄为二千石，即月俸百二十斛。世因称郡守为"二千石"。

⑮都官：汉代京师各官署的统称。

⑯长水及宣曲胡骑：长水，关中河名。宣曲，亦河名。宣曲宫在今陕西咸阳市区渭河南，汉置宫于此，也屯驻胡骑。汉制长水校尉，汉武帝置，八校尉之一，掌屯于长水与宣曲的乌桓人、胡人骑兵，秩二千石。所属有丞及司马，领骑兵736人。

⑰侍郎：秦汉郎中令的属官之一。

【译文】

太子派舍人无且手持符节夜入未央宫殿的长秋门，通过长御倚华将情形全部禀告皇后，调动中厩车，盛载射士，又取出武库兵器，征调长乐宫守卫。于是长安骚动，都说太子造反了。宦官苏文逃回甘泉宫，禀报太子的种种无礼的举动。武帝说："太子一定是怕了，又痛恨江充等人，所以才有此变乱之举。"于是武帝派使者召太子。使者不敢进城，回报武帝说："太子已经造反，要斩臣，臣逃回来了。"武帝大怒。丞相刘屈氂听说叛乱，起身就逃，丢了印绶，于是派长史乘驿站快马，奔告皇帝。武帝问："丞相怎么做的？"回答说："丞相不敢声张，不敢发兵。"武帝怒道："事情已经传得沸沸扬扬，还需要保密么！丞相无周公之风啊，周公不是诛除了管、蔡吗？"这时武帝下诏给丞相："捕杀叛乱者，自有重赏。将牛车并列为盾以遮蔽自身，不要短兵相接以致多有伤亡。关闭城门，不要让反叛者出城。"太子下令对百官说："皇上在甘泉宫卧病，可能另有内情，奸臣想趁机作乱。"于是武帝从甘泉宫出发，到城西建章宫，下诏征发三辅附近的士兵，部中二千石以下的官员，由丞相统率。太子也派出使者假传旨意，赦免长安各官署的犯人，命少傅石德和宾客张光等分别率领；派出长安囚犯如侯持符节征发长水和宣曲的胡骑，都准备好前来会集。侍郎马通奉命到长安，追捕如侯，告诉胡骑说："如侯所持的符节是假的，不要相信他。"于是斩杀如侯，带领骑兵进入长安。

太子立车北军南门外，召护北军使者任安①，与节，令发兵。安拜受节；入，闭门不出。太子引兵去，驱四市人凡数万众②，至长乐西阙下，逢丞相军，合战五日，死者数万人，血流入沟中。民间皆云太子反，以故众不附太子，丞相附兵寖多③。

【注释】

① 护北军使者：官名，北军指挥官员。

② 四市：长安城内的东西南北四个商业区。

③ 寖：同"浸"，逐渐。

【译文】

太子的车停在北军南门外，召护北军使者任安，交给他符节，让他发兵。任安恭敬地接过符节；但进了南门后，就闭门不出。太子只得带兵离开，驱使长安四方百姓数万人，到长乐宫西门，遭遇丞相的军队，双方合战五日，死者数万，血流到路边的沟里。民间都传说太子造反，因此百姓都不肯跟随太子，而跟随丞相的兵则越来越多。

庚寅，太子兵败，南奔覆盎城门①。司直田仁部闭城门②，以为太子父子之亲，不欲急之；太子由是得出亡。丞相欲斩仁，御史大夫暴胜之谓丞相曰③："司直，吏二千石，当先请，奈何擅斩之！"丞相释仁。上闻而大怒，下吏责问御史大夫曰："司直纵反者，丞相斩之，法也；大夫何以擅止之？"胜之惶恐，自杀。诏遣宗正刘长、执金吾刘敢奉策收皇后玺绶④，后自杀。上以为任安老吏，见兵事起，欲坐观成败，见胜者合从之，有两心，与田仁皆要斩。上以马通获如侯，长安男子景建从通获石德，商丘成力战获张光，封通为重合侯，建为德侯，成为秺侯⑤。诸太子宾客尝出入宫门，皆坐诛；其随太子发兵，以反法族，吏士劫略者皆徙敦煌郡⑥。以太子在外，始置屯兵长安诸城门。

【注释】

①覆盎（àng）城门：长安城门之一。

②司直：官名。指丞相司直，西汉武帝时置，帮助丞相检举不法。

③御史大夫：御史台长官，地位仅次于丞相，掌管弹劾纠察及图籍秘书，与丞相（大司徒）、太尉（大司马）合称"三公"。暴胜之：西汉御史大夫，善于治理地方。

④宗正：官名，掌管王室亲族的事务。汉魏以后，都由皇族担任。执金吾：负责京城治安的长官。

⑤秺：音 dù。

⑥敦煌郡：治所在今甘肃敦煌，西汉元鼎六年（前111）置。

【译文】

庚寅，太子兵败，朝南逃向覆盎门。司直田仁带兵闭守城门，认为太子和皇帝毕竟是父子之亲，不想过分为难太子，所以太子得以逃出。丞相想杀田仁，御史大夫暴胜之对丞相说："司直，是二千石的官员，有所处置应当先请示皇帝，怎么能擅自斩杀？"于是丞相放了田仁。武帝听后大怒，下令执法官吏责问御史大夫说："司直放走了反叛者，丞相杀他是合法的，大夫为什么擅自阻止？"暴胜之很惶恐，就自杀了。武帝下令派宗正刘长、执金吾刘敢收缴皇后印信，皇后自杀。武帝认为任安身为老吏，见到叛乱事起，却想要坐观成败，看准局势才决定投向哪一边，怀有二心，所以和田仁一样，都处以腰斩之刑。武帝认为马通抓获如侯，长安男子景建跟随马通抓住石德，商丘成力战抓获张光，都有功劳，所以封马通为重合侯，景建为德侯，商丘成为秅侯。曾经出入宫门的太子的门客，都被诛杀；那些跟随太子起兵的，以谋反论罪灭族，被胁迫的军吏士卒都流放到敦煌郡。因太子逃亡在外，所以开始在长安诸城门置屯兵。

上怒甚，群下忧惧，不知所出。

【译文】

武帝大怒，臣下又担心又害怕，不知所措。

太子亡，东至湖①，藏匿泉鸠里；主人家贫，常卖屦以给太子②。太子有故人在湖，闻其富赡，使人呼之而发觉。八月，辛亥。吏围捕太子。太子自度不得脱，即入室距户自经③。

【注释】

①湖：湖县，今河南灵宝北。

②屦（jù）：鞋子。

③距户：撑拄门户。距，通"拒"。自经：自缢而死。

【译文】

太子逃亡到京师附近的湖县，藏身在泉鸠里；主人家很穷，靠卖鞋子得来的钱奉养太子。太子有故人住在附近，听说那人富有，派人和他联络因此被人发觉。八月辛亥，官吏围捕太子，太子估计被抓到后也不能幸免，就进屋关上门自缢而死。

王莽的复出

王莽在很长一段时间里，都是以谦谦君子的面貌出现的，礼贤下士、温和谦恭。他不断地谦让应该得到的官爵，完全不像骄慢的外戚子弟。因此他拥有王氏家族中绝无仅有的好名声。哀帝即位之后，推崇自己外家的势力，太皇太后的家族受到冷落，于是王莽又一次辞去显要的职位，安然退隐。

西汉元寿二年（前1），哀帝去世，太皇太后见大司马董贤一时无力处理事务，立刻举荐了自己的侄子——新都侯王莽进宫佐助。这是他篡位之前最后一次复出，下文选取的就是这一时期的记载片断。

当时局势已经发生了根本的变化，无论即位的是怎样的幼主，几乎都要倚仗太皇太后的支持。王莽也不再需要随时做好准备放弃显赫的职位。所以他开始毫无忌惮地扩张势力。和太皇太后联手除掉董贤及其家族。然后在宫廷里，他将可能成为王氏家族敌手的人一一清除。又在太皇太后的支持下，将他在朝廷里的对手排挤出去；与此同时，王莽已经开始准备一个顺我者昌逆我者亡的朝廷。他擅长表演，拥有一个深刻体会他心意的智囊团，最后他连官员的任免权也已牢牢掌握，到了这个时候，王莽和皇位之间已经没有了任何障碍。

　　太皇太后闻帝崩①，即日驾之未央宫，收取玺绶。太后召大司马贤②，引见东箱，问以丧事调度。贤内忧，不能对，免冠谢。太后曰："新都侯莽③，前以大司马奉送先帝大行④，晓习故事，吾令莽佐君。"贤顿首："幸甚！"太后遣使者驰召莽。诏尚书，诸发兵符节、百官奏事、中黄门、期门兵皆属莽⑤。莽以太后指，使尚书劾贤帝病不亲医药，禁止贤不得入宫殿司马中⑥；贤不知所为，诣阙免冠徒跣谢⑦。己未，莽使谒者以太后诏即阙下册贤曰⑧："贤年少，未更事理，为大司马，不合众心，其收大司马印绶，罢归第！"即日，贤与妻皆自杀；家惶恐，夜葬。莽疑其诈死。有司奏请发贤棺，至狱诊视，因埋狱中。太皇太后诏"公卿举可大司马者"。莽故大司马，辞位避丁、傅⑨，众庶称以为贤，又太皇太后近亲，自大司徒孔光以下⑩，举朝皆举莽。独前将军何武、左将军公孙禄二人相与谋⑪，以为"往时惠、昭之世，外戚吕、霍、上官持权，几危社稷；今孝成、孝哀比世无嗣，方当选立近亲幼主，不宜令外戚大臣持权。亲疏相错，为国计便。"于是武举公孙禄可大司马，而禄亦举武。庚申，太皇太后自用莽为大司马、领尚书事。

【注释】

　　①太皇太后：即王政君，汉元帝皇后，成帝时尊为皇太后，以其兄王凤为大司马大将军领尚书事，开启

了外戚王氏专权的时期。哀帝即位尊为太皇太后。这里的皇帝即哀帝，公元前1年去世。

②大司马：武官名，汉武帝时置大司马，与大司徒、大司空并称"三公"，共理军国事务。贤：指董贤。汉哀帝的男宠，官至大司马。哀帝死后，董贤随即失势，自杀死去。

③新都侯莽：指王莽，王政君之侄。公元前16年，受封新都侯。汉哀帝继位后由于丁皇后的外戚势力，王莽退居新野。

④前以大司马奉送先帝大行：指王莽在大司马任上备办过汉成帝的丧事。

⑤中黄门：在宫廷服役的太监。期门兵：掌扈从护卫。

⑥官殿司马：掌宫廷军事宿卫。

⑦徒跣（xiǎn）：赤足。

⑧谒者：官名，掌宾赞受事，即为天子传达。

⑨丁、傅：丁太后、傅太后，外戚势力。

⑩大司徒：官名，汉哀帝时罢丞相之职，置大司徒，与大司马、大司空并称"三公"。孔光：西汉时大臣。

⑪前将军：负责京师兵卫和边防屯警。左将军：掌京师兵卫及戍守边隘，讨伐四夷。公孙禄：哀帝初为执金吾，迁右将军，又迁左将军。元寿末，坐与何武互举为大司马，免。

【译文】

公元前1年，太皇太后王氏听到哀帝驾崩的消息，当日前往未央宫收取玺绶。她在东厢召见大司马董贤，询问皇帝后事的办理情形。董贤内心忧惧，什么也回答不出来，只好免冠谢罪。太后说："新都侯王莽过去曾经以大司马一职处理过先帝的丧事，熟悉旧例，我让他来帮助你料理。"董贤磕头说："这真是太好了！"太后派使者驰召王莽。下诏尚书省，凡是发兵符节、百官奏事、宦官、期门兵都归王莽统管。王莽遵循太后的指示，派尚书弹劾董贤在皇帝生病时没有亲自料理医药事宜，并禁止他不得入宫殿司马中。董贤不明就里，只得脱下官帽，赤足到未央宫外谢罪。己未，王莽派谒者在宫门下向董贤宣读太后诏书："董贤年少，不明事理，担任大司马不合众心，立即收回大司马印信，罢官归第。"董贤与他的妻子当天自杀；其家人惊恐，连夜下葬。王莽怀疑董贤诈死，有司奏请开棺，带到狱中检验，后来董贤就被埋在了狱中。太皇太后下诏让"公卿推举可以担任大司马的人"。王莽过去就担任过大司马，后来辞官以避让外戚丁、傅两家的势力，众人都称许他贤明，加上他又是太皇太后的侄子，因此自大司徒孔光以下，满朝官员都举荐王莽。只有前将军何武、左将军公孙禄二人商量，认为"以往惠帝、昭帝时期，外戚吕、霍、上官擅权，几乎危害到社稷；如今孝成皇帝、孝哀皇帝接连都没有后嗣，正在选立近亲宗室中的幼主继承皇位，因此不宜让外戚大臣总揽大权。掌权的大臣要有亲有疏，互相交错，才有利于国家。"于是何武推举公孙禄为大司马，而公孙禄也推举何武。庚申，太皇太后任用王莽为大司马、领尚书事。

　　莽又白太皇太后，诏有司以皇太后前与女弟昭仪专宠锢寝^①，残灭继嗣，贬为孝成皇后，徙居北宫^②。又以定陶共王太后与孔乡侯晏同心合谋^③，背恩忘本，专恣不轨，徙孝哀皇后退就桂宫^④，傅氏、丁氏皆免官爵归故郡，傅晏将妻子徙合浦^⑤。独下诏褒扬傅喜曰^⑥："高武侯喜，姿性端悫^⑦，论议忠直，虽与故定陶太后有属，终不顺指从邪^⑧，介然守节，以故斥逐就国。《传》不云乎：'岁寒然后知松柏之后凋也。'其还喜长安，位特进^⑨，奉朝请^⑩。"喜虽外见褒赏，孤立忧惧；后复遣就国，以寿终。莽又贬傅太后号为定陶共王母，丁太后号曰丁姬。莽又奏董贤父子骄恣奢僭^⑪，请收没入财物县官，诸以贤为官者皆免。父恭、弟宽信与家属徙合浦，母别归故郡巨鹿^⑫。长安中小民欢哗，乡其第哭^⑬，几获盗之。县官斥卖董氏财，凡四十三万万。贤所厚吏沛朱诩自劾去大司马府^⑭，买棺衣，收贤尸葬之。莽闻之，以他罪击杀诩。莽以大司徒孔光名儒，相三主，太后所敬，天下信之，于是盛尊事光，引光女婿甄邯为侍中、奉车都尉^⑮，诸素所不说者，莽皆傅致其罪，为请奏草，令邯持与光，以太后指风光^⑯。光素畏慎，不敢不上之；莽白太后，辄可其奏。于是劾奏何武、公孙禄互相称举，皆免官，武就国。

【注释】

①皇太后前与女弟昭仪：成帝皇后赵飞燕和其妹昭仪

赵合德。专宠锢寝：受到专房之宠。

②北宫：位于汉长安城西北。

③定陶共王太后：傅太后，死后谥为孝哀皇后。孔乡侯晏：即傅晏，哀帝傅皇后之父。

④桂宫：汉代五大宫之一。

⑤合浦：古郡名。郡治在今广西合浦东北。

⑥傅喜：哀帝祖母定陶傅太后从父弟。

⑦端悫（què）：正直诚谨。

⑧指：同"旨"。

⑨特进：官名。始设于西汉末。授予列侯中有特殊地位的人，位在三公下。

⑩奉朝请：古代诸侯春季朝见天子叫"朝"，秋季朝见为"请"。因称定期参加朝会为"奉朝请"。汉代退职大臣、将军和皇室、外戚多以奉朝请名义参加朝会。

⑪骄恣（zì）奢僭（jiàn）：骄横放纵，过分奢侈。

⑫巨鹿：郡名。秦置，汉因之。唐名邢州，其地约当今河北南自任县至晋县藁城一带地区。

⑬乡：通"向"。

⑭沛：郡名，今江苏沛县。

⑮甄邯（hán）：字子心，中山无极人，孔光婿。侍中：古代职官名，为正规官职外的加官之一。因侍从皇帝左右，出入宫廷，与闻朝政，逐渐变为亲信贵重之职。奉车都尉：官名，汉武帝设，掌管皇帝乘舆之事。

⑯风：讽喻。

【译文】

七月，王莽又禀告太皇太后，诏有司因为皇太后过去与妹妹昭仪为专宠，残害皇子事，贬她为孝成皇后，迁居北宫。又因为定陶共王太后与孔乡侯傅晏同心合谋，背恩忘义，专权放纵，图谋不轨，因此迁孝哀皇后退住桂宫，傅氏、丁氏家族一律免官，遣送回乡。傅晏携妻子迁到合浦。下诏褒奖傅喜说："高武侯傅喜，秉性谨慎，议论正直，虽是故定陶太后的亲属，终究没有顺从她的意旨，去干邪恶的事，而是清介有节操，因此遭到斥逐，遣归封国。《传》有云：'岁寒然后知松柏之后凋。'准许他回长安，官位特进，定期参加朝会。"傅喜虽得到褒赏，但孤立忧惧；后来又再遣他回国，得以安享天年。王莽又贬傅太后号为定陶共王母，贬丁太后号为丁姬。又上奏太皇太后下诏称董贤父子骄纵奢侈，放肆僭越，请求没收其财物归公，所有因董贤的缘故得官的全部免职。其父董恭、弟董宽信与家属流放到合浦郡，其母则准许回故乡巨鹿郡。这些处置得到了长安百姓的欢呼和拥戴。一些人假装去董氏府第哀哭，实际是想盗窃财物。官府变卖董氏家产得四十三万万钱。董贤所亲厚的属吏沛郡朱诩，辞职离开大司马府，买了棺材和衣服，收敛董贤尸体安葬。王莽听说之后借口以其他罪名杀了他。王莽因为大司徒孔光是当世名儒，三朝宰相，为太皇太后和天下人敬信，于是处处尊重孔光，援引其婿甄邯为侍中、奉车都尉。凡是平常不喜欢的，王莽都罗织罪名，写成奏章，让甄邯带给孔光，用太皇太后的意旨暗示孔光。孔光向来谨慎，不敢不上奏。王莽就转告太后，太后自然也同意其所奏的内容。于是弹劾何武、公孙禄互相推举，二人被革职，何武回到封国。

红阳侯立，太后亲弟，虽不居位，莽以诸父内敬惮之，畏立从容言太后，令己不得肆意，复令光奏立罪恶。

莽之所以胁持上下，皆此类也。

【译文】

红阳侯王立是太后的亲弟，虽不居官职，但王莽因为他是叔父比较敬惮他，担心王立在太后面前毫无拘束地说话，自己就不能肆意行事，又令孔光奏王立的罪恶。

王莽挟上持下，用的大多都是这一类的手段。

于是附顺莽者拔擢，忤恨者诛灭，以王舜、王邑为腹心，甄丰、甄邯主击断[1]，平晏领机事，刘秀典文章，孙建为爪牙。丰子寻、秀子棻、涿郡崔发、南阳陈崇皆以材能幸于莽[2]。莽色厉而言方，欲有所为，微见风采，党与承其指意而显奏之。莽稽首涕泣，固推让，上以惑太后，下用示信于众庶焉。

【注释】

①击断：专断，决断。
②棻：音 fēn。涿郡：治涿县，即今河北涿州。南阳：

郡名，辖境相当于今河南熊耳山以南叶县内乡之间和湖北大洪山以北应山郧县之间的大部分地区。

【译文】

于是顺从王莽的得到提升，违逆他的惨遭诛灭，以王舜、王邑为心腹，甄丰、甄邯主管刑法，平晏掌管机要事务，刘秀负责舆论，孙建为爪牙。甄丰的儿子甄寻、刘秀的儿子刘棻、涿郡崔发、南阳陈崇都因为材能受到重用。王莽神色严厉而言谈方正，想要做什么，只微露口风，党羽就会按照他的意思公开请求朝廷封赠。王莽再磕头涕泣，坚持推让，上以迷惑太后，下以示威信于百姓百官。

八月，莽复白太皇太后，废孝成皇后、孝哀皇后为庶人，就其园。是日，皆自杀。

大司空彭宣以王莽专权①，乃上书言："三公鼎足承君；一足不任，则覆乱美实②。臣资性浅薄，年齿老眊③，数伏疾病，昏乱遗忘，愿上大司空、长平侯印绶，乞骸骨归乡里，俟寘沟壑④。"莽白太后策免宣，使就国。

【注释】

①彭宣：字子佩，淮阳阳夏人。成帝时为博士，哀帝时进右将军，徙左将军，免。后拜大司空。封长平侯。

②覆乱美实：倾倒。

③眊（mào）：眼睛失神，看不清楚。

④寘（zhì）沟壑：代指死亡。寘，置。

【译文】

八月，王莽又通报太皇太后，废孝成皇后、孝哀皇后为庶人，迁居到园中。当天二人自杀。

大司空彭宣因为王莽专权，就上书说："三公鼎足承君；一足不任，则损害完美的格局。臣资性浅薄，年老糊涂，常年卧病，昏乱善忘，想交出大司空、长平侯印绶，愿乞骸骨还乡，终养老年。"王莽请太后策免去其职位，使就国。

平帝年九岁，太皇太后临朝，大司马莽秉政，百官总己以听于莽。莽权日盛，孔光忧惧，不知所出，上书乞骸骨；莽白太后，帝幼少，宜置师傅，徙光为帝太傅，位四辅[①]。

【注释】

①四辅：官名。相传古代天子身边的四个辅佐。

【译文】

平帝九岁，太皇太后临朝，大司马王莽秉政，百官受王莽节制。王莽的权势日盛一日，孔光担忧，不知怎么办，上书告老；王莽向太后提出，皇帝幼少，应当置师傅，任命孔光为皇帝太傅，位四辅。

春，正月，王莽风益州，令塞外蛮夷自称越裳氏重译献白雉一、黑雉二。莽白太后下诏，以白雉荐宗庙[①]。于是群臣盛陈莽功德，致周成白雉之瑞，周公及身在而托号于周，莽宜赐号曰安汉公，益户畴爵邑。太后诏尚书具其事。莽上书言："臣与孔光、王舜、甄丰、甄邯共定策；今愿独条光等功赏②，寝置臣莽，勿随辈列。"甄邯白太后下诏曰："'无偏无党，王道荡荡。'君有安宗庙之功，不可以骨肉故蔽隐不扬，君其勿辞！"莽复上书固让数四，称疾不起。左右白太后，"宜勿夺莽意，但条孔光等，莽乃肯起"。

【注释】

①荐：进献。

②条：分条列举，举出。

【译文】

元始元年（1）正月，王莽暗示益州，让塞外自称是越裳氏，几经翻译而通使的少数民族，进献白雉一只、黑雉两只。王莽禀告太后，请太后下诏，以白雉进献给宗庙。于是群臣盛赞王莽的功德过人，以致获得和周公时一样的白雉祥瑞，而周公生前在周朝就有美号，所以请朝廷赐王莽号安汉公，增加户畴爵邑。太后诏尚书讨论具体事宜。王莽上书："臣与孔光、王舜、甄丰、甄邯共同定策；现在朝廷爵赏，宁愿全部加封给孔光等人，臣王莽就不必了。"甄邯请太后下诏给王莽："'没有偏私，没有党派，才是坦荡的王道。'你有安定宗庙的功劳，不可以因为是太皇太后的家人就隐蔽不宣扬，请不要再推辞。"王莽再次上书一再要求辞让，并称病不起。左右向太后提议，"还是按照王莽的本意好了，只封赏孔光等人，他就肯起来了”。

四人既受赏，莽尚未起。群臣复上言："莽虽克让，朝所宜章，以时加赏，明重元功，无使百僚元元失望[①]！"太后乃下诏："以大司马、新都侯莽为太傅，干四辅之事，号曰安汉公，益封二万八千户。"于是莽为惶恐，不得已而起，受太傅、安汉公号，让还益封事，云："愿须百姓家给，然后加赏。"群臣复争，太后诏曰："公自期百姓家给，是以听之，其令公奉赐皆倍故。百姓家给人足，大司徒、大司空以闻。"莽复让不受，而建言褒赏宗室群臣。立故东平王云太子开明为王[②]；又以故东平思王孙成都为中山王[③]，奉孝王后[④]；封宣帝耳孙信等三十六人皆为列侯[⑤]；太仆王恽等二十五人皆赐爵关内侯[⑥]。又令诸侯王公、列侯、关内侯无子而有孙若同产子者[⑦]，皆得以为嗣[⑧]；宗室属未尽而以罪绝者[⑨]，复其属[⑩]；天下令比二千石以上年老致仕者[⑪]，参分故禄[⑫]，以一与之，终其身。下及庶民鳏寡[⑬]，恩泽之政，无所不施。

【注释】

①元元：百姓，庶民。

②东平王云：刘云，汉东平思王刘宇之子，其父死后继任为东平王。后自杀，国除。太子开明：刘云之子。

③东平思王：刘宇，汉宣帝之子，元帝之弟。

④孝王：中山孝王刘兴，元帝之子。

⑤耳孙：泛指远代子孙。

⑥太仆：官名，秦汉九卿之一，掌为天子执御，舆马畜牧之事。

⑦列侯：爵位名，秦汉二十等爵中的最高一级，最初称彻侯，后避汉武帝刘彻讳，改称通侯，后又改称列侯，有封邑。关内侯：爵位名，秦汉二十等爵级之第十九级，位于列侯之下。无子：没有嫡长子可以继承爵位。同产子：指兄弟之子。同产，同母所生者，兄弟。

⑧嗣（sì）：继承者。

⑨属：亲属。

⑩复：恢复。属：属籍，宗室家谱。

⑪二千石：汉代郡守俸禄为二千石，因此就称郡守为"二千石"。致仕：辞官，退休。

⑫参：通"三"。故禄：没有退休以前的俸禄。

⑬鳏（guān）寡：鳏，指老而无妻的人。寡，指寡妇，无夫的人。引申为老弱孤苦者。

【译文】

二月里，孔光等四人接受了封赏，而王莽仍然称病不起。群臣再次上言："王莽虽然谦让，朝廷典章还是要按时加赏，彰显功劳，不要让百僚和百姓失望！"太后于是下诏："任命大司马、新都侯王莽为太傅，主管四辅之事，赐号安汉公，增加封邑二万八千户。"于是王莽假装惶恐，不得已而起，接受太傅、安汉公的封号，让还增加的封户，说:"希望等到百姓家给人足了,然后再受赏。"群臣坚持要赏赐,太后下诏说:"你希望百姓富足,朝廷满足了你的要求,但对你的赏赐都要加倍。等到百姓家给人足的时候,大司徒、大司空要记得上奏。"王莽还是推辞不受,而提议褒赏宗室群臣。于是朝廷下令已故东平王刘云的太子开明继立为王;以故东平思王刘宇的孙子刘成都为中山王,奉孝王后;封宣帝耳孙刘信等三十六人为列侯;太仆王恽等二十五人皆赐爵关内侯。又令诸侯王公、列侯、关内侯,如果没有嫡长子,却有庶子生的孙儿,或有同母兄弟的儿子,都可以继承爵位。宗室族属未尽而因罪被剔除,恢复爵位;天下令比二千石以上高级官员年老退休的,可以终身领取原来俸禄的三分之一。下及庶民鳏寡,加恩于人的,无不实施。

莽既媚说吏民①,又欲专断,知太后老,厌政,乃风公卿奏言:"往者吏以功次迁至二千石,及州部所举茂材异等吏②,率多不称,宜皆见安汉公。又,太后春秋高,不宜亲省小事。"令太后下诏曰:"自今以来,唯封爵乃以闻,他事安汉公、四辅平决。州牧、二千石及茂材吏初除奏事者,辄引入,至近署对安汉公,考故官,问新职,以知其称否。"于是莽人人延问,密致恩意,厚加赠送,其不合指,显奏免之,权与人主侔矣③。

【注释】
①说:同"悦"。

②茂材：秀才。异等吏：考核成绩优秀的官员。

③侔：相等。

【译文】

王莽既取悦了官员和百姓，又想要独断独行，他知道太后年纪老迈，厌烦朝政，就暗示公卿上奏说："以往官吏凭借功勋依次升到二千石，由州部所举荐的茂材官吏，大多名实不符，所以以后这些人都要先由安汉公审察。还有，太后年纪大了，不宜亲自处理小事。"让太后下诏说："自今以后，只有封爵的事需要上奏，其余事都由安汉公、四辅决定。州地方官、二千石及茂材吏初次接受任命奏报事务的，则引入到近署衙门，由安汉公考察他们对前任政绩的评价，询问他们上任后的打算，来了解他们是否名实相符。"于是王莽接见官员，向他们问好致意，厚加赠送，其中有不合自己心意的，上奏将其免职，王莽拥有了和皇帝一样的权力。

王莽恐帝外家卫氏夺其权，白太后："前哀帝立，背恩义，自贵外家丁、傅，挠乱国家，几危社稷。今帝以幼年复奉大宗为成帝后①，宜明一统之义，以戒前事，为后代法。"六月，遣甄丰奉玺绶，即拜帝母卫姬为中山孝王后。赐帝舅卫宝、宝弟玄爵关内侯。赐帝女弟三人号曰君，皆留中山，不得至京师。

【注释】

①奉大宗为成帝后：奉平帝刘箕子为成帝的儿子入继皇位。

【译文】

王莽怕皇帝的外家卫氏夺权，对太后说："以前哀帝即位，背恩忘义，抬高自己外家丁、傅，扰乱国家法度，危害皇权。现在，皇帝以幼年继承大宗为成帝后嗣，应该申明一统之义，以为惩戒，也可以为后代效法。"六月，派甄丰奉玺绶，即拜帝母卫姬为中山孝王后。赐皇帝的舅舅卫宝、卫宝的弟弟卫玄为关内侯。赐皇帝三位妹妹为君，让他们都留在中山国，不得进入京师。

马皇后抑制外戚

　　马皇后是历史上非常典范的贤后，她对自身欲望和家族荣耀的压抑，东汉光武帝以来对其认识是完全一致的。西汉的经验和教训，一直为东汉统治者时时不能去怀。比起西汉气焰熏天的外戚，马皇后无疑更愿意效仿光武帝时期的阴皇后，小心谨慎和刻意求工，足见其清醒的政治头脑。

甲子，立贵人马氏为皇后，皇子炟为太子①。后，援之女也，光武时，以选入太子宫，能奉承阴后②，傍接同列，礼则修备，上下安之，遂见宠异；及帝即位，为贵人。时后前母姊女贾氏亦以选入，生皇子炟。帝以后无子，命养之，谓曰："人未必当自生子，但患爱养不至耳！"后于是尽心抚育，劳悴过于所生。太子亦孝性淳笃，母子慈爱，始终无纤介之间。后常以皇嗣未广，荐达左右，若恐不及。后宫有进见者，每加慰纳；若数所宠引，辄加隆遇。

【注释】

①炟：音 dá。

②阴后：汉光武帝皇后阴丽华。

【译文】

东汉明帝永平三年（60）二月甲子，立贵人马氏为皇后，皇子刘炟为太子。皇后是马援之女，光武帝时选入太子宫，能侍奉阴皇后，和同列和睦相处，礼数周全，与上下的人都相安无事，渐渐受到宠爱和重视。等明帝即位，封为贵人。当时皇后前母姐姐的女儿贾氏也选入宫中，生皇子刘炟。明帝因为皇后无子，让皇后抚养皇子刘炟，说："人不一定要自己生孩子，只担心爱养不够罢了。"皇后于是尽心抚育，操劳胜过自己所生。太子也孝顺淳笃，母子慈爱，始终没有丝毫嫌隙。皇后经常因为皇子不多而向皇帝推荐宫中美女，唯恐做得不够。后宫有得到明帝宠幸的，皇后每每加以慰问鼓励；如果多次受到宠爱，则皇后对待她必定加以礼遇。

　　及有司奏立长秋宫^①，帝未有所言，皇太后曰："马贵人德冠后宫，即其人也。"后既正位宫闱，愈自谦肃，好读书。常衣大练^②，裙不加缘^③；朔望诸姬主朝请^④，望见后袍衣疏粗，以为绮縠^⑤，就视，乃笑。后曰："此缯特宜染色^⑥，故用之耳。"群臣奏事有难平者，帝数以试后，后辄分解趣理，各得其情，然未尝以家私干政事。帝由是宠敬，始终无衰焉。

【注释】

①长秋宫：这里代指皇后。

②大练：粗糙的丝绸。

③缘（yuàn）：衣服边上的镶绲，衣服的边。

④朔望：每月初一、十五。

⑤绮縠（hú）：绫绸绉纱之类。丝织品的总称。

⑥缯（zēng）：古代对丝织品的总称。

【译文】

　　等到有司奏立皇后，明帝还没有说话，皇太后就说："马贵人德冠后宫，就是她了。"皇后正位以后，更加谦和端肃，她喜爱读书，常穿粗糙的大练制成的衣裙，裙子也没有绲边。初一十五后宫朝见，望见皇后衣袍粗疏，以为是特别的绮縠，靠近了看，才发现是大练，大家就笑。皇后说："这种丝绸特别适宜染色，所以才用它。"群臣奏事中有难以解决的问题，明帝屡次用来试探皇后的才智，皇后就条分理析，都合情入理，但是从来没有因为私情干预政事。明帝因此对她宠爱敬重，始终不减。

上欲封爵诸舅，太后不听。会大旱，言事者以为不封外戚之故，有司请依旧典。太后诏曰："凡言事者，皆欲媚朕以要福耳^①。昔王氏五侯同日俱封^②，黄雾四塞，不闻澍雨之应^③。夫外戚贵盛，鲜不倾覆；故先帝防慎舅氏，不令在枢机之位，又言'我子不当与先帝子等'，今有司奈何欲以马氏比阴氏乎！且阴卫尉^④，天下称之，省中御者至门^⑤，出不及履，此蘧伯玉之敬也^⑥；新阳侯虽刚强^⑦，微失理，然有方略，据地谈论，一朝无双；原鹿贞侯^⑧，勇猛诚信；此三人者，天下选臣，岂可及哉！马氏不及阴氏远矣。吾不才，夙夜累息，常恐亏先后之法，有毛发之罪吾不释，言之不舍昼夜，而亲属犯之不止，治丧起坟，又不时觉，是吾言之不立而耳目之塞也。

【注释】

①要：邀。

②王氏五侯同日俱封：河平二年（前27），王氏兄弟谭、商、立、根、逢时五人同日封侯，史称"五侯"。

③澍（shù）雨：时雨。

④阴卫尉：阴兴，光武帝阴皇后之弟。卫尉，掌宫门警卫。

⑤御者：侍从。

⑥蘧（qú）伯玉：春秋时卫国人，名瑗。是一个求进甚急并善于改过的贤大夫。

⑦新阳侯：阴就，光武帝阴皇后之弟。

⑧原鹿贞侯：阴识，光武帝阴皇后之兄。

【译文】

章帝建初二年（77）四月，皇帝想给诸位舅舅封爵，马太后不同意。当时遇上大旱，有官员说是不封外戚的缘故，有司请依照旧典封爵。太后下诏说："说这些话的官员，都想取悦我，来得到好处而已。以往王氏家族五侯同日进封，黄雾弥漫，并没有听说外戚进封就有及时雨的瑞应。外戚贵盛很少有不败落的；所以先帝一直防范舅家，不让他们在重要的权位上，又说'我的儿子不应当与先帝的儿子相同'，如今有司怎么想拿马氏和阴氏相比呢？而且卫尉阴兴，得到天下人的赞扬，宫里的侍从到了门口，就匆忙出门相迎，以至于来不及穿鞋，这是好像蘧伯玉那样对人诚敬；新阳侯阴就虽然刚强，有略微失礼之处，但有方略，即兴谈论，举朝无双；原鹿贞侯阴识，勇猛诚信；这三人是大臣中的精英，岂是普通人可以比的？马氏子弟远不如阴氏。我虽然不才，但身处这个位置上，日夜谨慎，常担心行事中有损先皇后的法度，即使是毛发一样细小的过错我都不会轻易放过，不分昼夜地告诫，而亲属还是屡犯不止，修治违制的高坟，又不能及时察觉更正，这都是我说得不够周全并且耳目又闭塞的缘故。"

"吾为天下母，而身服大练，食不求甘，左右但著帛布，无香薰之饰者，欲身率下也。以为外亲见之，当伤心自敕，但笑言'太后素好俭'。前过濯龙门上，见外家问起居者，车如流水，马如游龙，仓头衣绿褠^①，领袖正白，顾视御者，不及远矣。故不加谴怒，但绝岁用而已，冀以默愧其心，犹懈怠无忧国忘家之虑。知臣莫若君，况亲属乎？吾岂可上负先帝之旨，下亏先人之德，重袭西京败亡之祸哉？"固不许。

【注释】

①仓头：汉代对奴仆的称呼。汉时奴仆以深青色布包头，故称。仓，通"苍"。褠（gōu）：臂衣。犹今之袖套。

【译文】

"我母仪天下，而身服大练，食不求甘，左右只穿着帛布，无香薰饰物，之所以这样做，无非为了以身作则而已。我认为外亲见到了，应当自我警醒，结果大家只笑着说'太后向来喜欢俭朴'。前些天过濯龙门上，见到前来问候的外家，车如流水，马如游龙，仆人穿着绿色袖套，领袖雪白，比起为我驾车的御者要强得多了。我并未加以责备，只是停了家里的岁用而已，之所以如此，是希望家人可以自己知道惭愧，可是大家仍然懈怠，毫无忧国忘家的心胸。知臣莫若君，更何况是亲人呢？我怎么能上负先帝之旨，下亏先人之德，重蹈西汉败亡的旧路呢？"坚持不许。

帝省诏悲叹，复重请曰："汉兴，舅氏之封侯，犹皇子之为王也。太后诚存谦虚，奈何令臣独不加恩三舅乎？且卫尉年尊①，两校尉有大病②，如令不讳，使臣长抱刻骨之恨。宜及吉时，不可稽留。"太后报曰："吾反复念之，思令两善，岂徒欲获谦让之名而使帝受不外施之嫌哉！昔窦太后欲封王皇后之兄，丞相条侯言③：'高祖约，无军功不侯。'今马氏无功于国，岂得与阴、郭中兴之后等邪？常观富贵之家，禄位重叠，犹再实之木，其根必伤。且人所以愿封侯者，欲上奉祭祀，不求温饱耳；今祭祀则受太官之赐④，衣食则蒙御府余资⑤，斯岂不可足，而必当得一县乎？吾计之孰矣⑥，勿有疑也。"

【注释】

①卫尉：马廖，马皇后之兄。

②两校尉：马防、马光。马皇后之兄。

③条侯：汉初名将周亚夫。

④太官：汉代始置，属少府，掌宫廷的膳食及酿酒，并献四时果实。

⑤御府：宫廷。

⑥孰：同"熟"，周到。

【译文】

皇帝看到诏书悲叹，再次请求："汉兴，外戚封侯，就像皇子为王一样。太后心存谦虚，这样岂不是让儿臣单单不加恩于三个舅舅么？而且卫尉年长，两校尉有大病，假使有什么三长两短，儿臣会长抱刻骨之恨。还是选良辰吉时加封，不要延迟了。"太后回复说："我反复想过了，想要两全其美，否则不是单单为了获取谦让之名而使皇帝承受不施恩外戚的嫌疑！以前西汉窦太后要封王皇后之兄，丞相条侯言：'高祖定约，没有军功不能封侯。'如今马氏无功于国，怎能和阴、郭等中兴时皇后相比呢？看富贵之家，禄位重叠，就像再次结果实的树木，必定伤害到根本。而且人所以想要封侯的原因，不过是为了上奉祭祀，不是为了温饱；如今祭祀则有出自太官的赏赐，衣食则有御府赏赐，这样还不知足，非要得到一县的封邑么？我已经想得很周全了，不必疑虑。"

"夫至孝之行，安亲为上。今数遭变异，谷价数倍，忧惶昼夜，不安坐卧，而欲先营外家之封，违慈母之拳拳乎！吾素刚急，有胸中气，不可不顺也。子之未冠，由于父母，已冠成人，则行子之志。念帝，人君也；吾以未逾三年之故，自吾家族，故得专之。若阴阳调和，边境清静，然后行子之志；吾但当含饴弄孙①，不能复关政矣。"上乃止。

①含饴（yí）弄孙：含着糖逗小孙子玩。形容晚年生活
　的乐趣。

【译文】

"最孝顺的行为莫过于令父母亲安心。如今屡遭天灾，
谷价涨了数倍，皇帝都昼夜忧心，坐卧不安，反而要先封
赠外家，有违慈母诚恳的心意。我素来性子刚急，受不得
气。儿子未成年时，由父母做主，成人以后，万事要由自
己做主。想皇帝身为人君，自当令行禁止；我只是因为尚
在三年丧期之内，所以有关马氏家族的事务，才做个主。
如果天下无事，皇帝可以行自己之志；我就含饴弄孙，不
会再管朝政的事了。"皇帝也只好就此罢休。

　　太后尝诏三辅①：诸马婚亲有属托郡县、干乱吏
治者②，以法闻。太夫人葬起坟稍微高一些，太后
以为言，兄卫尉廖等即时减削。其外亲有谦素义行
者，辄假借温言，赏以财位；如有纤介，则先见严
恪之色，然后加谴。其美车服、不尊法度者，便绝
属籍，遣归田里。广平、巨鹿、乐成王，车骑朴素，
无金银之饰，帝以白太后，即赐钱各五百万。于是
内外从化，被服如一；诸家惶恐，倍于永平时③。

【注释】

①三辅：汉景帝时将京畿官内史分成左右内史，与主
　爵都尉共同治理京城长安，称"三辅"。

②属（zhǔ）托：嘱托。

③永平：明帝年号，公元58—75年。

【译文】

太后曾经下诏三辅：马氏亲族有嘱托郡县、扰乱吏治的要依法处置。太夫人落葬起坟稍微高一些，太后提出了意见，其兄卫尉马廖等即时减削。亲戚中有人有谦素行为表现好的，则加以鼓励，赏以财富职位；如果做错了，则疾言厉色，加以责备。要是有人车服华美、不遵法度，就废除他的属籍，送归田里。广平王、巨鹿王、乐成王，车骑朴素，没有金银之饰，皇帝禀告了太后，各赐钱五百万。于是朝廷内外从化，被服如一；诸外戚家都小心谨慎，比明帝永平年间更甚。

宦官专权

东汉后期，宦官的权力很大，虽然有朝臣要剪除他们的势力，却一直没有成功。灵帝生前非常信任宦官，临终时也将幼子刘协托付给宦官蹇硕。灵帝的长子刘辩是何皇后所出，外家贵盛，尤其是皇后的兄长何进为大将军；所以皇子刘辩在强大的外戚势力的保护下即位，何进兄妹掌握了大权。

当时何进听从了袁绍的意见，要诛灭宦官，但每每受制于太后而不能成功。于是袁绍建议他召外地兵马以要挟太后，进而让太后同意诛杀宦官。何进的计划还没有施行，就被宦官得知而招致杀害。他的部属因此联手攻入皇宫，将所有宦官全部杀死，紧接着，被何进召入长安的各地武装开始彼此混战，东汉也就名存实亡了。

（中平元年）是时中常侍赵忠、张让、夏恽、郭胜、段珪、宋典等皆封侯贵宠①，上常言："张常侍是我公，赵常侍是我母。"由是宦官无所惮畏，并起第宅，拟则宫室②。上尝欲登永安候台③，宦官恐望见其居处，乃使中大人尚但谏曰④："天子不当登高，登高则百姓虚散。"上自是不敢复升台榭。及封谞、徐奉事发⑤，上诘责诸常侍曰⑥："汝曹常言党人欲为不轨⑦，皆令禁锢，或有伏诛者⑧。今党人更为国用，汝曹反与张角通⑨，为可斩未？"皆叩头曰："此王甫、侯览所为也⑩！"于是诸常侍人人求退，各自征还宗亲、子弟在州郡者。

【注释】

①中常侍：宫廷内官名。秦称"中常侍官"，由宦者担任，间用士人。汉沿称"中常侍"。

②拟则：效法，模仿。

③永安候台：洛阳皇宫里可以登高望远的高台。

④中大人：宦官。

⑤谞：音 xū。

⑥诘责：责问。

⑦汝曹：你们。党人：指反对宦官的官员和太学生。东汉后期，外戚与宦官的权力之争日益激烈。桓帝时期，以李膺、陈蕃为首的官僚集团，和以郭泰为首的太学生联合起来，结成朋党，抨击宦官的黑暗统治。宦官依靠皇权，两次向党人发动大规模的残

酷迫害活动，史称"党锢之祸"。

⑧伏诛：伏法，被处死。

⑨张角：黄巾起义领袖。

⑩王甫、侯览：东汉末宦官的代表人物，敛财勒索，迫害党人。

【译文】

灵帝中平元年（184），是时中常侍赵忠、张让、夏恽、郭胜、段珪、宋典等皆封侯贵宠，灵帝常说："张常侍是我父亲，赵常侍是我母亲。"因此宦官无所畏惧，都建造了宅第，规格跟宫室差不多一样。灵帝曾经想要登永安候台，宦官怕皇帝望见他们的宅第，就派中大人尚但劝谏说："天子不当登高，登高则百姓虚散。"灵帝自此不敢再登台榭。等到封谞、徐奉事发，灵帝质问诸常侍："你们经常说党人欲为不轨，所以都要将他们禁锢起来，甚至有因此被处死的。如今党人为国效力，你们反倒和张角勾结，这样的罪行应该斩首么？"诸常侍都叩头说："这是王甫、侯览所做的事。"于是诸常侍人人求退，各自将其在州郡宗亲、子弟召回。

（中平六年）初，帝数失皇子，何皇后生子辩①，养于道人史子眇家②，号曰"史侯"。王美人生子协，董太后自养之③，号曰"董侯"。群臣请立太子。帝以辩轻佻无威仪，欲立协，犹豫未决。会疾笃④，属协于蹇硕⑤。丙辰，帝崩于嘉德殿。硕时在内，欲先诛何进而立协，使人迎进，欲与计事；进即驾往。硕司马潘隐与进早旧，迎而目之。进惊，驰从儳道归营⑥，引兵入屯百郡邸⑦，因称疾不入。戊午，皇子辩即皇帝位，年十四。尊皇后曰皇太后。太后临朝。赦天下，改元为光熹。封皇弟协为渤海王。协年九岁。以后将军袁隗为太傅⑧，与大将军何进参录尚书事⑨。

【注释】

①何皇后：出身屠家。何家贿赂宦官郭胜而使之入宫，得到灵帝宠幸，生皇子刘辩，光和三年（180）立为皇后。后来何皇后鸩杀也生有皇子的王美人，几乎遭到废黜，经由宦官说情方罢。中平六年（189）灵帝去世，刘辩继位，何后被尊为皇太后，临朝执政。其兄大将军何进以录尚书事辅佐朝政，欲诛专权跋扈的宦官，由于何太后与宦官有千丝万缕的联系，犹豫不决，坐失良机，反而被宦官所杀。后董卓废刘辩为弘农王，而立陈留王刘协为帝，迁太后于永安宫，将其鸩杀。

②眇：音 miǎo。

③董太后：灵帝母亲，刘苌之妻，称孝仁皇后。

④疾笃：病重。

⑤属（zhǔ）：托付。蹇硕：东汉时期的宦官，手握兵权。

⑥儳（chán）道：近路，捷径。

⑦百郡邸：诸郡设在京师的办事处。

⑧隗：音 wěi。

⑨录尚书事：东汉以后，中央行政均归"尚书"处理，"录"是总领的意思，录尚书事独揽大权，无所不管。

【译文】

中平六年（189），起先灵帝屡次丧子，何皇后生子刘辩，交给道人史子眇家抚养，刘辩被称为"史侯"。王美人生子刘协，由董太后自己抚养，称为"董侯"。群臣请立太子。灵帝认为刘辩轻佻无威仪，想要立刘协，犹豫未决。适逢皇帝病重，于是就将刘协托付给蹇硕。丙辰，灵帝崩于嘉德殿。蹇硕当时正在宫里，想要先杀了何进而立刘协，于是派人去接何进，说要与他共同议事。何进立即前往。蹇硕司马潘隐与何进是旧交，迎上前来，朝他使了眼色。何进大惊，骑马从捷径归营，带兵入驻百郡邸，称病不进宫。戊午，皇子刘辩即皇帝位，年十四。尊何皇后为皇太后。太后临朝处理政事，大赦天下，改元光熹。封皇弟刘协为渤海王。刘协时年九岁。以后将军袁隗为太傅，和大将军何进共同统领尚书事，总管一切政要。

进既秉朝政①，忿蹇硕图己②，阴规诛之③。袁绍因进亲客张津④，劝进悉诛诸宦官。进以袁氏累世贵宠，而绍与从弟虎贲中郎将术皆为豪杰所归⑤，信而用之。复博征智谋之士何颙、荀攸及河南郑泰等二十余人⑥，以颙为北军中候⑦，攸为黄门侍郎⑧，泰为尚书⑨，与同腹心。攸，爽之从孙也。蹇硕疑不自安，与中常侍赵忠、宋典等书曰："大将军兄弟秉国专朝，今与天下党人谋诛先帝左右，扫灭我曹，但以硕典禁兵，故且沉吟。今宜共闭上阁，急捕诛之。"中常侍郭胜，进同郡人也，太后及进之贵幸，胜有力焉，故亲信何氏；与赵忠等议，不从硕计，而以其书示进。庚午，进使黄门令收硕⑩，诛之，因悉领其屯兵。

【注释】

①秉：主持。

②忿：怀恨。图：图谋。

③规：谋划，制定。

④袁绍：东汉末年重要军阀，出身大族，祖上四世三公，在诸侯中很有影响。

⑤从弟：堂弟。虎贲（bēn）中郎将：掌宿卫，无常员，多至千人。虎贲，比喻勇猛。

⑥颙：音 yóng。攸：音 yōu。

⑦北军中候：官名，东汉置，掌监北军五营，秩六百石。

⑧黄门侍郎：官名，西汉时郎官给事于黄门（宫门）之内者称黄门郎或黄门侍郎。东汉设为专官，其职为侍从皇帝，传达诏命。

⑨尚书：官名，始于战国，掌管文书。汉武帝时地位逐渐重要。东汉以后正式成为协助皇帝处理政务的官员。

⑩黄门令：西汉少府属官有此职，东汉因之。秩六百石，宦者充任，掌管省中宦官。

【译文】

何进主持朝政之后，怀恨蹇硕曾经图谋杀害自己，决定暗中策划杀掉他。袁绍就举荐了亲信门客张津，劝何进杀掉全部宦官。何进因为袁氏世代地位崇高，而袁绍与其堂弟虎贲中郎将袁术都为豪杰信任归附，所以非常信任他们，予以重用。何进又广泛地征召人才，召集了智谋之士何颙、荀攸及河南郑泰等二十余人。任命何颙为北军中候，荀攸为黄门侍郎，郑泰为尚书，视他们为心腹。荀攸是荀爽的侄孙。蹇硕心中不安，给中常侍赵忠、宋典等写信说："大将军何进兄弟执掌政权，如今与天下党人图谋诛杀先帝左右的宦官，想要消灭我们。只是因为我还掌握着禁兵的缘故，所以暂时不敢动手，尚在犹豫中。如今应该关闭宫门，迅速抓捕何进并且杀死他。"中常侍郭胜是何进的同乡，何太后与何进能有今天，郭胜出了很大的力气，因此和何进很亲近；他和赵忠等人商量，不接受蹇硕的计策，而是把信给何进看了。庚午，何进派黄门令逮捕蹇硕，将他处死，也就接收了他所统带的全部军队。

票骑将军董重，与何进权势相害^①，中官挟重以为党助。董太后每欲参干政事，何太后辄相禁塞^②，董后忿恚^③，詈曰^④："汝今辀张^⑤，怙汝兄耶^⑥！吾敕票骑断何进头，如反手耳！"何太后闻之，以告进。五月，进与三公共奏："孝仁皇后使故中常侍夏恽等交通州郡^⑦，辜较财利^⑧，悉入西省^⑨。故事，蕃后不得留京师^⑩；请迁宫本国。"奏可。辛巳，进举兵围票骑府，收董重，免官，自杀。六月，辛亥，董后忧怖，暴崩。民间由是不附何氏。

【注释】

①票骑将军：即"骠骑将军"。汉武帝置，秩位同大将军，金印紫绶，位同三公。害：妨害，有冲突。

②禁塞：阻止。

③忿恚（huì）：愤恨。

④詈（lì）：骂。

⑤辀（zhōu）张：跋扈，专横。

⑥怙（hù）：依仗，凭借。

⑦恽：音 yùn。交通：相互勾结。

⑧辜较：搜刮聚敛，指对财利的把持。

⑨西省：汉永乐官之司署，掌管官内罪罚。

⑩蕃后不得留京师：封国王后不可以留在洛阳。

【译文】

骠骑将军董重和何进在权势上发生冲突，宦官挟董重之力以为援助。董太后每每想干预政事，何太后就阻止她，董太后愤怒地骂道："你如今气焰嚣张，不过仗着你兄长的权势罢了。我下令骠骑将军斩下何进的头，可是易如反掌。"何太后听到了，就告诉了何进。五月，何进与三公共同上奏称："董太后派前中常侍夏恽等人和地方勾结，搜刮来的财货全部运到永乐宫。按照旧例，封国王后不得留在京师；请让董太后迁回本国。"何太后同意了。辛巳，何进带兵包围了骠骑将军府，逮捕董重，免去其官职，董重自杀。六月辛亥，董后担忧害怕，猝死。民间因此不肯依附何氏。

袁绍复说何进曰："前窦武欲诛内宠而反为所害者，但坐言语漏泄；五营兵士皆畏服中人，而窦氏反用之，自取祸灭①。今将军兄弟并领劲兵，部曲将吏皆英俊名士，乐尽力命，事在掌握，此天赞之时也②。将军宜一为天下除患，以垂名后世，不可失也！"进乃白太后，请尽罢中常侍以下，以三署郎补其处③，太后不听，曰："中官统领禁省，自古及今，汉家故事，不可废也。且先帝新弃天下，我奈何楚楚与士人共对事乎！"进难违太后意，且欲诛其放纵者。绍以为中官亲近至尊，出纳号令，今不悉废，后必为患。而太后母舞阳君及何苗数受诸宦官赂遗，知进欲诛之，数白太后为其障蔽；又言："大将军专杀左右，擅权以弱社稷。"太后疑以为然。进新贵，素敬惮中官，虽外慕大名而内不能断，故事久不决。

【注释】

① "前窦武欲诛"五句：窦武诛杀宦官事。窦武的长女为桓帝皇后。永康元年（167），桓帝死，窦武拥立灵帝即位，拜大将军。他与太傅陈蕃共秉朝政，建宁元年（168）八月，窦武与陈蕃定计剪除诸宦官。后事机泄露，宦官曹节、王甫等劫持灵帝、太

后，下诏收捕窦武等。窦武召集北军五校兵士数千人和宦官率领的虎贲、羽林和五营士兵对阵。结果兵败自杀。五营，指屯骑、越骑、步兵、长水、射声五校尉所领部队。

②赞：帮助。

③三署：汉时五官署、左署、右署之合称。

【译文】

袁绍又劝说何进："以前窦武想要诛灭宦官而反为所害，是因为言语不慎泄漏事机造成的。五营兵士都畏惧宦官，窦氏反而任用他们，实在是自取灭亡。如今将军兄弟都统领精锐军队，部下都是有名望的英才，愿意为你们效命，局势如此，说明上天都在支持将军。将军应当为天下去除祸患，留名后世，这样的机会将军不可放弃。"于是何进告诉太后，请太后同意全部罢免中常侍以下的宦官，其职位由三署郎官替补。太后不愿意，说："宦官统领宫中，是一直以来的汉家旧例，不可废除。况且先帝才去世不久，我怎么能就这样公然和士人相对处事呢？"何进无法违背太后的意思，就想杀掉那些行为放纵的宦官。袁绍认为宦官亲近皇帝，颁行号令，如果不全部废黜，必定成为后患。而太后的母亲舞阳君及太后的弟弟何苗屡次收受宦官的贿赂，知道何进想要诛灭他们，就屡屡进言，要太后保护宦官；又说："大将军专杀侍奉左右的宦官，是想自己专权而削弱皇室。"太后起了疑心。何进新近被提升主持朝政，原来一向敬畏宦官，虽然表面上企慕诛灭宦官功勋垂于后世的大名，但实际上不能作出决断，因此事情始终没有结果。

绍等又为画策，多召四方猛将及诸豪杰，使并引兵向京城，以胁太后；进然之；主簿广陵陈琳谏曰①："谚称'掩目捕雀'②，夫微物尚不可欺以得志，况国之大事，其可以诈立乎？今将军总皇威，握兵要，龙骧虎步③，高下在心④，此犹鼓洪炉燎毛发耳⑤。但当速发雷霆，行权立断，则天人顺之。而反委释利器⑥，更征外助？大兵聚会，强者为雄，所谓倒持干戈，授人以柄⑦，功必不成，只为乱阶耳⑧！"进不听。

【注释】

①主簿：汉代中央及郡县官署多置之。其职责为主管文书，办理事务。陈琳：汉魏人，"建安七子"之一。

②掩目捕雀：遮住眼睛捉飞雀。比喻自欺欺人。

③龙骧（xiāng）虎步：喻威仪庄重，气度不凡。骧，腾跃，昂首奔驰。

④高下在心：引申为随心所欲地处置事宜。

⑤鼓洪炉燎毛发：轻而易举的事。

⑥委释：放弃，丢弃。

⑦倒持干戈，授人以柄：干、戈，皆兵器。倒持武器，把剑柄交给别人。比喻将权力交给别人或让人抓住缺点、失误，使自己被动。

⑧乱阶：祸端，祸根。

【译文】

袁绍等又为他策划，多召各地猛将和豪杰，让他们带兵到京城，用兵力威胁太后同意诛灭宦官，何进觉得主意可行，主簿广陵人陈琳劝谏说："俗话称'掩目捕雀'，自欺欺人。微小之物，尚且不能用欺骗的方法来成功，何况是国家大事，难道要用欺诈手段才能成功么？如今将军凭借皇威，手握兵权，威仪庄重，随心所欲，要杀宦官，就像用大火炉鼓风去烧毛发一样。只需要速发雷霆之怒，当机立断，自然天人顺应，没有不成功的道理。怎么反而自己丢掉利器，从外面寻求支援呢？到时候大军聚集，强者为雄，这就是所谓的倒持干戈，授人以柄，一定不会成功，徒然开启祸端而已。"何进听不进去。

八月，戊辰，进入长乐宫，白太后，请尽诛诸常侍。中常侍张让、段珪相谓曰："大将军称疾，不临丧，不送葬，今欻入省①，此意何为？窦氏事竟复起邪？"使潜听，具闻其语，乃率其党数十人持兵窃自侧闼入②，伏省户下③。进出，因诈以太后诏召进，入坐省阁④。让等诘进曰："天下愦愦⑤，亦非独我曹罪也。先帝尝与太后不快，几至成败，我曹涕泣救解，各出家财千万为礼，和悦上意，但欲托卿门户耳。今乃欲灭我曹种族，不亦太甚乎？"于是尚方监渠穆拔剑斩进于嘉德殿前⑥。让、珪等为诏，以故太尉樊陵为司隶校尉⑦，少府许相为河南尹⑧。尚书得诏板⑨，疑之，曰："请大将军出共议。"中黄门以进头掷与尚书曰："何进谋反，已伏诛矣！"

【注释】

①欻（xū）：忽然。

②阘（tà）：小门。

③伏省户下：埋伏在殿门。省户，官门，禁门。

④省阁（gé）：官门。

⑤愦愦（kuì）：烦乱、纷乱的样子。

⑥尚方监：掌管宫廷饮食器物官署的长官。

⑦司隶校尉：汉武帝置，主要是监督京师和地方的监察官，秩二千石，东汉时改为比二千石。

⑧少府：官名，秦置，汉沿袭下来，九卿之一。掌管山海池泽的收入、皇室手工业制造、皇帝衣食器用、医药、娱乐、丧葬等事宜。河南尹：汉以都城行政长官称尹，有京兆尹、河南尹。

⑨诏板：诏书，诏令。

【译文】

八月戊辰，何进入长乐宫，通告太后，请太后答应诛杀所有宦官。中常侍张让、段珪商量道："大将军称病不参加先帝的丧礼，又不肯送葬，如今忽然入宫，这是为什么？窦氏事难道又要复发吗？"于是派人偷听，听到了所有的谈话内容。他们率领党羽数十人，手持兵器，悄悄地自侧面的小门进入，埋伏在禁门处。何进离开长乐宫以后，宦官假作太后诏召见何进，何进跟随他们进宫。张让等质问他说："天下纷乱并非都是我们造成的。先帝曾经生太后的气，想要治她的罪，太后险些丧命，是我们流泪向先帝求情，拿出千万家财为礼，让先帝高兴，救下了太后。我们这么做不过是想依托你们的门第而已。如今你却要尽数诛灭我们，不是太过分了么？"于是尚方监渠穆在嘉德殿前斩杀了何进。张让、段珪等人起草诏令，任命前太尉樊陵为司隶校尉，少府许相为河南尹。尚书看到诏书，心存疑虑，说："请大将军出来共同商议。"中黄门将何进的头扔给尚书说："何进谋反，已经被杀了。"

进部曲将吴匡、张璋在外，闻进被害，欲引兵入宫，宫门闭。虎贲中郎将袁术与匡共斫攻之^①，中黄门持兵守阁。会日暮，术因烧南宫青琐门，欲以胁出让等。让等入白太后，言大将军兵反，烧宫，攻尚书闼，因将太后、少帝及陈留王，劫省内官属^②，从复道走北宫^③。尚书卢植执戈于阁道窗下，仰数段珪；珪惧，乃释太后，太后投阁，得免。袁绍与叔父隗矫诏召樊陵、许相，斩之。绍及何苗引兵屯朱雀阙下，捕得赵忠等，斩之。吴匡等素怨苗不与进同心，而又疑其与宦官通谋，乃令军中曰："杀大将军者，即车骑也^④，吏士能为报仇乎？"皆流涕曰："愿致死！"匡遂引兵与董卓弟奉车都尉旻攻杀苗^⑤，弃其尸于苑中。绍遂闭北宫门，勒兵捕诸宦者，无少长皆杀之，凡二千余人，或有无须而误死者。

【注释】

①斫（zhuó）：用刀、斧等砍劈。

②劫：劫持裹挟。

③复道：高楼间或山岩险要处架空的通道。

④车骑：车骑将军，官名，在骠骑将军之下，卫将军之上。

⑤奉车都尉：官名，掌管皇帝乘舆之事。旻：音 mín。

【译文】

何进部下将领吴匡、张璋在外听说何进被害，就要带兵入宫。宫门已经关闭。虎贲中郎将袁术与吴匡一起进攻，砍劈宫门。宦官也拿起武器守卫。当时天色已晚，袁术就焚烧南宫青琐门，想要威逼张让等人出来。张让等进见何太后，说大将军起兵造反，焚烧宫室，攻打尚书省大门，就此劫持了太后、少帝及陈留王，还有省内官属，经由复道逃到北宫。尚书卢植拿着长矛站在阁道窗下，仰头责备段珪；段珪害怕了，就释放了太后，太后从楼上跳下来，得以幸免。袁绍与叔父袁隗假传圣旨，召来樊陵、许相，将他们斩首。袁绍及何苗带兵屯驻朱雀门，抓到赵忠等人，也将他们斩首。吴匡等向来怨恨何苗与何进不同心，而且又怀疑他和宦官勾结，于是就在军中说："杀大将军的就是车骑将军何苗，将士们能为大将军报仇吗？"军士都流泪说："愿意效死。"吴匡就带兵和董卓弟弟奉车都尉董旻杀死了何苗，将尸体扔在苑中。袁绍于是关闭了北宫门，率兵捕拿宦官，无论少长全部杀掉，大约杀了二千余人，其中还有因为没有胡子而被误杀的。

魏纪

司马懿诛曹爽

明帝临终将八岁的儿子托付给司马懿和曹爽。起初一切都很顺利，二人轮番值宿，朝政也很平静。但是曹爽是个浮躁急进、不能容人且有野心的人。

他和他的同党要做的第一件事就是把司马懿排挤出去，大权在握，控制禁宫宿卫，安插亲信，党同伐异，任意更张制度。

可是他们都疏忽了司马懿，司马懿韬光养晦，成功地让对方觉得他不再具有任何威胁，最后除掉曹爽几乎是在谈笑间完成的。

太子即位，年八岁；大赦。尊皇后曰皇太后，加曹爽、司马懿侍中，假节钺^①，都督中外诸军、录尚书事。诸所兴作宫室之役，皆以遗诏罢之。

【注释】

①节钺（yuè）：符节和斧钺。古代授予将帅，作为加重权力的标志。

【译文】

景初三年（239），魏明帝曹叡去世，齐王曹芳即位，年八岁；大赦天下。尊皇后为皇太后，加曹爽、司马懿侍中，假节钺，都督中外诸军、总领尚书事。之前明帝时期正在建造的宫室，都因遗诏停止。

爽、懿各领兵三千人更宿殿内^①，爽以懿年位素高，常父事之，每事咨访，不敢专行。

【注释】

①更：轮流。

【译文】

曹爽、司马懿各领兵三千轮流在宫殿内值班，曹爽因为司马懿年纪和地位都比自己高，所以像对待长辈那样对待他，每每碰到事情都向他咨询请教，不敢独断专行。

初，并州刺史东平毕轨及邓飏、李胜、何晏、丁谧皆有才名而急于富贵^①，趋时附势，明帝恶其浮华，皆抑而不用。曹爽素与亲善，及辅政，骤加引擢，以为腹心。晏，进之孙；谧，斐之子也。晏等咸共推戴爽，以为重权不可委之于人。丁谧为爽画策，使爽白天子发诏，转司马懿为太傅，外以名号尊之，内欲令尚书奏事，先来由己，得制其轻重也。爽从之。二月，丁丑，以司马懿为太傅，以爽弟羲为中领军^②，训为武卫将军^③，彦为散骑常侍、侍讲^④，其余诸弟皆以列侯侍从，出入禁闼，贵宠莫盛焉。

【注释】

①东平：地名，今属山东。飏：音 yáng。谧：音 mì。

②中领军：官名，汉末曹操置。品级较领军将军稍低。

③武卫将军：官名，三国魏置，掌管中军宿卫禁兵。

④散骑常侍：官名，三国魏置，由汉代散骑和中常侍合并而成，在皇帝左右规谏过失，以备顾问。

【译文】

当初并州刺史东平毕轨和邓飏、李胜、何晏、丁谧都是有才名而急于求富贵的人，趋炎附势，明帝厌恶这种浮华的作风，因此压制他们不加重用。曹爽向来和他们亲厚，等到辅政，骤然提拔他们，视之为心腹。何晏是何进的孙子，丁谧为丁斐的儿子。何晏等人共同推戴曹爽，认为大权不可交托给别人。丁谧为曹爽谋划，让曹爽禀告天子下诏，将司马懿转任太傅，对外以名号尊崇他，却没有实际的权力，尚书奏事则要先通过自己，以此控制大权。曹爽接受了提议。二月丁丑，任命司马懿为太傅，任命曹爽弟弟曹羲为中领军，曹训为武卫将军，曹彦为散骑常侍、侍讲，其余诸弟都成为列侯担任皇帝侍从，出入宫禁，贵宠无比。

爽事太傅，礼貌虽存，而诸所兴造，希复由之①。爽徙吏部尚书卢毓为仆射②，而以何晏代之，以邓飏、丁谧为尚书，毕轨为司隶校尉。晏等依势用事，附会者升进，违忤者罢退，内外望风，莫敢忤旨③。

【注释】

①希复由之：很少再通过他（司马懿）。

②仆射：官名，汉成帝置尚书五人，一人为仆射，地位仅次于尚书令。

③忤旨：违抗意旨。

【译文】

曹爽对待太傅的态度，仅保存着表面的礼貌，真正要进行的事务很少再跟司马懿商量了。曹爽将吏部尚书卢毓调任仆射，让何晏取代这个职位，任命邓飏、丁谧为尚书，毕轨为司隶校尉。何晏等人仗着势力处理事务，依附他们的就加以升迁，违逆他们的则加以罢免，内外望风，官员没有敢违抗他们意旨的。

大将军爽用何晏、邓飏、丁谧之谋，迁太后于永宁宫；专擅朝政，多树亲党，屡改制度；太傅懿不能禁，与爽有隙。五月，懿始称疾，不与政事。

【译文】

正始八年（247），大将军曹爽用何晏、邓飏、丁谧的计策，将太后迁居到永宁宫；独自把持朝政，树立亲信党羽，屡次更改制度。太傅司马懿不能阻止，与曹爽之间开始有了嫌隙。五月，司马懿开始称病，不参与政事。

大将军爽，骄奢无度，饮食衣服，拟于乘舆^①；尚方珍玩^②，充牣其家^③；又私取先帝才人以为伎乐。作窟室^④，绮疏四周^⑤，数与其党何晏等纵酒其中。弟羲深以为忧，数涕泣谏止之，爽不听。爽兄弟数俱出游，司农沛国桓范谓曰^⑥："总万机，典禁兵，不宜并出。若有闭城门，谁复内入者？"爽曰："谁敢尔邪！"

【注释】

①乘舆：代指皇帝。

②尚方：皇室库房。

③牣（rèn）：丰足。

④窟室：地下室。

⑤绮疏：雕饰花纹的窗户。

⑥司农：官名，掌租税钱谷盐铁和国家的财政收支，为九卿之一。沛国：今江苏沛县。桓范：曹爽的

"智囊"。司马懿起兵讨曹爽时，桓范劝曹爽挟持魏帝到许昌，曹爽不听。后曹爽被司马懿所杀，桓范也被杀。

【译文】

　　大将军曹爽骄奢无度，饮食衣服都和皇帝类似；家中充斥着宫廷才有的珍玩，又私自将明帝的才人当作歌舞伎乐。在地下营造窟室，四壁装满雕饰花纹的窗户。经常和何晏等人在此纵饮。其弟曹羲非常担忧，屡屡流泪劝谏，曹爽不听。曹爽兄弟屡次一起出游，大司农沛国人桓范对他说："你们兄弟总揽大权，掌管禁兵，不宜一起出城。万一有人关闭城门，你们谁又能进城呢？"曹爽说："谁敢做这种事！"

　　初，清河、平原争界①，八年不能决。冀州刺史孙礼请天府所藏烈祖封平原时图以决之②。爽信清河之诉，云图不可用，礼上疏自辨，辞颇刚切。爽大怒，劾礼怨望，结刑五岁。久之，复为并州刺史，往见太傅懿，有忿色而无言。懿曰："卿得并州少邪？恚理分界失分乎？"礼曰："何明公言之乖也③！礼虽不德，岂以官位往事为意邪？本谓明公齐踪伊、吕④，匡辅魏室，上报明帝之托，下建万世之勋。今社稷将危，天下凶凶⑤，此礼之所以不悦也！"因涕泣横流。懿曰："且止，忍不可忍！"

【注释】

①清河：今河北清河。平原：今山东平原。

②天府：朝廷藏物之府库为天府。烈祖封平原时图：即明帝曹叡封平原王时的地图。

③乖：不正常，古怪。

④齐踪伊、吕：和伊尹、吕尚（姜子牙）相比。

⑤凶凶：骚动不安的样子。

【译文】

原先清河国和平原国为了地界争论不休，历时八年都不能解决。冀州刺史孙礼请求用朝廷所藏的明帝封平原王时的地图比对，来判定边界。曹爽相信了清河国的说法，说地图已经不能用了。孙礼上疏辩解，言辞直率而激烈。曹爽大怒，弹劾孙礼心怀怨恨，判了他五年徒刑。后来孙礼又做了并州刺史，往见太傅司马懿，神情忿怒，不说话。司马懿问："你嫌并州刺史职务低呢？还是生气处理地界的事？"孙礼说："明公怎么讲这么奇怪的话？孙礼虽然不德，难道会将官职和往事放在心上吗？我本以为明公您是伊尹、吕尚一样的人物，可以辅佐魏室，上报明帝重托，下建万世功勋。如今社稷就快要处于危难之中了，天下都骚动不安，这才是我不高兴的理由。"边说着边涕泪横流。司马懿说："先别这样，要忍耐别人忍受不了的事。"

冬，河南尹李胜出为荆州刺史，过辞太傅懿。懿令两婢侍，持衣，衣落；指口言渴，婢进粥，懿不持杯而饮，粥皆流出沾胸。胜曰："众情谓明公旧风发动，何意尊体乃尔！"懿使声气才属①，说："年老枕疾，死在旦夕。君当屈并州，并州近胡，好为之备！恐不复相见，以子师、昭兄弟为托。"
胜曰："当还忝本州，非并州。"懿乃错乱其辞曰：
"君方到并州？"胜复曰："当忝荆州。"懿曰："年
老意荒，不解君言。今还为本州，盛德壮烈，好建
功勋！"胜退，告爽曰："司马公尸居余气②，形神
已离，不足虑矣。"他日，又向爽等垂泣曰："太傅
病不可复济③，令人怆然④！"故爽等不复设备。

【注释】

①属：连接。

②尸居余气：形容人即将死亡。

③济：有利，有益。

④怆（chuàng）然：悲伤的样子。

【译文】

　　冬季，河南尹李胜出任荆州刺史，去向太傅司马懿辞
行。司马懿叫两名婢女服侍，他拿衣服，衣服掉落；指着
嘴巴说口渴，婢女进粥，司马懿不拿杯子直接饮用，结果
粥都流出来洒在胸口。李胜说："大家都说明公旧病发作，
没想到身体已经这样了！"司马懿装作半天才缓过气来的
样子说："年老病重，生死不过是早晚的事。委屈你到并州
为官，那里靠近胡地，要做好防备！这一别恐怕不再相见，
就把小儿司马师、司马昭兄弟托付给你了。"李胜说："我
是回到本州，不是并州。"司马懿故意听错，问道："你才
到并州？"李胜又说："荆州。"司马懿说："年老昏聩，听
不明白你的话了。如今你回到家乡为官，德高壮烈，好好

建立功勋。"李胜回去后，告诉曹爽说："司马公奄奄一息，身体和神魂分离，已不足为虑了。"后来有一天，他又向曹爽等垂泪道："太傅病大概不会再好了，真是令人难过。"因此曹爽等不再防范司马懿。

太傅懿阴与其子中护军师、散骑常侍昭谋诛曹爽。

【译文】

太傅司马懿暗中与其子中护军司马师、散骑常侍司马昭谋划如何除掉曹爽。

春，正月，甲午，帝谒高平陵①，大将军爽与弟中领军曹羲、武卫将军曹训、散骑常侍彦皆从。太傅司马懿以皇太后名义下令，闭诸城门，勒兵据武库②，授兵出屯洛水浮桥③，召司徒高柔假节行大将军事，据爽营，太仆王观行中领军事④，据羲营。因奏爽罪恶于帝曰："臣昔从辽东还，先帝诏陛下、秦王及臣升御床，把臣臂，深以后事为念。臣言'太祖、高祖亦属臣以后事⑤，此自陛下所见，无所忧苦。万一有不如意，臣当以死奉明诏'。今大将军爽，背弃顾命，败乱国典，内则僭拟⑥，外则专权，破坏诸营，尽据禁兵，群官要职，皆置所亲，殿中宿卫，易以私人，根据盘互⑦，纵恣日甚，又以黄门张当为都监⑧，伺察至尊，离间二宫，伤害骨肉，天下汹汹，人怀危惧。陛下便为寄坐，岂得久安！此非先帝诏陛下及臣升御床之本意也。臣虽朽迈，敢忘往言！太尉臣济等皆以爽为有无君之心，兄弟不宜典兵宿卫，奏永宁宫，皇太后令敕臣如奏施行。臣辄敕主者及黄门令'罢爽、羲、训吏兵，以侯就第，不得逗留，以稽车驾；敢有稽留，便以军法从事！'臣辄力疾将兵屯洛水浮桥⑨，伺察非常。"爽得懿奏事，不通；迫窘不知所为，留车驾宿伊水南⑩，伐木为鹿角⑪，发屯田兵数千人以为卫。

【注释】

①高平陵：明帝曹叡之墓，在今河南洛阳东南。

②勒（lè）兵：带领军队。武库：储藏兵器军备的仓库。

③浮桥：在并列的船或筏子上铺上木板而成的桥。

④太仆：官名，秦汉九卿之一，掌舆马畜牧之事。

⑤太祖：曹操。高祖：文帝曹丕。

⑥僭（jiàn）拟：僭越，超出规定范围，自比皇帝。

⑦根据盘互：把持据守，互相勾结。

⑧都监：三国时称内侍官。

⑨力疾：勉强支撑病体。

⑩伊水：在今河南西部，源出栾川伏牛山北麓。

⑪伐木为鹿角：一种用带有枝杈形似鹿角的树木堆放地上以阻挡敌军前进的防御物。

【译文】

嘉平元年（249）正月，皇帝谒高平陵，大将军曹爽与弟中领军曹羲、武卫将军曹训、散骑常侍曹彦都随侍在侧。太傅司马懿以皇太后名义下令，关闭城门，带兵占领武库，派遣军队驻扎在洛水浮桥，召司徒高柔持节代理大将军的职务，占据曹爽营。太仆王观行中领军事，占据曹羲营。然后向皇帝上奏曹爽罪恶，说"臣当年从辽东回到京师，先帝诏令陛下、秦王及臣登上御床，握着臣的手臂，念念不忘身后事。臣进言说'太祖、高祖也曾把后事托付臣，这是陛下所见过的，陛下不用担心，万一有违陛下意愿的事情发生，臣自当不惜一死完成陛下的托付'。如今大将军曹爽，背弃先帝的遗命，败坏典章制度，在内则僭越自比为君主，在外则专权擅政，扰乱军队，控制了禁军，朝廷上重要官职都安插亲信，连殿中宿卫都换了私人，亲党势力盘根错节，日益放纵。他又任用宦官张当为都监，窥视陛下动静，离间太后和陛下的感情，伤害骨肉关系，如今天下人情汹汹，人们心怀恐惧。如此局面，陛下就像是暂时寄坐在皇位上，并非长治久安之道。这种局面也并非先帝要陛下及臣登上御床当面嘱托的本意。臣虽然老迈，也不敢忘记前言。太尉蒋济等都认为曹爽有叛逆之心，他们兄弟不宜再掌管宿卫，于是上奏永宁宫，皇太后下令让臣如奏执行。臣则吩咐主事者和黄门令：'罢免曹爽、曹羲、曹训的官职，剥夺他们的军权，以列侯的身份回到府邸，不得逗留，阻碍陛下车驾；要是有人敢阻碍车驾的，一律以军法从事！'臣立即率兵屯驻洛水浮桥，又伺察有无异常情况。"曹爽看到了司马懿的奏章，没有转交给皇帝，处境窘迫不知所措，安排皇帝的车驾夜宿伊水南，伐木制成鹿角以作防御，征发屯田兵数千人护卫。

懿使侍中高阳、许允及尚书陈泰说爽，宜早自归罪，又使爽所信殿中校尉尹大目谓爽①，唯免官而已，以洛水为誓。

【注释】
①殿中校尉：武职官名。
【译文】
司马懿派侍中高阳、许允及尚书陈泰劝说曹爽，应当及早回来认罪，又派他信任的殿中校尉尹大目对他说，不过免官而已，并以洛水为誓。

（桓）范至，劝爽兄弟以天子诣许昌①，发四方兵以自辅。爽疑未决，范谓羲曰："此事昭然，卿用读书何为邪！于今日卿等门户，求贫贱复可得乎？且匹夫质一人，尚欲望活；卿与天子相随，令于天下，谁敢不应也！"俱不言。范又谓羲曰："卿别营近在阙南，洛阳典农治在城外②，呼召如意。今诣许昌，不过中宿③，许昌别库，足相被假；所忧当在谷食，而大司农印章在我身。"羲兄弟默然不从，自甲夜至五鼓④，爽乃投刀于地曰："我亦不失作富家翁！"范哭曰："曹子丹佳人⑤，生汝兄弟，犊犊耳⑥！何图今日坐汝等族灭也！"

【注释】

①许昌：今河南许昌东部。

②洛阳典农治：洛阳屯田部队。

③中宿：半夜。

④甲夜：初更时分。五鼓：天亮。

⑤曹子丹：曹真，字子丹，曹操族子，三国著名将领，曹爽、曹羲的父亲。

⑥犊（tún）犊：小猪，小牛。

【译文】

桓范到了曹爽那里，劝曹爽兄弟带天子至许昌，征发四方的军队以增强自己的实力。曹爽迟疑未决，桓范对曹羲说："此事昭然若揭，你是读书人还不明白么？今日情形下你们曹家这样的门户，即使只求贫贱平安度日还能做到吗？况且平民百姓抓了一个人为人质，还想以此为条件试图活下来。你们现在和天子在一起，挟天子号令天下，谁敢不听！"大家都默不作声。桓范又对曹羲说："你的一支军队就近在城南，洛阳屯田部队也在城外，立刻可以招致。现在启程去许昌的话，不过半夜就到了。许昌的武库，足可以装备士兵；只有粮食让人担忧，而我身上就带着大司农印章。"曹羲兄弟默然，不听从桓范的主张，自入夜至五鼓，最后曹爽将刀扔在地上说："即使免官了，我也不失为富家翁。"桓范哭道："曹真何等人物，竟生出你们兄弟，像猪牛一样蠢笨。想不到今日竟被你们连累灭族。"

爽乃通懿奏事①，白帝下诏免己官，奉帝还宫。

爽兄弟归家，懿发洛阳吏卒围守之；四角作高楼，令人在楼上察视爽兄弟举动。爽挟弹到后园中，楼上便唱言："故大将军东南行！"爽愁闷不知为计。

【注释】

①通：通传，转达。

【译文】

曹爽于是把司马懿的奏章转交给皇帝，请皇帝下诏罢免自己的官职，然后奉送皇帝回宫。曹爽兄弟回到家里，司马懿立即派出洛阳官吏和兵士将曹家团团围住，在宅院四角建起高楼，令人在楼上监视曹氏兄弟举动。曹爽带了弹弓到后园中，楼上便有人大声喊："前大将军往东南去了。"曹爽愁闷得不知所措。

戊戌，有司奏："黄门张当私以所择才人与爽，疑有奸。"收当付廷尉考实①，辞云："爽与尚书何晏、邓飏、丁谧、司隶校尉毕轨、荆州刺史李胜等阴谋反逆，须三月中发。"于是收爽、羲、训、晏、飏、谧、轨、胜并桓范皆下狱，劾以大逆不道，与张当俱夷三族②。

【注释】

①廷尉：官名，掌司法刑狱。考实：审讯出实情。

②夷三族：秦汉时代的刑罚。凡犯特殊重罪，尤其谋反谋叛等十恶罪名者，处以诛灭三族的极刑。三族

之范围说法不一，一般认为指父、兄弟及妻子。

【译文】

戊戌，有司奏："宦官张当私自将所择才人送给曹爽，怀疑他们之间有勾结。"收捕张当交付廷尉审讯。张当说："曹爽与尚书何晏、邓飏、丁谧、司隶校尉毕轨、荆州刺史李胜等人阴谋造反，到三月中就会起事。"于是抓捕曹爽、曹羲、曹训、何晏、邓飏、丁谧、毕轨、李胜和桓范一起入狱，弹劾他们大逆不道，与张当都被夷灭三族。

晋纪

桓温废立

桓温在东晋是个重要人物。随着他军功和人望的增长，他和朝廷的关系变得越来越微妙。在某种程度上说，东晋需要桓温的军事力量，更寄希望于他北伐成功，恢复故地。但是随着桓温在征伐中的胜利，朝廷和他之间渐渐陷入了功高不赏的尴尬境地。桓温平蜀有大功，威名大振，这些军事上的胜利对于东晋来说无疑是好事，但是桓温的位置也越来越难以安顿。在每次酬功之际，我们都可以看出代表朝廷立场的官员小心翼翼的态度。

东晋这个偏安的朝廷，外敌环伺，皇室衰落，朝中门阀力量强大，军事实权操于如桓温这样的悍将之手。朝廷中不同势力之间相互牵制、妥协和对立。桓温废立的过程中，王彪之、王坦之、谢安等人，在桓温的野心和实力作用之下，每次都通过合于法度的方法保护皇权，尽力让东晋在原来的格局下延续下去。

（永和二年）安西将军桓温将伐汉①，将佐皆以为不可。

朝廷以蜀道险远，温众少而深入，皆以为忧，惟刘惔以为必克②，或问其故，惔曰："以博知之。温，善博者也，不必得则不为。但恐克蜀之后，温终专制朝廷耳。"

【注释】

①安西将军桓温：桓温，东晋大将。娶明帝女南康公主为妻，曾三次北伐，一度收复洛阳，但北伐最终未能成功。由于长期掌握大权，渐渐有了不臣之心。咸安元年（371），废帝司马奕为东海王，改立简文帝，以大司马专掌朝政。次年，简文帝死，桓温有代晋之心，但不久病故。汉：成汉，十六国之一。巴賨贵族李雄所建。以成都为都城，最盛时包括了今四川东部和云南、贵州的一部分。347年东晋桓温伐蜀，成汉亡。

②惔：音 tán。

【译文】

永和二年（346），安西将军桓温将伐成汉，将佐都不赞成。

朝廷认为蜀道险远，桓温人少而深入，都为之担忧。惟刘惔以为必定成功，有人问他怎么知道的，刘惔说："从赌博中知道的。桓温是个善赌的人，不是志在必得就不会出手。但是怕他克蜀之后，会渐渐控制朝廷。"

（永和四年）八月，朝廷论平蜀之功，欲以豫章郡封桓温①，尚书左丞荀蕤曰②："温若复平河、洛，将何以赏之？"乃加温征西大将军、开府仪同三司③，封临贺郡公④。

温既灭蜀，威名大振，朝廷惮之。会稽王昱以扬州刺史殷浩有盛名⑤，朝野推服，乃引为心膂⑥，与参综朝权，欲以抗温，由是与温寖相疑贰⑦。

【注释】

①豫章郡：治所南昌（今江西南昌），原辖境大致同今江西省。

②尚书左丞：尚书省官员，类似于秘书长之类的官职。蕤：音 ruí。

③开府仪同三司：魏晋南北朝时期的一种高级官位，东晋南朝，开府仪同三司是虚号，渐不为人所重。

④临贺郡：今广西贺州东南。

⑤会稽王昱：司马昱，初封琅邪王，后徙会稽王。司马奕为帝，进位丞相。桓温废立，迎司马昱为帝。在位二年病故，谥简文帝。会稽，在今江苏东部及浙江西部。殷浩：善玄谈，有重名。晋康帝时，会稽王司马昱征聘殷浩出山，以对抗桓温。永和九年（353）十月，殷浩率领七万人北征许昌、洛阳，大败，被废为庶人。

⑥心膂（lǚ）：心与脊骨，比喻主要的辅佐人员，或亲信得力之人。

⑦寖（jìn）相疑贰：渐渐起了疑忌之心。疑贰，也作"疑二"。因猜忌而生异心。

【译文】

永和四年（348）八月，朝廷论赏平蜀的功劳，想要将豫章郡封给桓温。尚书左丞荀蕤说："如果赏了豫章郡，那么桓温若平复河、洛，还有什么可以赏的？"于是就加封桓温为征西大将军、开府仪同三司，封临贺郡公。

桓温灭蜀以后，威名大振，朝廷也很忌惮他。会稽王司马昱因为扬州刺史殷浩有盛名，朝野都很推重他，所以将他视为心腹，参与朝政，想用他来对抗桓温，由此殷浩和桓温渐渐地开始互生猜疑。

（兴宁元年）五月，加征西大将军桓温侍中、大司马、都督中外诸军、录尚书事①，假黄钺②。温以抚军司马王坦之为长史③。坦之，述之子也。又以征西掾郗超为参军④，王珣为主簿⑤，每事必与二人谋之。府中为之语曰："髯参军⑥，短主簿，能令公喜，能令公怒。"温气概高迈，罕有所推。与超言，常自谓不能测，倾身待之，超亦深自结纳。珣，导之孙也，与谢玄皆为温掾⑦，温俱重之。

【注释】

①侍中：魏晋以后，往往相当于宰相。大司马：南朝时为兼握政务与军事重权的高官。都督中外诸军：掌管全国军事。录尚书事：南北朝时期，凡掌握重

权的大臣经常带"录尚书事"的名号，总揽政要大权，无所不管。

②假黄钺：魏晋南北朝时，重臣出征往往加有假黄钺的称号。黄钺，以黄金为饰，古代帝王所用，后世用为仪仗。借之以增威重，有代表皇帝亲征之意。

③抚军司马：官名。抚军府中掌军事的属官。长史：官名，战国末年秦已置，属官。

④征西掾（yuàn）：征西将军的属官。掾，属官，辅佐的助手。郗超：字景兴，东晋大臣。参军：武官名，掌辅助谋划军事。

⑤王珣：和其父亲洽、祖父导三代皆以能书著名。主簿：掌管文书的属吏。

⑥髯（rán）：两腮上面的胡子，也泛指胡子。

⑦谢玄：宰相谢安之侄，东晋著名军事家。

【译文】

兴宁元年（363）五月，加封征西大将军桓温侍中、大司马、都督中外诸军、录尚书事，假黄钺。桓温以抚军司马王坦之为长史。王坦之是王述之子。又以征西掾郗超为参军，王珣为主簿，遇事必与二人商量。府中人总结道："胡子参军，矮子主簿，能让桓公欢喜，也能让桓公生气。"桓温气概高迈，很少有人能得到他的器重。桓温和郗超谈话，常常觉得对方深不可测，推心置腹的对待他，郗超也深相结纳。王珣是王导的孙子，与谢玄都是桓温的属吏，桓温也都很器重他们。

（兴宁二年五月）加大司马温扬州牧、录尚书事①。壬申，使侍中召温入参朝政，温辞不至。

【注释】

①扬州牧：扬州的最高官员。牧，州郡长官。

【译文】

兴宁二年（364）五月，朝廷加封大司马桓温扬州牧、录尚书事。壬申，朝廷派侍中召桓温入参朝政，桓温推辞不去。

（兴宁三年）大司马温移镇姑孰①。二月，乙未，以其弟右将军豁监荆州、扬州之义城、雍州之京兆诸军事②，领荆州刺史，加江州刺史桓冲监江州及荆、豫八郡诸军事③，并假节。

司徒昱闻陈祐弃洛阳④，会大司马温于洌洲⑤，共议征讨。丙申，帝崩于西堂，事遂寝⑥。帝无嗣，丁酉，皇太后诏以琅邪王奕承大统。百官奉迎于琅邪第，是日，即皇帝位，大赦。

【注释】

①姑孰：今江苏苏州。

②监：掌管。荆州：治所在今湖北江陵。义城：义城郡，治所在今湖北光化。雍州之京兆：治所在今湖北襄阳。

③江州：今江西九江。

④陈祐：东晋冠军将军，镇守洛阳。燕人进攻洛阳，
　陈祐不敌，逃出洛阳。

⑤洌洲：今安徽当涂长江中小岛。

⑥寝：平息，停止。

【译文】

兴宁三年（365），大司马桓温移镇姑孰。二月乙未，以其弟右将军桓豁掌荆州、扬州之义城、雍州之京兆的军事，领荆州刺史；加封江州刺史桓冲掌管江州及荆、豫八郡诸军事，同时假节。

司徒昱听说了陈祐放弃洛阳的事，在洌洲和大司马桓温会面，商议征讨洛阳的事。丙申，东晋哀帝司马丕在太极殿西堂病逝，事情中止。哀帝无嗣，丁酉，皇太后下诏以琅邪王司马奕继承皇位。百官去琅邪王府第迎接他入宫，当天，司马奕即皇帝位，大赦天下。

（咸安元年十月）大司马温恃其材略位望，阴蓄不臣之志①，尝抚枕叹曰："男子不能流芳百世，亦当遗臭万年！"术士杜炅能知人贵贱②，温问炅以己禄位所至，炅曰："明公勋格宇宙，位极人臣。"温不悦。温欲先立功河朔③，以收时望，还受九锡④。及枋头之败⑤，威名顿挫。既克寿春⑥，谓参军郗超曰："足以雪枋头之耻乎？"超曰："未也。"久之，超就温宿，中夜，谓温曰："明公都无所虑乎？"温曰："卿欲有言邪？"超曰："明公当天下重任，今以六十之年，败于大举，不建不世之勋，不足以镇

惬民望^⑦！"温曰："然则奈何？"超曰："明公不为伊、霍之举者^⑧，无以立大威权，镇压四海。"温素有心，深以为然，遂与之定议。以帝素谨无过，而床笫易诬^⑨，乃言"帝早有痿疾，嬖人相龙、计好、朱灵宝等，参侍内寝，二美人田氏、孟氏生三男，将建储立王，倾移皇基。"密播此言于民间，时人莫能审其虚实。

【注释】

①不臣之志：不守臣节、不合臣道的心思，指想谋反篡位。

②灵：音 jiǒng。

③立功河朔：收复北方，北伐成功。

④九锡：古代天子赐给诸侯、大臣的九种器物，是最高的礼遇。西汉末，王莽篡汉时先受赐九锡，魏晋六朝以后权臣夺取政权、建立新王朝时都沿袭此例，后世就以九锡为权臣篡位先声。

⑤枋头之败：369 年，桓温第三次北伐，在枋头大败于燕人。枋头，今河南浚县。

⑥寿春：魏晋南北朝时期淮南军事重镇，今安徽寿县。

⑦惬（qiè）：满足，称心。

⑧伊、霍之举：伊尹、霍光，即指废立。

⑨床笫（zǐ）：床和垫在床上的竹席，指男女房中之事。

【译文】

咸安元年（371）十月，大司马桓温凭借自身的材略位望，暗地里积蓄不臣之心，曾经抚枕叹息："男子不能流芳百世，就应当遗臭万年！"术士杜炅能够预知人的贵贱，桓温就问他，自己的官爵最大可以做到什么位置。杜炅说："明公的功劳大如宇宙，必定可以位极人臣。"桓温不高兴。他想先北伐立功，增加威望，然后回来接受九锡之赐。但是经过369年枋头之败后，桓温的威名受挫。371年成功攻占寿春之后，他问参军郗超道："这次胜利足以洗雪枋头之败的耻辱么？"郗超答道："还不能。"过了很久，一天郗超住在桓温那里，夜半时问道："明公都没有忧虑的事么？"桓温说："你想说什么？"郗超说："明公身上担负着天下重任，现在已六十岁了，遇到惨败，在这种情形之下，只有建立非同一般的功勋，才足以震慑人心。"桓温问："那要怎么做？"郗超答："明公没有行伊尹、霍光那样的废立之事，就不可以立大威权，慑服天下。"桓温向来就有类似的想法，深以为然，于是决定要废立。由于皇帝司马奕素来谨慎没有过错，只有男女间的事容易造谣，于是传播谣言说"皇帝早有阳痿的毛病，他宠信的相龙、计好、朱灵宝等人，出入寝宫侍候，皇帝的两位美人田氏、孟氏生了三个儿子，将要立为太子，这样皇室的根本就被动摇了。"这种说法在民间秘密流传，谁也不知道真假。

十一月，癸卯，温自广陵将还姑孰^①，屯于白石^②。丁未，诣建康^③，讽褚太后^④，请废帝，立丞相会稽王昱，并作令草呈之。太后方在佛屋烧香，内侍启云："外有急奏。"太后出，倚户视奏数行，乃曰："我本自疑此！"至半，便止，索笔益之曰："未亡人不幸罹此百忧⑤，感念存没，心焉如割。"

【注释】

①广陵：今江苏扬州。

②白石：今安徽当涂采石矶西南。

③建康：东晋都城，今江苏南京。

④褚（zhǔ）太后：名蒜子，晋康帝司马岳皇后。

⑤罹（lí）：遭遇。

【译文】

十一月癸卯，桓温自广陵打算返姑孰，驻扎在白石。丁未，到了都城建康，他暗示褚太后，请求废黜皇帝，另立丞相会稽王司马昱，并将大致意思写成奏稿进呈。太后正在佛屋烧香，内侍启奏："外面有急奏。"太后出来，靠在门边看了数行，就说："我本就疑心这个。"看到一半便停下不看，索笔添写道："未亡人不幸遭遇种种忧患，想起活在人世的和过世的，心如刀割。"

己酉，温集百官于朝堂。废立既旷代所无①，莫有识其故典者，百官震慄②。温亦色动，不知所为。尚书仆射王彪之知事不可止③，乃谓温曰："公阿衡皇家④，当倚傍先代。"乃命取《汉书·霍光传》，礼度仪制，定于须臾⑤。彪之朝服当阶，神彩毅然，曾无惧容。文武仪准，莫不取定，朝廷以此服之。于是宣太后令，废帝为东海王，以丞相、录尚书事、会稽王昱统承皇极。百官入太极前殿，温使督护竺瑶、散骑侍郎刘亨收帝玺绶⑥。帝著白帢单衣⑦，步下西堂，乘犊车出神虎门⑧，群臣拜辞，莫不歔欷⑨。侍御史、殿中监将兵百人卫送东海第⑩。温帅百官具乘舆法驾⑪，迎会稽王于会稽邸。王于朝堂变服，著平巾帻、单衣⑫，东向流涕，拜受玺绶，是日，即皇帝位，改元。温出次中堂，分兵屯卫。温有足疾，诏乘舆入殿。温撰辞，欲陈述废立本意，帝引见，便泣下数十行，温兢惧，竟不能一言而出。

【注释】

①旷代：绝代，当代无人能及。

②震慄（lì）：震惊害怕。

③尚书仆射：官名，地位仅次于尚书令。王彪之：王导之侄。

④阿衡：商代官名，伊尹曾任此职。后引申为辅导帝王，主持国政。

⑤须臾：片刻。

⑥督护：武官名，晋置。散骑侍郎：官名，三国魏置。

⑦白帢（qià）单衣：白色便帽和单衣。

⑧犊车：牛车。

⑨歔欷（xūxī）：悲泣，抽噎。

⑩侍御史：官名，秦置，汉沿袭，在御史大夫之下。掌管给事殿中、举劾非法、督察郡县，或奉使出外

执行指定任务。殿中监：官名，魏晋以后，在门下省设殿中监一官，多以皇帝之亲戚、贵臣担任，掌管皇帝生活起居之事。

⑪乘舆法驾：天子车驾仪仗。

⑫平巾帻（zé）：帻本是古时的头巾。东汉时用一种平顶的帻做戴冠时的衬垫物，称为平巾帻。西晋末，出现了一种小冠，前面呈半圆形平顶，后面升起呈斜坡形尖突，戴时不能覆盖整个头顶，只能罩住发髻的，就是平巾帻（也称小冠）。

【译文】

己酉，桓温在朝堂上召集百官。废立既然是当代没有过的事，也就没有官员知道制度应该如何，百官震惊恐惧。桓温变了脸色，不知应该怎么办。尚书仆射王彪之知道事情已不可挽回，就对桓温说："明公辅佐皇室治理天下，应当遵循先代制度。"让人取来《汉书·霍光传》，当时就定下礼仪制度。王彪之穿着朝服站在朝堂上，神情坚毅，毫无惧色。文武官员的礼仪格式都由王彪之一言而定，因此大家都很是佩服他。于是宣布太后的诏令，废皇帝司马奕为东海王，以丞相、录尚书事、会稽王司马昱继承皇位。百官进入太极前殿，桓温派督护竺瑶、散骑侍郎刘亨收取皇帝的印玺。司马奕戴着白帽子，身穿单衣，走下西堂，乘牛车出神虎门离开。群臣磕头拜别，没有不流泪叹息的。侍御史、殿中监带了百名士卒护送废帝至东海王府第。桓温带领百官准备了天子车驾仪仗，前往会稽王府迎接会稽王。会稽王在朝堂上更换衣服，戴着平巾帻，身穿单衣，面向东而立，流着眼泪，拜受天子印玺，当天即位改元。桓温在太极殿中堂，分派士兵守卫。桓温的脚有毛病，皇帝下诏他可以乘轿入殿。桓温准备了文章，想在进见时详细陈述废立的本意，皇帝召见他时不断哭泣，桓温战战兢兢的，最终竟一句话也说不出来。

　　太宰武陵王晞好习武事①，为温所忌，欲废之，以事示王彪之。彪之曰："武陵亲尊，未有显罪，不可以猜嫌之间便相废徙。公建立圣明，当崇奖王室，与伊、周同美；此大事，宜更深详。"温曰："此已成事，卿勿复言！"乙卯，温表"晞聚纳轻剽②，息综矜忍③；袁真叛逆④，事相连染。顷日猜惧，将成乱阶。请免晞官，以王归藩。"从之。并免其世子综、梁王瑭等官。温使魏郡太守毛安之帅所领宿卫殿中⑤。

【注释】

①太宰：晋以避司马师讳，置太宰以代太师。武陵王
　晞（xī）：司马晞，晋元帝子，简文帝兄弟。综、瑭
　均为其子。

②聚纳轻剽（piāo）：召集轻浮急躁之徒。

③息综：其子司马综。矜忍：傲慢残忍。

④袁真叛逆：369年东晋发生袁真叛乱。

⑤魏郡：今河北大名、临漳一带。毛安之：荥阳人，
　是简文帝时期的重要将领。

【译文】

太宰武陵王司马晞喜好武事，因此为桓温所忌，想要贬斥他，桓温借其他事由示意王彪之。王彪之说："武陵王是天子的兄弟，并没有明显的罪状，不可因为猜嫌就将其废黜。既然明公废立是匡扶皇室，就应当努力保护好皇室，这样才能比美伊尹、周公。这样的大事，应该从长计议。"桓温说："此事已定，你就不必再说了。"乙卯，桓温上表称"司马晞召集轻浮急躁之徒，其子司马综又傲慢残忍，而且牵连在袁真叛逆案中，朝廷和他彼此猜惧，必将酿成大乱。请将司马晞免官，以王爵回王府。"皇帝同意了。同时罢免其世子司马综、梁王司马璭等人的官职。桓温派魏郡太守毛安之统带宿卫守在殿中。

初，殷浩卒，大司马温使人赍书吊之①，浩子涓不答，亦不诣温，而与武陵王晞游。广州刺史庾蕴②，希之弟也，素与温有隙。温恶殷、庾宗强，欲去之。辛亥，使其弟秘逼新蔡王晃诣西堂叩头自列，称与晞及子综、著作郎殷涓、太宰长史庾倩、掾曹秀、舍人刘强、散骑常侍庾柔等谋反③；帝对之流涕，温皆收付廷尉。倩、柔，皆蕴之弟也。癸丑，温杀东海王三子及其母。甲寅，御史中丞谯王恬承温旨④，请依律诛武陵王晞。诏曰："悲惋惶怛⑤，非所忍闻，况言之哉！其更详议！"恬，承之孙也。乙卯，温重表固请诛晞，词甚酷切。帝乃赐温手诏曰："若晋祚灵长，公便宜奉行前诏；如其大运去矣，请避贤路。"温览之，流汗变色，乃奏废晞及三子，家属皆徙新安郡。丙辰，免新蔡王晃为庶人，徙衡阳；殷涓、庾倩、曹秀、刘强、庾柔皆族诛，庾蕴饮鸩死⑥。蕴兄东阳太守友子妇，桓豁之女也，故温特赦之。庾希闻难，与弟会稽王参军邈及子攸之逃于海陵陂泽中⑦。

【注释】

①赍（jī）：送信。

②庾蕴：庾希之弟，庾氏为东晋大族。

③著作郎：官名，三国魏明帝始置，属中书省，掌编纂国史。太宰长史：太师的属吏。散骑常侍：官名，秦汉设散骑（皇帝的骑从）和中常侍，三国魏时将其并为一官，称"散骑常侍"，在皇帝左右规谏过失，以备顾问。晋以后，往往预闻要政。

④御史中丞：官名，汉以御史中丞为御史大夫的助理，外督部刺史，内领侍御史，受公卿章奏，纠察百僚，其权颇重。

⑤惶怛（dá）：惶恐痛苦。

⑥鸩（zhèn）：传说中的一种毒鸟。把它的羽毛放在酒里，可以毒杀人。后世指毒药。

⑦陂（bēi）泽：湖泽。

【译文】

当初殷浩过世，大司马桓温派人送信吊唁。殷浩子殷涓不回信，也不去回拜桓温，而和武陵王司马晞来往密切。

广州刺史庾蕴是庾希的弟弟，向来和桓温有嫌隙。桓温讨厌殷、庾两家势力强大，想要铲除他们。辛亥，桓温派弟弟桓秘逼新蔡王司马晃诣西堂叩头自列，在皇帝面前供称说自己与司马晞及其子司马综、著作郎殷涓、太宰长史庾倩、掾曹秀、舍人刘强、散骑常侍庾柔等共同谋反；简文帝流下眼泪，桓温将他们都抓起来交付给廷尉。庾倩、庾柔都是庾蕴的弟弟。癸丑，桓温杀了东海王的三个儿子及其生母。甲寅，御史中丞谯王司马恬秉承桓温意旨，请皇帝依法诛杀武陵王司马晞。皇帝下诏说："这样诛杀亲族的事，令人悲哀惨痛，不是我所忍听闻的，何况是亲手做呢？此事再详加商议。"司马恬是司马承的孙子。乙卯，桓温再次上表坚持要求杀司马晞，言词迫切。简文帝赐桓温手诏说："如果晋朝的国祚还长，桓公就遵行我上道诏书的意思吧；如果晋室大运已去，请让我退位让贤。"桓温看到以后，汗流浃背，变了脸色，转而请求废黜司马晞及三子，家属流放到新安郡。丙辰，下诏免新蔡王司马晃为庶人，流放衡阳；殷涓、庾倩、曹秀、刘强、庾柔都被灭族，庾蕴服毒而死。庾蕴的哥哥东阳太守庾友的儿媳是桓温弟弟桓豁的女儿，所以得到桓温特赦。庾希听到此事，和弟弟会稽王参军庾邈以及儿子庾攸之逃到海陵的湖泽中。

温既诛殷、庾，威势翕赫①，侍中谢安见温遥拜②。温惊曰："安石，卿何事乃尔？"安曰："未有君拜于前，臣揖于后。"

①翕（xī）赫：显赫。

②谢安：字安石，出身士族，东晋名臣。

【译文】

桓温杀了殷、庾之后，威势显赫，侍中谢安看见桓温远远就拜下去。桓温惊道："安石，你为什么这样做？"谢安道："君王尚且叩拜于前，臣下哪有以平礼相见的道理？"

（咸安二年七月）甲寅，帝不豫①，急召大司马温入辅，一日一夜发四诏。温辞不至。

【注释】

①不豫：身体不适，生病。

【译文】

咸安二年（372）七月甲寅，简文帝生病，急召大司马桓温入京，一日一夜连发四道诏书。桓温推辞不去。

己未，立昌明为皇太子，生十年矣。以道子为琅邪王，领会稽国，以奉帝母郑太妃之祀。遗诏："大司马温依周公居摄故事①。"又曰："少子可辅者辅之，如不可，君自取之。"侍中王坦之自持诏入，于帝前毁之。帝曰："天下，傥来之运②，卿何所嫌！"坦之曰："天下，宣、元之天下③，陛下何得专之！"帝乃使坦之改诏曰："家国事一禀大司马，如诸葛武侯、王丞相故事④。"是日，帝崩。

【注释】

①周公居摄：西周时周公旦在武王去世后，出任摄政，辅佐年幼的成王。故事：旧例。

②傥来：无意中得到。

③宣、元：宣帝司马懿，元帝司马睿，西晋的创立者。

④诸葛武侯、王丞相：诸葛亮、王导，都是辅佐君主的名臣。

【译文】

己未，简文帝立司马昌明为皇太子，当时已经十岁了。封另一个儿子司马道子为琅邪王，统领会稽国，负责皇帝生母郑太妃之祭祀。遗诏说："大司马桓温依照周公居摄旧例。"又曰："太子可以辅佐就辅佐他，如不成器，大司马自取皇位。"侍中王坦之拿着诏书进见，在皇帝面前撕毁。简文帝说："我拥有天下也不过是出于意外偶然的运气，你又何必如此！"王坦之说："天下，是宣帝、元帝创立的天下，陛下怎么能凭一己之意举以赠人！"于是简文帝让王坦之将诏书改为："家国事全部交付给大司马处分，如诸葛武侯和王丞相的旧例。"当天，简文帝去世。

群臣疑惑，未敢立嗣，或曰："当须大司马处分^①。"尚书仆射王彪之正色曰："天子崩，太子代立，大司马何容得异！若先面咨，必反为所责。"朝议乃定。太子即皇帝位，大赦。崇德太后令^②，以帝冲幼，加在谅闇^③，令温依周公居摄故事。事已施行，王彪之曰："此异常大事，大司马必当固让，使万机停滞，稽废山陵④，未敢奉令，谨具封还。"事遂不行。

【注释】

①须：等待。

②崇德太后：即褚太后。

③谅闇（àn）：居丧，多用于皇帝。

④稽废山陵：稽迟荒废安葬事宜。

【译文】

群臣疑惑，不敢就此立嗣，有人说："要等大司马来了处分。"尚书仆射王彪之正色说："天子驾崩，自然是太子继立，大司马又怎么会有异议呢！如果先去问他，反而会被大司马责备。"于是朝议决定由太子即皇帝位，大赦天下。崇德褚太后下令，因为皇帝年幼，又在居丧期，让桓温依照周公旧例摄政。这道诏令已经发下去了，王彪之说："这是非常之事，大司马一定会推辞，这样一来，朝廷上下所有的政务都停顿下来，连先皇的后事也会延迟，所以臣不敢奉命，还是将诏书封还。"因此桓温摄政一事终究未成。

淝水之战

前秦王苻坚在王猛的辅佐下，将前秦治理得有声有色，也征服了周围很多的小国。国力强大，苻坚的名望也越来越高。东晋无论多么弱小，在南北朝人的眼中，终归是正朔之所在。苻坚在自信自满的时候很自然就想到了伐晋。他的心腹谋臣王猛在临终前曾经劝谏他不要起意南征。但是在公元383年，苻坚终于还是决心要和东晋打一仗。

这场仗打得几乎全无悬念。

苻坚的臣下、亲人无一赞成出兵，时人非常清醒地看到前秦的庞大架构中缺陷多多，臣服的诸国各怀异心，而东晋远不是苻坚以为的不堪一击。然而苻坚这一次非常坚定，或者更准确地说，这就是一意孤行。

最初交战双方的情况和苻坚想的差不多，数十万大军的声势也让晋军畏惧。但是刘牢之和梁成一战，前秦军败了，东晋军胜了，东晋军开始有了信心，而寿阳城里的苻坚已开始草木皆兵。其后的淝水一役，前秦军还没怎么打就已经兵败如山倒。《通鉴》列于不同时间顺序下的记载，展现了苻坚在战争前后迥异的心态，对比读起来甚至有点残酷。

但是在这次记述得相当简单的战争中，苻坚确实要负主要的责任。这是一个关于知人知己的反面例证，联系到《通鉴》写作的初衷，作者是要明鉴君主在认识和判断上的错误可以带来多么严重的后果。

（太元八年七月）秦王坚下诏大举入寇①，民每十丁遣一兵；其良家子年二十已下②，有材勇者，皆拜羽林郎③。又曰："其以司马昌明为尚书左仆射，谢安为吏部尚书，桓冲为侍中；势还不远，可先为起第。"良家子至者三万余骑，拜秦州主簿金城赵盛之为少年都统④。是时，朝臣皆不欲坚行，独慕容垂、姚苌及良家子劝之⑤。阳平公融言于坚曰⑥："鲜卑、羌虏⑦，我之仇雠⑧，常思风尘之变以逞其志，所陈策画，何可从也！良家少年皆富饶子弟，不闲军旅⑨，苟为谄谀之言以会陛下之意耳⑩。今陛下信而用之，轻举大事，臣恐功既不成，仍有后患，悔无及也！"坚不听。

【注释】

①秦王坚：前秦王苻坚，氐族人，十六国时期前秦的皇帝。早期很有作为，曾统一中国北方，国力一度超过东晋数倍，很有机会统一全国，但是在淝水之战中惨败。鲜卑、羌等部族相继叛变，西燕慕容冲攻入长安，苻坚出逃被杀。入寇：侵入东晋。

②良家子：出身清白的子女。

③羽林郎：官名，汉代所置，皇家禁卫军军官。

④秦州：今甘肃天水。金城：今甘肃兰州。都统：武官名，始置于十六国时期，为统兵将官。

⑤慕容垂：又名慕容霸，鲜卑族人。384年建立后燕，后投降前秦。淝水之战中暗中保存实力，在前秦败

后叛变，姚苌：后秦武昭帝，羌族。十六国时期后秦政权的开国君主。357年与前秦战于三原，兵败投降，后为苻坚部将，累建战功。淝水之战后，前秦大败，姚苌趁机自立。385年缢杀苻坚于新平佛寺（今陕西彬县南静光寺），称帝于长安，国号大秦。

⑥阳平公融：苻融，苻坚之弟，封阳平公。

⑦鲜卑、羌虏：即分别指慕容垂、姚苌的国家。

⑧仇雠（chóu）：仇敌。

⑨闲：同"娴"。熟悉，精通。

⑩谄（chǎn）谀：奉承拍马。会：迎合。

【译文】

太元八年（383）七月，秦王苻坚下诏大举发兵入侵东晋，百姓每十名成年男子中征发一人当兵；良家子弟二十岁以下勇武有力的，都被任命为羽林郎。又说："胜利以后要用东晋皇帝司马昌明为尚书左仆射，宰相谢安为吏部尚书，车骑将军桓冲为侍中；想来也是很快的事了，可以先为他们起好宅第。"良家子弟自带战马应征而来的有三万多人，任命当时的秦州主簿金城赵盛之为少年都统，统领这些人。当时朝臣都不想让苻坚南下，只有慕容垂、姚苌和应征来的良家子弟希望打仗。阳平公苻融对苻坚说："鲜卑、羌虏都是我们的仇敌，他们一直在等待机会报仇复国，这样人所说的话怎么能听呢？良家少年不过是富家子弟，不熟悉军旅之事，不过是顺口说些阿谀奉承的话讨陛下欢心罢了。如今陛下信用这些人，轻率地南伐，我担心不仅不能成功，还会有后患，到时候悔之不及。"苻坚不听。

（八月）甲子，坚发长安，戎卒六十余万^①，骑二十七万，旗鼓相望，前后千里。九月，坚至项城^②，凉州之兵始达咸阳^③，蜀、汉之兵方顺流而下，幽、冀之兵至于彭城^④，东西万里，水陆齐进，运漕万艘。阳平公融等兵三十万，先至颍口^⑤。

是时，秦兵既盛，都下震恐。

【注释】

①戎卒：兵士。

②项城：今河南项城。

③凉州：今武威，地处甘肃河西走廊东端。咸阳：今陕西咸阳。

④幽、冀：今河北地区。彭城：今江苏徐州。

⑤颍口：今安徽颍上东南的西正阳镇。

【译文】

八月甲子，苻坚从长安出发，有步兵六十余万，骑兵二十七万，旗鼓相望，前后绵延千里。九月，苻坚到达项城，而凉州的军队才到达咸阳，蜀、汉的军队正沿长江顺流而下，幽州、冀州的军队到达彭城，东西万里之内，水陆并进，出动运输的船只数以万计。阳平公苻融等率兵三十万，先期到达颍口。

当时，秦兵声势浩大，建康人心惶惶。

冬，十月，秦阳平公融等攻寿阳^①；癸酉，克之，执平虏将军徐元喜等^②。融以其参军河南郭褒为淮南太守③。慕容垂拔郧城④。胡彬闻寿阳陷，退保硖石⑤，融进攻之。秦卫将军梁成等帅众五万屯于洛涧⑥，栅淮以遏东兵⑦。谢石、谢玄等去洛涧二十五里而军，惮成，不敢进。胡彬粮尽，潜遣使告石等曰："今贼盛，粮尽，恐不复见大军！"秦人获之，送于阳平公融。融驰使白秦王坚曰："贼少易擒，但恐逃去，宜速赴之！"坚乃留大军于项城，引轻骑八千，兼道就融于寿阳⑧。遣尚书朱序来说谢石等以"强弱异势，不如速降"。序私谓石等曰："若秦百万之众尽至，诚难与为敌。今乘诸军未集，宜速击之；若败其前锋，则彼已夺气，可遂破也。"

【注释】

①寿阳：今安徽寿县。

②平虏将军：东晋武官名。

③淮南太守：治所在安徽寿县，今安徽淮河以南地区的地方长官。

④郧（yún）城：今湖北安陆。

⑤硖（xiá）石：安徽凤台、寿县一带。

⑥卫将军：官名，汉代设立，掌握禁兵，预闻政务。洛涧：即洛水。

⑦栅淮以遏东兵：在淮水上设立栅栏以阻挡东晋军队。栅，动词，用竹、木、铁条等做成的阻拦或防卫物。遏，阻拦，阻挡。

⑧兼道：加倍赶路。

【译文】

　　冬，十月，前秦阳平公苻融等攻打寿阳；癸酉，攻入城中，俘虏了东晋平虏将军徐元喜等人。苻融任命他的参军河南郭褒为淮南太守。慕容垂攻克郧城。东晋胡彬听说寿阳陷落，退守硖石，苻融继续进攻。前秦卫将军梁成等率领五万将士驻扎在洛水，在淮河上设立栅栏以阻止东晋的援军。谢石、谢玄等在离洛涧二十五里的地方扎营，因为害怕梁成而不敢进兵。胡彬粮草将要用尽，暗中派人告诉谢石等人说："现在秦军声势盛大，我一旦没有了粮草，恐怕我们就不能再相见了。"秦人抓到送信的人，押送到苻融那里。苻融派人驰报秦王苻坚，说："晋军人少，容易对付，只怕他们逃走，请秦王速来。"苻坚于是将大军留在项城，自己带了八千轻骑兵，日夜兼程，赶往寿阳和苻融会合。秦人派尚书朱序去劝降谢石，说"秦强晋弱，力量相差悬殊，不如速速投降"。朱序却私下对谢石等人说："如果秦军百万之众全数到达，晋军自然很难与之对抗。现在乘大军未会集，应该迅速出击；如果打败前秦前锋，则秦军气势一泄，就可击败他们了。"

　　石闻坚在寿阳，甚惧，欲不战以老秦师①。谢琰劝石从序言。十一月，谢玄遣广陵相刘牢之帅精兵五千趣洛涧②，未至十里，梁成阻涧为陈以待之③。牢之直前渡水，击成，大破之，斩成及弋阳太守王咏④，又分兵断其归津⑤，秦步骑崩溃，争赴淮水，士卒死者万五千人。执秦扬州刺史王显等，尽收其器械军实⑥。于是谢石等诸军水陆继进。秦王坚与阳平公融登寿阳城望之。见晋兵部阵严整，又望见八公山上草木⑦，皆以为晋兵，顾谓融曰："此亦劲敌，何谓弱也！"怃然始有惧色⑧。

【注释】

①老：使得对方衰竭，疲惫。

②刘牢之：东晋名将。趣（qū）：趋赴，奔向。

③陈：同"阵"。军阵。

④弋（yì）阳太守：江西弋阳地区的地方官。

⑤归津：退路。

⑥器械军实：军用器械和粮饷。

⑦八公山：位于寿县城北，距城2.5公里，南临淝水，北濒淮河。

⑧怃（wǔ）然：怅然失意的样子。

【译文】

　　谢石听说苻坚已到寿阳，非常害怕，想要不出战拖疲秦军。谢琰劝谢石听从朱序的话。十一月，谢玄派广陵相刘牢之率领五千精兵直奔洛涧，未出十里，梁成就依涧布好阵势等待他们。刘牢之径直向前渡水，攻击梁成军队，大破秦军，斩梁成和弋阳太守王咏，又分兵阻断秦军撤退的险要渡口。秦军步兵和骑兵陷入混乱中，争相渡河，损失了一万五千士兵，刘牢之军队抓到秦扬州刺史王显等，缴获武器军备和粮饷。于是谢石诸军从水陆相继前进。秦王苻坚与阳平公苻融登上寿阳城观察，见晋兵部阵严整，又望见八公山上草木摇动，苻坚以为都是晋兵，回头对苻融说："晋军也是劲敌，怎么能说他们弱呢？"怅然若失，开始有畏惧之色。

秦兵逼淝水而陈①，晋兵不得渡。谢玄遣使谓阳平公融曰："君悬军深入，而置陈逼水，此乃持久之计，非欲速战者也。若移陈小却，使晋兵得渡，以决胜负，不亦善乎？"秦诸将皆曰："我众彼寡，不如遏之，使不得上，可以万全。"坚曰："但引兵少却，使之半渡，我以铁骑蹙而杀之②，蔑不胜矣③！"融亦以为然，遂麾兵使却④。秦兵遂退，不可复止，谢玄、谢琰、桓伊等引兵渡水击之。融驰骑略陈⑤，欲以帅退者，马倒，为晋兵所杀，秦兵遂溃。玄等乘胜追击，至于青冈⑥。秦兵大败，自相蹈藉而死者⑦，蔽野塞川。其走者闻风声鹤唳⑧，皆以为晋兵且至，昼夜不敢息，草行露宿，重以饥冻，死者什七八。初，秦兵小却，朱序在陈后呼曰："秦兵败矣！"众遂大奔。序因与张天锡、徐元喜皆来奔。获秦王坚所乘云母车及仪服器械、军资、珍宝、畜产不可胜计⑨，复取寿阳，执其淮南太守郭褒。

【注释】

①陈：同"阵"。布阵。

②蹙（cù）：逼近，逼迫。

③蔑：没有。

④麾（huī）：指挥。

⑤驰骑略陈：骑着马来回奔驰，想要压住阵脚。

⑥青冈：今安徽凤台西北。

⑦蹈藉（jí）：践踏。

⑧风声鹤唳（lì）：形容惊慌失措，或自相惊扰。唳，鹤叫声。

⑨云母车：以云母为饰的车。

【译文】

秦兵在靠近淝水的地方列阵，晋军就无法渡江。谢玄派使者对阳平公苻融说："阁下孤军深入，而靠着河岸列阵，这是作持久战的打算，不是想要速战速决。如果阁下能稍稍将兵阵向后移动一下，让晋兵得以渡河，然后一决胜负，不也是件好事么？"前秦的将领都说："我众敌寡，不如阻止晋军渡河，倒是万全之策。"苻坚说："我们引兵稍退，等他们渡河到当中的时候，我军以铁骑猛烈冲杀，这样没有不胜的道理！"苻融也认为言之有理。于是传令秦兵退却。秦兵一退就停不下来。谢玄、谢琰、桓伊等立刻带兵渡河追击。苻融骑马布阵，想要指挥后退的士兵，但是马被绊倒，为晋兵所杀，秦兵于是溃败。谢玄等乘胜追击到青冈。秦兵大败，自相践踏而死的，布满田野山川。逃走的士兵听见风声和鹤鸣的声音，都以为晋兵将至，昼夜不敢停下来休息，在草丛中穿行、露宿，加上饥寒交迫，死者十有七八。起初秦兵稍作退却时，朱序就在阵后高呼："秦兵败啦！"于是军队溃散。朱序借机和张天锡、徐元喜回到东晋。晋军俘获秦王苻坚所乘云母车及军服仪仗、武器军备、珍宝畜产不可胜数，晋军又收复寿阳，抓获前秦淮南太守郭褒。

坚中流矢，单骑走至淮北，饥甚，民有进壶飧、豚髀者①，坚食之，赐帛十匹，绵十斤。辞曰："陛下厌苦安乐，自取危困。臣为陛下子，陛下为臣父，安有子饲其父而求报乎？"弗顾而去。坚谓张夫人曰："吾今复何面目治天下乎！"潸然流涕②。

【注释】

①壶飧（sūn）：一壶水泡饭。飧，晚饭，饭食。豚髀（bì）：猪腿。

②潸（shān）然流涕：伤心流泪的样子。

【译文】

苻坚中了箭，单人独骑逃到淮北，很饿，百姓进献了一壶水泡饭和猪腿，苻坚吃了以后，赏赐帛十匹，绵十斤。献食者推辞说："陛下不肯安于逸乐，冒险征伐东晋，是自取困苦。臣民是陛下之子，陛下是臣民的君父，哪有儿子进食父亲还求回报的？"便头也不回地离去。苻坚对张夫人说："经过这一役，我还有何面目再治天下呀！"潸然而泪下。

齐纪

魏迁洛阳

北魏孝文帝迁都洛阳，与其说是一次迁都，不如说是鲜卑政权的一次全面汉化改革运动。

孝文帝对这次变革运动的重要性有深刻的了解，而对于族人的心态和性格也有足够充分的认知，所以他在迁都前作了一次有趣的表演。他号称要南征伐齐，而且疾言厉色，以威严震慑群臣的反对意见。等到大军似模似样地到了洛阳，终于有大臣出面劝阻，然后群臣一致表示希望皇帝放弃南征。在这种情形下，孝文帝提出南征可以放弃，可是大张旗鼓地离开平城，总不好就此偃旗息鼓，如果不打仗，那么就迁都到洛阳吧。在有南征的可怕威胁下，大多数官员都主动选择了迁都。这完全是利用了人们两害相较取其轻的心理反应。

然后孝文帝一边派宗室王公心腹大臣去平城传达消息，安抚大家，一边一再在群臣面前表现出坚定的迁都姿态，不断和大臣讨论迁都和移风易俗的必要性。看起来似乎是用力过度，但是结合到迁都后颁布的等同于全盘汉化的改革措施，可以看出孝文帝完全了解这次变革对于鲜卑旧人心理的巨大冲击，所以他之前所做的种种晓之以理、临之以威，不惜再三譬解要大家改变想法的努力就显得务实而稳妥了。这是一次比较成功的变革，领导者事先充分的准备和得体的处置方式起到了很大的作用。

（永明十一年）魏主以平城地寒①，六月雨雪，风沙常起，将迁都洛阳；恐群臣不从，乃议大举伐齐②，欲以胁众。斋于明堂左个③，使太常卿王谌筮之④，遇"革"，帝曰："'汤、武革命⑤，应乎天而顺乎人。'吉孰大焉！"群臣莫敢言。尚书任城王澄曰⑥："陛下奕叶重光⑦，帝有中土；今出师以征未服，而得汤、武革命之象，未为全吉也。"帝厉声曰："繇云：'大人虎变'⑧，何言不吉？"澄曰："陛下龙兴已久，何得今乃虎变！"帝作色曰："社稷我之社稷，任城欲沮众邪⑨！"澄曰："社稷虽为陛下之有，臣为社稷之臣，安可知危而不言！"帝久之乃解⑩，曰："各言其志，夫亦何伤！"

【注释】

①魏主：即北魏孝文帝拓跋宏，也称元宏，鲜卑人。执政期间，对北魏的政治、经济、文化和社会习俗等各方面，进行大刀阔斧的改革。平城：今山西大同，北魏的都城。

②齐：南朝的齐。

③斋于明堂左个：在明堂南厢的东头大厅。明堂，古代帝王颁布政令，接受朝觐和祭祀天地诸神以及祖先的场所。

④太常卿：官名，秦置奉常，汉改名太常，掌宗庙礼仪，兼选试博士。其后为专掌祭祀礼乐之官。北魏称太常卿。谌：音 chén。筮（shì）：古代用蓍草占

卜的一种迷信活动。

⑤汤、武革命：商汤讨伐夏，周武王讨伐商，都是改朝换代的征伐。这是革卦的卦辞。

⑥任城王澄：拓跋澄，孝文帝叔父，北魏迁都的重要支持者。

⑦奕叶重光：指孝文帝继承北魏先世光辉的基业。奕叶，即奕世、累世。重光，比喻累世盛德，辉光相承。

⑧繇（yáo）：《易经》的"繇辞"，即卜辞。大人虎变：比喻居上位者出处行动变化莫测。虎变，如虎身花纹的变化。

⑨沮：动词，令……沮丧。

⑩解：消失，消解。

【译文】

永明十一年（493），魏孝文帝因为平城寒冷，六月都会下雪，又常有风沙，因此想要迁都洛阳；但担心群臣不愿意，于是声言要大举伐齐，以此胁迫众人。在明堂斋戒，让太常卿王谌占卜，得出"革"卦，孝文帝说："革卦就是'汤、武革命，顺乎天命应乎人心。'这是大吉！"群臣不敢说话。尚书任城王拓跋澄说："陛下继承了先世的光辉基业，在中原称帝；如今出兵征伐还未臣服的敌寇，就得到表示汤、武革命的卦，这不算是全吉。"皇帝厉声说："繇辞说：'王者出处行动变化莫测，就如同虎身上的花纹一样'，怎么不吉啦？"拓跋澄答道："陛下龙兴已久，怎么现在又出来虎变呢？"孝文帝怒道："社稷是我的社稷，任城王是想阻止我发兵吗？"拓跋澄说："社稷虽为陛下所有，但臣为社稷之臣，怎么能明知危险而不说话。"过了很久皇帝才平息怒气，说："不过是各自表明心意而已，也没什么关系。"

既还宫，召澄入见，逆谓之曰①："向者《革卦》，今当更与卿论之。明堂之忿，恐人人竞言，沮我大计②，故以声色怖文武耳。想识朕意。"因屏人③，谓澄曰："今日之举，诚为不易。但国家兴自朔土，徙居平城；此乃用武之地，非可文治。今将移风易俗，其道诚难，朕欲因此迁宅中原，卿以为何如？"澄曰："陛下欲卜宅中土④，以经略四海⑤，此周、汉之所以兴隆也。"帝曰："北人习常恋故⑥，必将惊扰，奈何？"澄曰："非常之事，故非常人之所及。陛下断自圣心，彼亦何所能为！"帝曰；"任城，吾之子房也⑦！"

六月，丙戌，命作河桥，欲以济师。

【注释】

①逆：迎上前去。

②沮：同"阻"。阻挠。

③屏（bǐng）：屏退，让人退下。

④卜宅：选择住地。这里指迁都。

⑤经略四海：经营治理天下。

⑥习常恋故：习惯于旧有的、已经成为常例的事物，恋旧。

⑦子房：张良，汉初刘邦谋臣。

【译文】

孝文帝回宫后召拓跋澄入见，迎上前去对他说："上次说的《革卦》，我现在和你再重新讨论一下。明堂上我之所以发怒，是因为怕人人竞相发言，破坏我的大计，所以故意疾言厉色，不过为了震慑百官罢了。想必你能了解我的心意。"让随从退下，对拓跋澄说："今日之事实在是不容易，但国家在北方兴起，迁都到平城，此地是适合打仗的地方，不适合推行文治。如今要移风易俗，实在艰难，朕因此想迁都中原，你有什么看法？"拓跋澄说："陛下想迁居中原，以经营天下，这本来就是周、汉两朝之所以能够兴盛的原因。"孝文帝说："北人风俗恋旧保守，知道之后必定惊扰，阻力重重，你有什么办法？"拓跋澄说："不平凡的事，本身就不是平凡的人可以办得到的，陛下乾纲独断，反对的人又能做什么呢？"孝文帝说："任城王真是我的张良。"

六月丙戌，孝文帝下令建造黄河上的桥，准备出师时渡河用。

（九月），戊辰，魏主济河①；庚午，至洛阳。

魏主自发平城至洛阳，霖雨不止②。丙子，诏诸军前发。丁丑，帝戎服③，执鞭乘马而出。群臣稽颡于马前④。帝曰："庙算已定⑤，大军将进，诸公更欲何云？"尚书李冲等曰："今者之举，天下所不愿，唯陛下欲之。臣不知陛下独行，竟何之也！

臣等有其意而无其辞，敢以死请！"帝大怒曰："吾方经营天下，期于混壹⑥，而卿等儒生，屡疑大计；斧钺有常⑦，卿勿复言！"策马将出，于是安定王休等并殷勤泣谏。帝乃谕群臣曰："今者兴发不小，动而无成，何以示后！朕世居幽朔，欲南迁中土；苟不南伐，当迁都于此，王公以为何如？欲迁者左，不欲者右。"安定王休等相帅如右。南安王桢进曰："'成大功者不谋于众。'今陛下苟辍南伐之谋⑧，迁都洛邑，此臣等之愿，苍生之幸也。"群臣皆呼万岁。时旧人虽不愿内徙，而惮于南伐，无敢言者；遂定迁都之计。

【注释】

①济河：渡河。

②霖雨：连绵大雨。

③戎服：穿着军服。

④稽颡（sǎng）：古代一种跪拜礼，屈膝下拜，以额触地，表示极度的虔诚。

⑤庙算：朝廷确定的谋略。

⑥混壹：统一天下。

⑦斧钺有常：斧和钺，古代兵器，用于斩刑。这里借指重刑。常，规矩，规则。

⑧辍（chuò）：停止，停息。

【译文】

九月戊辰，孝文帝渡过黄河；庚午至洛阳。

孝文帝自平城出发到洛阳，雨一直连绵不止。丙子，下诏诸军出发。丁丑，孝文帝穿着战袍，执鞭乘马出来。群臣聚集在他的马前磕头拦阻。皇帝说："朝廷的大计已定，大军就要出发，诸公还想说什么？"尚书李冲等人说："陛下现在的征伐，天下人都不愿意，只合陛下自己的心意，臣不知陛下如此独断专行，究竟为什么？臣等不愿陛下出征，但不知道该说什么来阻止陛下，只有以死相劝。"孝文帝大怒说："我正在经营天下，希望有朝一日可以完成统一大业，而你们这些儒生，屡屡怀疑我的大计；斧钺不饶人，你们就不必再说了。"策马将行，这时安定王拓跋休等都恳切地哭谏皇帝放弃出征。孝文帝于是对群臣说："如今做出这么大的场面，最后如果取消征伐，怎么做后人的榜样？朕世代居住在遥远的北方，想要南迁到中原；如果不南征，就迁都于此，各位王公以为如何？同意迁都的站在左面，不愿意的站到右面。"安定王拓跋休等人一起站到了右面。南安王拓跋桢上奏说："'建立大功勋的人不征求大家的意见。'如今陛下如果能停止南征，迁都洛阳，那么这是臣等的心愿，也是百姓之幸。"群臣高呼万岁。当时虽然老一辈人都不愿迁都，但相比之下更害怕南征，所以没有敢出来反对的；于是孝文帝就定下迁都之策。

李冲言于上曰："陛下将定鼎洛邑①，宗庙宫室，非可马上行游以待之。愿陛下暂还代都②，俟群臣经营毕功③，然后备文物、鸣和鸾而临之④。"帝曰："朕将巡省州郡，至邺小停⑤，春首即还，未宜归北。"乃遣任城王澄还平城，谕留司百官以迁都之事，曰："今日真所谓革也。王其勉之！"帝以群臣意多异同，谓卫尉卿、镇南将军于烈曰⑥："卿意如何？"烈曰："陛下圣略渊远，非愚浅所测。若隐心而言，乐迁之与恋旧，适中半耳。"帝曰："卿既不唱异，即是肯同，深感不言之益。"使还镇平城，曰："留台庶政⑦，一以相委。"

【注释】

①定鼎：这里指迁都。

②代都：即平城。

③俟（sì）：等。经营毕功：指营建都城的工程结束。

④备文物、鸣和鸾：指准备好车驾及典章文物迎接孝文帝。和鸾，古代车上的铃铛。挂在车前横木上称"和"，挂在轭首或车架上称"鸾"。

⑤邺（yè）：今河北临漳境内。

⑥卫尉卿：官名，统率卫士守卫宫禁。

⑦留台庶政：平城政府中的各种政务。

【译文】

李冲进言："陛下将定都洛邑，则新都的宗庙宫室，并非立刻可以建成。希望陛下暂回平城，待群臣将都城营造完毕，再具仪仗车驾，迎候陛下驾临。"孝文帝说："朕要去巡省州郡，在邺城稍作停留，初春就会回洛阳，不宜北回旧都了。"于是派遣任城王拓跋澄回平城，将迁都之事告知留下的百官，说："今日是真正的'革'了。任城王要好好努力！"孝文帝知道群臣意见不一，对卫尉卿、镇南将军于烈说："你觉得迁都之事如何？"于烈答道："陛下英明的谋略看得深远，不是愚笨和浅陋之辈可以猜测得到的。如果诚心来说，愿意迁都和怀恋旧地，各占一半吧。"皇帝说："你既不提出反对，也就是赞同，我深深感念你不说出反对的话的好处。"派他还镇平城，说："旧都的一切政务，全都委托给你了。"

冬，十月，戊寅朔，魏主如金墉城①，征穆亮，使与尚书李冲、将作大匠董尔经营洛都②。

乙未，魏解严③，设坛于滑台城东④，告行庙以迁都之意⑤。大赦。起滑台宫。任城王澄至平城，众始闻迁都，莫不惊骇。澄援引古今，徐以晓之，众乃开伏⑥。澄还报于滑台，魏主喜曰："非任城，朕事不成。"

【注释】

①金墉城：三国魏明帝时筑，为当时洛阳城（今河南洛阳东）西北角的一个小城。

②将作大匠：官名，掌宫室、宗庙、陵寝等的土木营建。

③魏解严：解除戒严令。

④坛：祭坛。滑台：河南滑县。相传古有滑氏，于此筑垒，后人筑以为城，高峻坚固。汉末以来为军事要冲。北魏与金墉、虎牢、碻磝称河南四镇。

⑤行庙：天子巡幸或大军出征临时所立的庙。

⑥开伏：开悟心服。

【译文】

冬季，十月戊寅朔，孝文帝到金墉城，征用穆亮，让他与尚书李冲、将作大匠董尔营造洛都。

乙未，孝文帝在滑台城东设祭坛，将迁都之意禀报行庙，大赦天下。修建滑台宫。任城王拓跋澄回到平城，百官才听说迁都的事，无不大惊失色。拓跋澄引古论今，慢慢开导大家，众人也就渐渐明白过来，接受了这件事。拓跋澄回报，孝文帝大喜，说："没有任城王，朕迁都之事不会这样顺利。"

癸卯，魏主如邺城。王肃见魏主于邺^①，陈伐齐之策。魏主与之言，不觉促席移晷^②。自是器遇日隆，亲旧贵臣莫能间也^③。魏主或屏左右与肃语，至夜分不罢，自谓君臣相得之晚。寻除辅国将军、大将军长史。时魏主方议兴礼乐，变华风，凡威仪文物，多肃所定。

乙巳，魏主遣安定王休帅从官迎家于平城。

【注释】

①王肃：出身世家大族，其父王奂在南齐被人诬陷，父子一起被杀，只有王肃逃到北魏，得到孝文帝的重用，对于北魏的改革贡献极大。

②促席移晷（guǐ）：坐席向前移动，时间流逝。形容

孝文帝和王肃一见如故，谈话投机，不知不觉地时光就过去了，座位也越来越近。晷，日影。

③间（jiàn）：隔阂，疏远。

【译文】

癸卯，孝文帝到邺城。王肃在邺城觐见，陈奏伐齐之策。孝文帝和他谈话，不自觉促席相就，忘记了时间。从此越来越器重他，礼遇也越来越隆重，亲旧贵臣谁也不能让君臣之间有隔阂。孝文帝有时屏退左右和他谈话，到夜半还不停，自称君臣相见恨晚。很快任命王肃为辅国将军、大将军长史。其时孝文帝正在准备兴礼乐，变华风，所有典章文物，大多为王肃制定。

乙巳，孝文帝派安定王拓跋休带领官员到平城，将皇室成员接来洛阳。

（建武元年十月），戊申，魏主亲告太庙，使高阳王雍、于烈奉迁神主于洛阳；辛亥，发平城。

（十一月）魏主至洛阳，欲澄清流品①，以尚书崔亮兼吏部郎。

（十二月）魏主欲变易旧风，壬寅，诏禁士民胡服②。国人多不悦。

【注释】

①澄清流品：魏晋南北朝时特有的制度，按照门第的高低将士人分成不同等级，以此确定官员的地位高低。

②胡服：鲜卑服装。

【译文】

建武元年（494）十月戊申，孝文帝亲自告祭太庙，派高阳王拓跋雍和于烈负责将祖宗牌位护送到洛阳。辛亥，自平城出发迁都洛阳。

十一月，孝文帝到洛阳，想要效法南朝的门阀品第，用尚书崔亮兼吏部郎。

十二月，孝文帝想改变鲜卑族的旧风俗，壬寅，下诏禁止士民穿胡服。国人大多不愿意。

（建武二年五月）魏主欲变北俗，引见群臣，谓曰："卿等欲朕远追商、周，为欲不及汉、晋邪？"咸阳王禧对曰："群臣愿陛下度越前王耳①。"帝曰："然则当变风易俗，当因循守故邪？"对曰："愿圣政日新。"帝曰："为止于一身，为欲传之子孙邪？"对曰："愿传之百世！"帝曰："然则必当改作，卿等不得违也。"对曰："上令下从，其谁敢违！"帝曰："夫'名不正，言不顺，则礼乐不可兴'。今欲断诸北语②，一从正音。其年三十已上，习性已久，容不可猝革③。三十已下，见在朝廷之人，语音不听仍旧；若有故为，当加降黜。各宜深戒！王公卿士以为然不？"对曰："实如圣旨。"帝曰："朕尝与李冲论此，冲曰：'四方之语，竟知谁是；帝者言之，即为正矣。'冲之此言，其罪当死！"因顾冲曰："卿负社稷，当令御史牵下！"冲免冠顿首谢。又责留守之官曰："昨望见妇女犹服夹领小袖④，卿等何为不遵前诏！"皆谢罪。帝曰："朕言非是，卿等当庭争⑤。如何入则顺旨，退则不从乎！"六月，己亥，下诏："不得为北俗之语于朝廷。违者免所居官！"

【注释】

①度越：超越。

②北语：鲜卑语。

③猝：忽然。

④夹领小袖：即鲜卑服装。

⑤庭争：即"廷争"，在朝堂上当面提出反对意见。

【译文】

建武二年（495）五月，孝文帝想改变鲜卑人的风俗习惯，于是引见群臣，问道："各位想要朕远比商、周之善政，还是想要朕连汉、晋都不如？"咸阳王拓跋禧奏对道："群臣愿陛下超越前王。"孝文帝说："那么我们应当移风易俗呢？还是因循守旧呢？"群臣答道："愿陛下的施政不断日新月异。"孝文帝问："朝廷基业是要止于一身呢？还是想要传之子孙呢？"群臣答道："愿传之百世。"孝文帝说："那么一定要加以变革，各位不可以不遵行朝廷颁布的法度。"群臣答道："朝廷颁布政令，臣下服从遵行，没有人敢抗命的。"孝文帝说："古语说'名不正，言不顺，礼乐制度也建立不了'。如今我想禁止说鲜卑语，改说汉话。三十岁以上的，已经习惯了，可以不必立刻改变。三十以下、现在朝廷为官的，不许再说鲜卑语；有人还故意说鲜卑语的，就降职免官。各位请深以为戒。王公卿士们以为如何？"群臣答道："陛下说的有理。"孝文帝说："朕曾与李冲讨论过此事，李冲说：'四方都有土语，谁知道哪种才是正确的呢？陛下用哪种语言，哪种就是正音。'李冲此言，应该处死。"回顾李冲说："你辜负了社稷，应当令御史牵下治罪。"李冲脱帽，磕头谢罪。孝文帝又责备留守官说："昨天我看见有的妇人仍然穿着夹领小袖的鲜卑服装，你们为什么不遵行我之前的诏书？"官员们一起谢罪。孝文帝说："我说的不对，你们应当面指出，但怎么能当面惟命是从，转了身就不肯遵行呢？"六月己亥下诏："朝廷之上不许说鲜卑语，违者免官！"

魏有司上奏："广川王妃葬于代都[①]，未审以新尊从旧卑[②]，以旧卑就新尊？"魏主曰："代人迁洛者，宜悉葬邙山[③]。其先有夫死于代者，听妻还葬；夫死于洛者，不得还代就妻。其余州之人，自听从便。"丙辰，诏："迁洛之民死，葬河南，不得还北。"于是代人迁洛者悉为河南洛阳人。

【注释】

①广川王妃：广川王拓跋谐的王妃。

②审：弄明白。

③邙（máng）山：在今河南境内。

【译文】

魏有司上奏说："广川王妃葬在平城，现在广川王落葬，不知道应该将广川王葬回平城呢，还是将王妃移到洛阳和王爷一起下葬？"孝文帝说："代人迁到洛阳的，死后一律葬在洛阳以北的邙山。如果有丈夫先死葬在平城的，可以准许妻子还葬；丈夫死于洛阳的，不得还葬就妻。其余各州的人，可以自行决定。"丙辰诏："迁居洛阳的鲜卑人死后，葬河南，不得还北。"于是代人迁到洛阳的，全部为河南洛阳人。

梁纪

侯景之乱

侯景之乱是南朝后期的一次重大的政治事件。事情的起因很简单，东魏高欢死后，河南大将军侯景因为和高欢的继任者不和，叛离东魏，一度投靠西魏，失败以后，侯景转而向梁武帝请降。他带来的礼物是十余州的土地以及将来可能统一天下的前景。虽然梁朝内部也一直有各种反对意见，而且侯景是个出名的反复无常的将军，但是梁武帝还是接收了侯景，并一直给予优厚的待遇。

梁朝本身并没有从侯景那里得到什么实质性的好处，侯景只是一贯地向朝廷诸多需索。

侯景在梁朝休养生息并且壮大了实力后，又因为梁和东魏关系的缓和感觉到了威胁，在梁武帝的盲目信任中决定起兵造反。

当时的梁朝自建立以来近五十年从未有过战事，在最初的惊慌失措之后，朝廷仓猝应战，经过了激烈的对峙，侯景的军队攻破了台城，控制了梁武帝父子和百官。

这是南朝时期江淮地区遭到的最大的一次破坏。最直接的表现是人口的急剧减少。没有具体的数字表明这一点，按照《通鉴》的说法是"饿死者什五六"，"存者百无一二"。说法虽然有异，但是死于战乱和死于围城引起的粮荒的人绝对不在少数，这一点是毫无疑问的。

同时，南朝以来一直都处于和平状态的建康城及其附近地区，受到了严重破坏。战争期间双方大肆纵火，大量的建筑、图书和财富化为灰烬。经此一役，使建康城变得残破不堪。

东魏司徒、河南大将军、大行台侯景^①，右足偏短，弓马非其长^②，而多谋算。诸将高敖曹、彭乐等皆勇冠一时，景常轻之，曰："此属皆如豕突^③，势何所至！"景尝言于丞相欢："愿得兵三万，横行天下，要须济江缚取萧衍老公^④，以为太平寺主。"欢使将兵十万，专制河南，杖任若己之半体。

【注释】

①大行台：台省在外者称"行台"。魏晋始有之，为出征时随其所驻之地设立的代表中央的政务机构。北朝后期，称尚书大行台，设置官属无异于中央，自成行政系统。侯景：鲜卑化羯人。南北朝时期著名的将领，反复无常，他攻打南朝梁的战争，对江南地区的经济文化造成了极大的破坏。

②弓马：骑射武艺。

③豕（shǐ）突：像野猪一样奔突窜扰。

④萧衍老公：萧衍老家伙。萧衍，南朝梁武帝。

【译文】

东魏司徒、河南大将军、大行台侯景，右足偏短，不擅长骑射，但富于谋略。当时名将如高敖曹、彭乐等都勇冠一时，侯景却看不起他们，往往轻蔑地说："这些家伙就像猪一样东奔西跑，能做出什么事来！"他曾对丞相高欢说："我希望拥兵三万，就可以横行天下，渡过长江擒拿萧衍这老家伙，让他来做太平寺主。"高欢让他带兵十万，统领河南，行事拥有自己一半的权力。

景素轻高澄^①，尝谓司马子如曰^②："高王在，吾不敢有异；王没，吾不能与鲜卑小儿共事！"子如掩其口。及欢疾笃，澄诈为欢书以召景。先是，景与欢约曰："今握兵在远，人易为诈，所赐书皆请加微点。"欢从之。景得书无点，辞不至；又闻欢疾笃，用其行台郎颍川王伟计^③，遂拥兵自固。

【注释】

①高澄：东魏高欢的长子，鲜卑人。

②司马子如：高欢的重臣之一，一度权倾朝野，但不为高澄信任。

③行台郎：官名，大行台所任的郎官，护卫侍从，以备顾问。颍川：郡名，治阳翟（今河南禹州），辖境相当于今河南登封、宝丰以东。王伟：侯景心腹。

【译文】

　　侯景向来看不起高澄，曾经对司马子如说："高王在，我不敢有异心；高王过世了，我可不要和这个鲜卑小子共事。"子如立刻堵上他的嘴。等到高欢病重，高澄伪造了高欢的书信召回侯景。原先侯景和高欢约定："我在外带兵，有人会轻易假传信息，请在所赐书信中加小点。"高欢答应了。这次的信没有点，侯景知道有诈，推托不去；又听说高欢病重，于是用其行台郎颍川王伟的计策，决定拥兵自重，不听高澄的命令。

　　（太清元年正月）丙午，东魏勃海献武王欢卒。

　　侯景自念己与高氏有隙，内不自安。辛亥，据河南叛，归于魏，颍州刺史司马世云以城应之^①。景诱执豫州刺史高元成、襄州刺史李密、广州刺史怀朔暴显等^②。遣军士二百人载仗，暮入西兖州^③，欲袭取之。刺史邢子才觉之，掩捕，尽获之。因散檄东方诸州，各为之备，由是景不能取。

【注释】

①颍州：今河南许昌。

②豫州：今河南汝南。襄州：今河南襄城。广州：今河南鲁山。怀朔：今内蒙古固阳。

③西兖州：今河南滑县。

【译文】

　　太清元年（547）正月丙午，东魏勃海献武王高欢去世。

　　侯景想到自己和高氏有矛盾，内心不安。辛亥，在河南叛变，归降西魏，颍州刺史司马世云开城响应他。侯景诱捕豫州刺史高元成、襄州刺史李密、广州刺史怀朔暴显等人。又派遣二百军士带着武器，趁夜色袭击西兖州，想要夺取此地。但刺史邢子才及早发觉，将侯景派来的人全部拿获。并且发檄文给东魏在东方的各州，各自作好防备，因此侯景不能再夺取州郡。

　　（二月）魏以开府仪同三司若于惠为司空，侯景为太傅、河南道行台、上谷公。

庚辰，景又遣其行台郎中丁和来，上表言："臣与高澄有隙，请举函谷以东^①，瑕丘以西^②，豫、广、颍、荆、襄、兖、南兖、济、东豫、洛、阳、北荆、北扬等十三州内附^③，惟青、徐数州^④，仅须折简^⑤。且黄河以南，皆臣所职，易同反掌。若齐、宋一平^⑥，徐事燕、赵^⑦。"上召群臣廷议。尚书仆射谢举等皆曰："顷岁与魏通和，边境无事，今纳其叛臣，窃谓非宜。"上曰："虽然，得景则塞北可清；机会难得，岂宜胶柱^⑧！"

【注释】

①函谷：函谷关，今河南新安境内。

②瑕丘：今山东兖州东北。

③荆：今河南邓县东南。兖：今山东兖州。南兖：今安徽蒙城。济：今山东茌平。东豫：今河南惠县。洛：今河南洛阳。阳：今河南宜阳。北荆：今河南嵩县。北扬：今河南项城。

④青：今山东青州东。徐：今江苏徐州。

⑤折简：书信。

⑥齐、宋：今山东、河南一带。

⑦燕、赵：指今河北地区。

⑧胶柱：胶住瑟上的弦柱，以致不能调节音的高低，比喻固执拘泥。

【译文】

（二月）魏以开府仪同三司若于惠为司空，侯景为太傅、河南道行台、上谷公。

庚辰，侯景又派了行台郎中丁和到梁，上表说："臣与高澄不和，请让我带着函谷关以东，瑕丘以西包括豫、广、颍、荆、襄、兖、南兖、济、东豫、洛、阳、北荆、北扬等十三州的广大地区归附朝廷。青、徐数州，只要写信过去就可以招徕。而且黄河以南，都曾是臣所职掌之地，想取得那里易如反掌。如果齐、宋平定了，燕、赵之地也可以慢慢去收复。"梁武帝召群臣廷议。尚书仆射谢举等都说："近来和魏相处友好，边境无事，如今接收魏的叛臣，似乎并不妥当。"武帝说："虽然如此，可是得到侯景就有机会平定北方，机会难得，不能过于拘泥。"

是岁，正月，乙卯，上梦中原牧守皆以地来降，举朝称庆。旦，见中书舍人朱异①，告之，且曰："吾为人少梦，若有梦，必实。"异曰："此乃宇内混壹之兆也。"及丁和至，称景定计以正月乙卯，上愈神之。然意犹未决，尝独言："我国家如金瓯②，无一伤缺，今忽受景地，讵是事宜③？脱致纷纭④，悔之何及？"朱异揣知上意，对曰："圣明御宇，南北归仰，正以事无机会，未达其心。今侯景分魏土之半以来，自非天诱其衷⑤，人赞其谋，何以至此！若拒而不内，恐绝后来之望。此诚易见，愿陛下无疑。"上乃定议纳景。壬午，以景为大将军，封河南王，都督河南北诸军事、大行台，承制如邓禹故事⑥。

①中书舍人：官名，舍人始于先秦，指国君、太子亲近属官，魏晋时于中书省内置中书通事舍人，掌传宣诏命。南朝沿置，梁朝称中书舍人，掌管起草诏令，参与机密，权力日重。朱异：博学多才，为梁武帝君臣器重。

②金瓯（ōu）：黄金之瓯。后用比喻疆土之完固。

③讵（jù）：岂，难道。

④脱致纷纭：倘若引起纠纷。

⑤天诱其衷：上天开导其心意。

⑥承制：秉承皇帝旨意而便宜行事。邓禹：东汉中兴名将。

【译文】

本年正月乙卯，武帝梦见中原的地方官都献地来降，举朝称庆。第二天见到中书舍人朱异，告诉了他，说："我很少做梦，但如果有梦，一定会实现。"朱异说："这是天下统一的预兆。"等到丁和到来，称侯景也是在正月乙卯决定归附的，于是武帝更加相信梦兆。但仍有犹豫，自言自语说："我国家如金瓯毫无伤缺，现在忽然接纳侯景献地，可以这样做吗？倘若引起纠纷，后悔也来不及了吧？"朱异揣测上意，对武帝说："圣天子在位，南北归心，只是没有合适的时机，所以没办法表达出心意。如今侯景带着东魏一半的土地前来，如果不是上天开导其心意，又有人从旁协助的话，是怎么也不可能办到的！如果拒而不纳，恐怕会断绝后来人的希望。侯景一定是出于诚心，愿陛下不必怀疑。”于是武帝决定接纳侯景。壬午，以侯景为大将军，封河南王，都督河南河北诸军事、大行台，可以像东汉邓禹那样，秉承皇帝旨意便宜行事。

上遣使吊澄。景又启曰：“臣与高氏，衅隙已深①，仰凭威灵，期雪仇耻；今陛下复与高氏连和，使臣何地自处！乞申后战，宣畅皇威！”上报之曰："朕与公大义已定，岂有成而相纳，败而相弃乎？今高氏有使求和，朕亦更思偃武②。进退之宜，国有常制。公但清静自居，无劳虑也！”景又启曰："臣今蓄粮聚众，秣马潜戈③，指日计期，克清赵、魏④，不容军出无名，故愿以陛下为主耳。今陛下弃臣遐外⑤，南北复通，将恐微臣之身，不免高氏之手。”上又报曰："朕为万乘之主，岂可失信于一物！想公深得此心，不劳复有启也。”

【注释】

①衅（xìn）隙：仇怨，隔阂。

②偃武：停息武备。

③秣（mò）马潜戈：即厉兵秣马，磨戈喂马，喻做好战斗准备。

④赵、魏：指今河北地区。

⑤遐外：边远地区，蛮荒之地。

【译文】

武帝派人出使东魏吊唁高欢。侯景又上奏说："臣与高氏，仇怨已深，所以希望仰仗陛下的威望，期待有朝一日报仇雪耻；现在陛下又和高氏连和，让臣无地自处！请陛下答应臣日后为陛下和高氏作战，宣扬陛下的皇威。"武帝答复道："朕与公君臣大义已定，哪有成功则接纳，失败了就舍弃的道理？现在高氏遣使求和，朕也想停息武备，锐意文治。进退之间，国家自有规则和安排。你只要安享清福，不必过虑。"侯景又启奏说："臣如今积蓄粮草，招募士兵，厉兵秣马，指望很快就可以攻克赵、魏，只是不能师出无名，所以愿意以陛下为主。如今陛下弃臣于边远之地，南北朝恢复往来，恐怕微臣终究不免遭高氏毒手。"武帝再答复："朕为万乘之主，岂可因为小事而失信！想来公一定明白我的心意，不必再启奏了。"

　　景乃诈为邺中书，求以贞阳侯易景^①；上将许之。舍人傅岐曰："侯景以穷归义，弃之不祥；且百战之余，宁肯束手就絷^②？"谢举、朱异曰："景奔败之将，一使之力耳。"上从之，复书曰："贞阳旦至，侯景夕返。"景谓左右曰："我固知吴老公薄心肠！"王伟说景曰："今坐听亦死，举大事亦死，唯王图之！"于是始为反计，属城居民^③，悉召募为军士，辄停责市估及田租^④，百姓子女，悉以配将士。

【注释】

①贞阳侯：萧渊明，梁武帝之侄，叛梁投奔东魏。
②絷（zhí）：系绊马足，绊。

③属城：所属的城池。

④停责：停止征收。市估：商税。

【译文】

侯景于是假造了一封东魏的书信，要求用贞阳侯交换侯景。武帝不知有诈，想要答应。舍人傅岐说："侯景因为走投无路来归降，既然已经接纳了他，又如此舍弃他，似乎不对；况且侯景历经百战，怎么肯束手受擒？"谢举、朱异则说："侯景一介败军之将，不过派个使者就可以将他擒拿。"武帝觉得他们说得对，回信说："贞阳侯早上到，我们晚上就遣返侯景。"侯景对左右说："我就知道这老家伙心肠凉薄。"王伟劝道："如今奉命也是死，起兵造反失败了也不过一死，希望您考虑考虑！"于是开始谋划造反，将属下诸城居民全数招募为军士，不再征收商业税和田租，百姓子女都分配给将士。

侯景自至寿阳①，征求无已②，朝廷未尝拒绝。景请娶于王、谢③，上曰："王、谢门高非偶，可于朱、张以下访之④。"景恚曰⑤："会将吴儿女配奴！"又启求锦万匹为军人作袍⑥，中领军朱异议以青布给之。又以台所给仗多不能精⑦，启请东冶锻工⑧，欲更营造，敕并给之。

【注释】

①寿阳：今安徽寿县。

②已：停止。

③王、谢：南朝门第显赫的两大家族。

④朱、张：南朝高门，比王、谢门第稍低。

⑤恚（huì）：愤怒。

⑥锦：有彩色花纹的丝织品。

⑦台所给仗：中央政府机构提供的武器。

⑧东冶锻工：官府里专业的锻造工匠。东冶是朝廷专门从事冶炼的机构。

【译文】

侯景自到寿阳便需索众多，朝廷从不拒绝。侯景请求和王、谢联姻，武帝说："王、谢门第太高和你不大相称，可在朱、张以下寻找合适的人家。"侯景怒道："总有一天，要把吴地儿女配给奴隶。"又请求锦万匹为军人做袍子，中领军朱异提议换成青布给他。又嫌朝廷供应的武器不够精良，奏请东冶锻工重新制造。这些要求武帝都满足了他。

上既不用景言，与东魏和亲，是后景表疏稍稍悖慢①；又闻徐陵等使魏②，反谋益甚。元贞知景有异志③，累启还朝。景谓曰："河北事虽不果，江南何虑失之，何不小忍！"贞惧，逃归建康，具以事闻；上以贞为始兴内史④，亦不问景。

【注释】

①悖（bèi）慢：违逆不敬，悖理傲慢。

②徐陵：南朝梁陈间著名诗人。548年，奉命出使东魏。次年因为侯景之乱，被迫留在邺城。

③元贞：咸阳王元贞。

④始兴：今广东曲江县。内史：官名，地方上掌民政的官员。

【译文】

武帝没有采纳侯景的意见，和东魏保持友好关系，其后侯景上奏态度稍稍傲慢；又听说徐陵等人出使东魏，更加坚定了叛乱的心思。元贞知道侯景有反心，屡次上表请求还朝。侯景对他说："河北的事虽然没有成功，但区区江南怎么会担心搞不定，为什么不稍稍忍耐？"元贞恐惧，逃回建康，将侯景的事上奏，武帝用元贞为始兴内史，但并不责问侯景。

鄱阳王范密启景谋反。时上以边事专委朱异，动静皆关之，异以为必无此理。上报范曰："景孤危寄命，譬如婴儿仰人乳哺，以此事势，安能反乎！"范重陈之曰："不早剪扑①，祸及生民。"上曰："朝廷自有处分，不须汝深忧也。"范复请以合肥之众讨之，上不许。朱异谓范使曰："鄱阳王遂不许朝廷有一客！"自是范启，异不复为通②。

【注释】

①剪扑：剪除，扑灭。

②通：转达，通告。

【译文】

鄱阳王萧范密奏侯景谋反。当时武帝将边境事务交付朱异全权负责，一动一静都要通报，朱异以为绝无可能。于是武帝答复鄱阳王萧范说："侯景在孤立危难之际归附我朝，就像婴儿需要依靠人哺乳以生存，以此局势，侯景怎么可能造反呢？"鄱阳王萧范再次陈奏："侯景如果不早剪除，必将祸及百姓。"武帝答复："朝廷自有处分，你就不必多担心了。"鄱阳王萧范又请求自己率合肥军队去讨伐侯景，武帝不许。朱异对鄱阳王的使者说："鄱阳王就是不许朝廷有一个宾客。"自此之后，只要是鄱阳王萧范的启奏，朱异就不再呈报上去。

　　景邀羊鸦仁同反①，鸦仁执其使以闻。异曰："景数百叛房，何能为！"敕以使者付建康狱，俄解遣之。景益无所惮②，启上曰："若臣事是实，应罹国宪③；如蒙照察④，请戮鸦仁！"

　　上使朱异宣语答景使曰："譬如贫家，畜十客、五客，尚能得意；朕唯有一客，致有怨言，亦朕之失也。"益加赏赐锦彩钱布，信使相望。

【注释】

①羊鸦仁：当时的司州刺史。

②惮（dàn）：畏惧。

③罹（lí）国宪：遭到国家法律的制裁。

④照察：明察，清楚地知道。

【译文】

侯景邀羊鸦仁一起造反，羊鸦仁捉住他的来使上奏。

朱异说："侯景不过只有数百手下，能做什么！"下令将使者关入建康狱，不久就将使者释放。侯景更加肆无忌惮，上奏说："若臣谋反是实，应该被处死；如果陛下明察，知道臣无辜，那么请杀羊鸦仁。"

武帝派朱异宣示上谕答复侯景来使："譬如贫寒人家，养十客、五客，尚能如意；朕唯有一客，却导致有人出怨言，这也是朕的过失。"更多地赏赐锦彩钱布给侯景以示安慰，信使络绎不绝。

戊戌，景反于寿阳，以诛中领军朱异、少府卿徐驎、太子右卫率陆验、制局监周石珍为名①。异等皆以奸佞骄贪，蔽主弄权，为时人所疾，故景托以兴兵。

【注释】

①少府卿：官名，掌皇室所用的山河池泽之税。驎：音 lín。太子右卫率：官名，掌管太子侍卫。制局监：官名，负责皇禁卫兵力的部署及监督包括近侍禁卫武官在内的臣僚的行为。

【译文】

戊戌，侯景在寿阳造反，以诛杀中领军朱异、少府卿徐驎、太子右卫率陆验、制局监周石珍为名。朱异等人都是奸佞之徒，骄横贪污，蒙蔽君主，肆意弄权，为当时人痛恨，所以侯景以此为借口起兵。

己酉，景至慈湖。建康大骇，御街人更相劫掠，不复通行。赦东、西冶、尚方钱署及建康系囚①，以扬州刺史宣城王大器都督城内诸军事②，以羊侃为军师将军副之。南浦侯推守东府③，西丰公大春守石头④，轻车长史谢禧、始兴太守元贞守白下⑤，韦黯与右卫将军柳津等分守宫城诸门及朝堂。

【注释】

①东、西冶：朝廷冶炼的机构。尚方钱署：尚方为制造帝王所用器物的官署，指其中的钱署。系囚：关押的囚犯。

②宣城：今安徽宣城。

③东府：指南京东南的宰相府。

④石头：今江苏南京西。

⑤轻车长史：轻车将军府长史。白下：今江苏江宁西北。

【译文】

己酉，侯景到慈湖。建康大惊，御街上屡屡发生抢劫，官府禁断通行。赦东冶、西冶、尚方钱署的工人和建康监狱里的犯人，临时组织军队，以扬州刺史宣城人王大器都督城内诸军事，以羊侃为军师将军，辅佐王大器。南浦侯萧推守卫宰相府，西丰公萧大春守卫石头，轻车长史谢禧、始兴太守元贞守卫白下，韦黯与右卫将军柳津等分守宫城诸门和朝堂。

百姓闻景至，竟入城，公私混乱，无复次第，羊侃区分防拟①，皆以宗室间之。军人争入武库，自取器甲，所司不能禁，侃命斩数人，方止。是时，梁兴四十七年，境内无事，公卿在位及闾里士大夫罕见兵甲②，贼至猝迫，公私骇震。宿将已尽，后进少年并出在外，军旅指㧑③，一决于侃，侃胆力俱壮，太子深仗之。

【注释】

①区分防拟：布置城区的防御事务。

②闾里：民间。

③指㧑（huī）：即指挥。

【译文】

百姓听说侯景将到，竞相入城，朝廷和民间都非常混乱，完全没了秩序。羊侃分派防御，都要宗室一起参与商量。军人则争相进入武器库，自己擅自拿取武器盔甲，有关部门禁止不了，羊侃下令斩杀数人，才控制住局面。当时，梁朝建立四十七年，境内太平无事，朝中公卿及民间的士大夫都很少见到武器，侯景的军队一转眼就已兵临城下，事起仓促，公私震惊。当时有经验的将领大多已过世，后进少年可以作战的又大多领兵在外，军旅指挥，完全仰仗于羊侃，羊侃胆力俱壮，太子非常信重他。

辛亥，景至朱雀桁南①，太子以临贺王正德守宣阳门，东宫学士新野庾信守朱雀门②，帅宫中文武三千余人营桁北。太子命信开大桁以挫其锋③，正德曰:"百姓见开桁,必大惊骇。可且安物情。"太子从之。俄而景至,信帅众开桁,始除一舫,见景军皆著铁面,退隐于门。信方食甘蔗,有飞箭中门柱,信手甘蔗,应弦而落,遂弃军走。南塘游军沈子睦④,临贺王正德之党也,复闭桁渡景。太子使王质将精兵三千援信,至领军府,遇贼,未陈而走。正德帅众于张侯桥迎景,马上交揖,既入宣阳门,望阙而拜,歔欷流涕,随景渡淮。景军皆著青袍,正德军并著绛袍,碧里,既与景合,悉反其袍。景乘胜至阙下,城中恟惧,羊侃诈称得射书云:"邵陵王、西昌侯援兵已至近路⑤。"众乃少安。西丰公大春弃石头,奔京口;谢禧、元贞弃白下走;津主彭文粲等以石头城降景⑥,景遣其仪同三司于子悦守之。

【注释】

①朱雀桁(héng):朱雀桥。桁,浮桥。

②新野:今河南新野。

③开大桁:拆除浮桥。

④南塘游军:秦淮河南的军队。

⑤邵陵王:萧纶。西昌侯:萧渊藻。

⑥津主:负责要塞的长官。

【译文】

辛亥,侯景到了朱雀桥南,太子派临贺王萧正德守卫宣阳门,东宫学士新野庾信守朱雀门,带领宫中文武三千余人在浮桥北面扎营。太子命庾信拆掉浮桥以挫其锋芒，萧正德说："百姓见到浮桥断了，一定大为震惊。还是暂且让大家安心的好。"太子接受了这个建议。一会儿侯景到了，庾信带人断桥，才解开一艘浮船，就看见侯景军都戴着铁面，便马上退到门后。庾信正在吃甘蔗，有飞箭射中门柱，庾信手中的甘蔗应声而落，就丢下军队逃跑了。南塘游军将领沈子睦是萧正德的党羽，又修好了浮桥让侯景的军队通过。太子派王质带三千精兵支援庾信，才到领军府，遭遇叛军，连兵阵都未列就纷纷逃散。萧正德率众在张侯桥迎接侯景，马上交揖为礼，进入宣阳门，望着宫门跪拜，感叹流泪和侯景一起渡过秦淮。侯景军穿青袍，正德军穿绛袍，绿色里子，和侯景军会合以后，都把袍子反过来穿。侯景乘胜追到宫门，城中人震惊恐惧，羊侃假称得射书，说："邵陵王、西昌侯的援兵快到了。"众人才稍微镇定了些。西丰公萧大春放弃石头城，逃往京口；谢禧、元贞放弃白下逃走；津主彭文粲等以石头城投降了侯景，侯景派他的仪同三司于子悦镇守石头城。

　　壬子，景列兵绕台城^①，幡旗皆黑^②，射启于城中曰："朱异等蔑弄朝权，轻作威福，臣为所陷，欲加屠戮。陛下若诛朱异等，臣则敛辔北归。"上问太子："有是乎？"对曰："然。"上将诛之。太子曰："贼以异等为名耳；今日杀之，无救于急，适足贻笑将来^③，俟贼平，诛之未晚。"上乃止。

【注释】

①台城：即宫城。

②幡（fān）：旗帜。

③贻笑：见笑。

【译文】

壬子，侯景带兵包围台城，旗帜都是黑色的，他将奏章射入城中，写着："朱异等人弄权乱政，擅作威福，臣为他们陷害，所以想杀掉他们。如果陛下能够诛除朱异等人，臣就带兵北归。"武帝问太子："有这种事么？"太子答道："有的。"武帝想杀朱异等人。太子说："侯景不过是用朱异等人为借口而已；今日即使杀了他们，也无济于事，只不过将来被人笑话罢了，等叛乱平定以后再杀也不晚。"武帝于是作罢。

景绕城既匝①，百道俱攻，鸣鼓吹唇，喧声震地，纵火烧大司马、东、西华诸门。羊侃使凿门上为窍，下水沃火②；太子自捧银鞍，往赏战士；直阁将军朱思帅战士数人逾城出外洒水③，久之方灭。贼又以长柯斧斫东掖门④，门将开，羊侃凿扇为孔，以槊刺杀二人⑤，斫者乃退。景据公车府⑥，正德据左卫府⑦，景党宋子仙据东宫，范桃棒据同泰寺。景取东宫妓数百，分给军士。东宫近城，景众登其墙射城内。至夜，景于东宫置酒奏乐，太子遣人焚之，台殿及所聚图书皆尽。景又烧乘黄厩、士林馆、太府寺⑧。

【注释】

①匝（zā）：环绕一周。

②沃火：用水浇灭火。

③逾城：翻墙出城。

④长柯斧：长柄斧子。斫：砍。

⑤槊（shuò）：长杆矛。

⑥公车府：掌管宫门的官署。

⑦左卫府：负责守卫皇宫的左卫部队官署。

⑧乘黄厩：官署名。东汉太仆寺有未央厩，三国魏改乘黄厩，掌皇室车马及驾驭之法。士林馆：延集文士谈论学问的处所。在南京城西，梁武帝设立。太府寺：宫廷仓库。

【译文】

侯景的军队形成合围之势以后，百道俱攻，鸣鼓吹唇，喧声震天，纵火烧大司马门、东华门、西华门。羊侃派人在门上凿洞，灌水以救火；太子亲自捧着银鞍，赏给有功的将士；直阁将军朱思率战士数人翻墙出城洒水，过了很久才将大火扑灭。叛军又用长柄斧砍东掖门，门将被打开之际，羊侃在门扇上凿孔，用长矛刺杀二人，击退了砍门的人。侯景占据公车府，萧正德占据左卫府，侯景同党宋子仙占据东宫，范桃棒占据同泰寺。侯景取东宫乐妓数百人，分赏给军士。东宫离台城较近，侯景等众人登上东宫的墙向城内射箭。夜间，侯景在东宫置酒奏乐，太子派人纵火，东宫建筑和所聚图书都化为灰烬。侯景又烧了乘黄厩、士林馆、太府寺。

景初至建康，谓朝夕可拔，号令严整，士卒不敢侵暴①。及屡攻不克，人心离沮。景恐援兵四集，一旦溃去；又食石头常平诸仓既尽②，军中乏食；乃纵士卒掠夺民米及金帛子女。是后米一升至七八万钱，人相食，饿死者什五六。

【注释】

①侵暴：侵犯骚扰。

②石头常平诸仓：石头城中政府官仓。

【译文】

侯景初到建康，以为可以很快攻克，所以号令严整，士卒不敢侵夺强取。等到屡攻不克，士气离散沮丧。侯景怕四方援兵一旦到来，自己的军队就会溃散；加上石头城常平等仓库中的粮食也已经吃光，军中缺粮；于是就放纵士卒掠夺百姓的粮食、金帛、子女。其时米一升值七八万钱，人相食，建康人饿死什之五六。

乙丑，景于城东、西起土山，驱迫士民，不限贵贱，乱加殴捶①，疲羸者因杀以填山②，号哭动地。民不敢窜匿③，并出从之，旬日间，众至数万。城中亦筑土山以应之。

【注释】

①殴捶：殴打。

②羸（léi）：身体瘦弱。

③窜匿：逃跑和躲藏。

【译文】

乙丑，侯景在城东、西堆起土山，驱赶士民，不分贵贱，胡乱加以殴打，疲劳瘦弱的被杀死以填山，哭声动地。百姓不敢躲藏逃跑，都只得出来听命。十来天的时间里，找到了数万人。城里也亦筑土山以防御。

景募人奴降者，悉免为良①；得朱异奴，以为仪同三司，异家赀产悉与之。奴乘良马，衣锦袍，于城下仰诟异曰②："汝五十年仕宦，方得中领军③；我始事侯王，已为仪同矣④！"于是三日之中，群奴出就景者以千数，景皆厚抚以配军⑤，人人感恩，为之致死。

【注释】

①免为良：免除奴籍，恢复其平民的身份。

②诟（gòu）：骂。

③中领军：魏晋时改称领军将军，均统率禁军。南朝沿设，北朝略同。与护军将军或中护军同掌中央军队，为重要军事长官之一。

④仪同：魏晋以后，将军之开府置官属者称"开府仪同三司"。

⑤厚抚以配军：优待并将他们分配到军队中。

【译文】

侯景招募奴仆，一旦投军，立刻免除奴籍，恢复其平民的身份；找到朱异的奴仆，任命他为仪同三司，将朱异的资产全部赏赐给他。此人乘良马，穿着锦袍，在城下仰头大骂朱异："你做了五十年官，才做到中领军；我才跟随侯王，已经是仪同了。"于是三天之内，奴仆出城投奔侯景的数以千计，侯景都厚待他们，将他们分别派到军中，这些人都感念侯景的恩德，愿意为他效死。

俄而景遣王伟入文德殿奉谒①，上命褰帘开户引伟入②，伟拜呈景启，称："为奸佞所蔽，领众入朝，惊动圣躬，今诣阙待罪③。"上问："景何在？可召来。"景入见于太极东堂，以甲士五百人自卫。景稽颡殿下④，典仪引就三公榻⑤。上神色不变，问曰："卿在军中日久，无乃为劳！"景不敢仰视，汗流被面。又曰："卿何州人，而敢至此，妻子犹在北邪？"景皆不能对。任约从旁代对曰："臣景妻子皆为高氏所屠，唯以一身归陛下。"上又问："初渡江有几人？"景曰："千人。""围台城几人？"曰："十万。""今有几人？"曰："率土之内，莫非己有。"上俯首不言。

【注释】
①奉谒（yè）：拜见。
②褰（qiān）帘开户：打开门，掀起帘子。
③诣阙待罪：到宫门请罪。
④稽颡（sǎng）：古代一种跪拜礼，屈膝下拜，以额

触地，表示极度的虔诚。

⑤典仪：引导官员依照礼仪行事的官员。三公榻：三
公的座位。

【译文】

城破以后，不久侯景派王伟入文德殿谒见，武帝命人打开帘子引王伟进入，王伟拜呈侯景书启，自称："为奸佞蒙蔽，领兵入朝，惊动圣躬，如今在宫门请罪。"武帝问："侯景在哪里？可召他来。"侯景在太极殿东堂入见，带了五百甲士自卫。侯景在殿下叩首，典仪引他入座三公榻。武帝神色不变，问："你在军中日久，辛苦！"侯景不敢仰视，汗流满面。又问："你是哪里人？你敢到此地来，妻子还在北方么？"侯景都不能对答。任约在旁边代答道："臣景妻子都为高氏所屠，仅以一身归于陛下。"武帝又问："最早渡江有多少人？"侯景答："千人。""围台城有多少人？"侯景答："十万。""如今呢？"侯景答："率土之内，尽属己有。"武帝低头不言。

景复至永福省见太子，太子亦无惧容。侍卫皆惊散，唯中庶子徐摛、通事舍人陈郡殷不害侧侍①。摛谓景曰："侯王当以礼见，何得如此！"景乃拜。太子与言，又不能对。

【注释】

①中庶子：东宫属官。摛：音 chī。通事舍人：东宫官员，掌管传达令旨、内外启奏。陈郡：今河南项城。

侯景再到永福省见太子，太子也无惧怕之色。侍卫都已惊散，只有中庶子徐摛、通事舍人陈郡人殷不害在一旁侍奉。徐摛对侯景说："侯王当以礼入见太子，怎能如此？"侯景才跪拜。太子和他说话，又不能对答。

景退，谓其厢公王僧贵曰①："吾常跨鞍对陈，矢刃交下，而意气安缓，了无怖心。今见萧公，使人自慑②，岂非天威难犯？吾不可以再见之。"于是悉撤两宫侍卫，纵兵掠乘舆、服御、宫人皆尽。收朝士、王侯送永福省，使王伟守武德殿，于子悦屯太极东堂。矫诏大赦，自加大都督中外诸军、录尚书事。

【注释】

①厢公：侯景对其亲信封加的官号。

②自慑：慑服，从内心觉得畏惧。

【译文】

侯景退出后，对厢公王僧贵说："我平时在战场上，跨鞍对阵，刀剑齐下也能意气安详，从来没有觉得害怕过。今天见到萧公，却从内心里觉得惶恐惊惧，难道是天威难犯吗？我不可以再见他了。"于是将两宫侍卫全部撤除，放纵士兵将车马、服饰、宫人抢掠一空。收捕朝士、王侯送到永福省，派王伟守卫武德殿，于子悦驻扎在太极东堂。假传圣旨大赦天下，自加头衔大都督中外诸军、录尚书事。

建康士民逃难四出。

上虽外为侯景所制，而内甚不平。景欲以宋子仙为司空①，上曰："调和阴阳，安用此物！"景又请以其党二人为便殿主帅②，上不许。景不能强，心甚惮之。太子入，泣谏，上曰："谁令汝来！若社稷有灵，犹当克复；如其不然，何事流涕！"景使其军士入直省中，或驱驴马，带弓刀，出入宫庭，上怪而问之，直阁将军周石珍对曰："侯丞相甲士。"上大怒，叱石珍曰："是侯景，何谓丞相！"左右皆惧。是后上所求多不遂志，饮膳亦为所裁节，忧愤成疾。太子以幼子大圜属湘东王绎，并剪爪发以寄之。五月，丙辰，上卧净居殿，口苦，索蜜不得，再曰："荷！荷！"遂殂③。年八十六。景秘不发丧，迁殡于昭阳殿，迎太子于永福省，使如常入朝。王伟、陈庆皆侍太子，太子呜咽流涕，不敢泄声，殿外文武皆莫之知。

【注释】

①司空：负责最高国务的长官。

②便殿主帅：正殿以外的别殿主帅，负责宫廷警卫。

③殂（cú）：死亡。

【译文】

建康士民四处逃难。

武帝虽然行动被侯景所控制，而内心不平。侯景想让宋子仙做司空，武帝说："这是调和阴阳的职位，怎么可以用这样的东西！"侯景又请求用他手下二人为便殿主帅，武帝不答应。侯景不能逼迫他答应，心里很是忌惮。太子入见武帝，哭着劝谏武帝不要这样强硬。武帝说："谁让你来的？若社稷有灵，还应当复国；如其不然，流泪又有什么用呢？"侯景派军士入直省中，有人驱驴马，带弓刀，出入宫廷，武帝觉得奇怪，问是什么人，直阁将军周石珍答说："是侯丞相的甲士。"武帝大怒，叱责道："侯景就是侯景，哪来的丞相？"左右都很害怕。因此后来武帝有所需索多不如愿，饮食也多为侯景裁减，武帝忧愤成疾。太子将幼子大圜嘱托给湘东王萧绎，并剪下指甲头发寄给他。五月丙辰，武帝睡在净居殿，口苦，要蜜而不得，连说："荷！荷！"就此去世，终年八十六。侯景秘不发丧，将灵柩停于昭阳殿，将太子从永福省迎入，使如常入朝。王伟、陈庆都跟在太子身边，太子流泪，不敢出声，殿外文武官员没有知道武帝死讯的。

高祖之末，建康士民服食、器用，争尚豪华，粮无半年之储，常资四方委输①。自景作乱，道路断绝，数月之间，人至相食，犹不免饿死，存者百无一二。贵戚、豪族皆自出采稆②，填委沟壑③，不可胜纪。

【注释】
①委输：转运。
②稆（lǚ）：野生的禾。

③填委沟壑：指人倒毙在水沟山谷中。

【译文】

梁武帝后期，建康士民服食器用，竞相崇尚豪华，家中大多没有超过半年的存粮，常依靠四方的转运。从侯景叛乱起，交通断绝，数月之间，建康到了人相食的地步，很多人还是免不了饿死，活下来的人一百人中也未必有一二人。贵戚、豪族都自己出去找吃的，倒毙在水沟和山谷中的不计其数。

陈纪

杨坚篡周

北周宣帝宇文赟统治严苛，当时作为杨皇后父亲的杨坚在朝中有很高的威望和势力，宣帝很忌惮他，曾经想杀掉杨坚以除后患。579年，宣帝驾崩，年幼的儿子即位为静帝，同时宣帝将后事托付给他的宠臣刘昉、颜之仪。刘昉和郑译等大臣认为主少国疑，杨坚又有如许声望，所以转投杨坚，支持他在改朝换代之际夺取政权。

当时的局面是北周宗室并无掌握实权的人物，重臣如小御正刘昉、内史郑译、御饰大夫柳裘、内史大夫韦謩、御正下士皇甫绩等人都倾向于杨坚，朝中一批杰出的人才如李德林、高颎等也都选择站在杨坚一边，维护周皇室的只有御正中大夫颜之仪。在革退颜之仪，用禁军震慑百官以及矫诏自任为左丞相，节制所有政治军事事务以后，朝中的权力已经牢牢控制在杨坚手中。

杨坚掌握实权之后，马上废除宣帝时期的暴政，颁布法令，改行宽大之政，又躬行节俭，努力营造良好的个人形象。到了这个时候，杨坚已经准备好了一切，改周为隋不过是个仪式而已。

周杨后性柔婉^①，不妒忌，四皇后及嫔、御等^②，咸爱而仰之。天元昏暴滋甚^③，喜怒乖度^④，尝谴后，欲加之罪。后进止详闲，辞色不挠^⑤，天元大怒，遂赐后死，逼令引诀^⑥，后母独孤氏诣阁陈谢^⑦，叩头流血，然后得免。

【注释】

①周杨后：北周宣帝宇文赟的正室杨皇后，杨坚之女。

②四皇后：周宣帝立五位皇后，除了杨后外，还有朱氏、陈氏、元氏、尉迟氏。

③天元：即周宣帝，称天元皇帝。滋甚：更加厉害。

④乖度：背离常理。

⑤不挠（náo）：不屈。

⑥引诀：自杀。

⑦独孤氏：杨坚之妻，杨皇后母亲。诣（yì）阁陈谢：到皇宫请罪。诣，前往。

【译文】

北周宣帝的杨后性情柔婉，不妒忌。四皇后和后宫嫔御都敬爱和尊重她。宣帝日益昏暴，喜怒无常，曾经责备杨后，想治她的罪。杨后态度安详，辞色不屈，宣帝大怒，就赐杨后死，逼着她自裁。杨后的母亲独孤氏到皇帝面前请罪自责，叩头流血，杨后才得以幸免。

后父大前疑坚^①，位望隆重，天元忌之，尝因忿谓后曰："必族灭尔家！"因召坚，谓左右曰："色动，即杀之。"坚至，神色自若，乃止。内史上大夫郑译②，与坚少同学，奇坚相表，倾心相结。坚既为帝所忌，情不自安，尝在永巷③，私于译曰："久愿出藩④，公所悉也，愿少留意！"译曰："以公德望，天下归心。欲求多福，岂敢忘也！谨即言之。"

【注释】

①大前疑：古官名。四辅之一。坚：杨坚，隋朝的开国君主。

②内史上大夫：北周官名，相当于统治者的辅佐。郑译：仕北周，官内史上大夫，参决朝政。与杨坚为同学，辅佐其代周建隋。

③永巷：后宫。

④出藩：出任地方长官。

【译文】

杨后的父亲大前疑杨坚，地位高贵，声望显赫，宣帝猜忌他，曾经在发怒时对杨后说："我一定将你家灭族！"于是召见杨坚，对左右说："要是他神色变了，就马上杀了他。"杨坚到了之后，神色自若，宣帝才暂时放过他。内史上大夫郑译与杨坚是少时同学，认为杨坚仪表堂堂，是了不起的人物，所以倾心与他结交。杨坚遭到宣帝猜忌，内心不安，有次在永巷悄悄地对郑译说："我一直想要出任外官，你也是知道的，请多为我留意。"郑译说："以你的德望可以令天下归心。我还想为将来求多福，怎么敢忘记你的事呢？我会找机会为你进言的。"

天元将遣译入寇^①，译请元帅。天元曰："卿意如何？"对曰："若定江东，自非懿戚重臣^②，无以镇抚。可令随公行，且为寿阳总管以督军事。"天元从之。己丑，以坚为扬州总管，使译发兵会寿阳。将行，会坚暴有足疾^③，不果行。

【注释】

①入寇：南征陈朝。

②懿戚：皇亲国戚。

③暴：突然。

【译文】

宣帝准备派郑译南征，郑译请宣帝任命元帅。宣帝问："你认为谁比较合适？"郑译答道："要想南征成功，没有皇亲重臣，是无法镇抚军队的。可让随公出行，同时任命他为寿阳总管以掌管军事。"宣帝答应了。己丑，以杨坚为扬州总管，派郑译发兵南征。快出行的时候，杨坚突然患上了脚病，未能成行。

甲午夜，天元备法驾，幸天兴宫。乙未，不豫而还。小御正博陵刘昉^①，素以狡谄得幸于天元^②，与御正中大夫颜之仪并见亲信^③。天元召昉、之仪入卧内，欲属以后事^④，天元喑^⑤，不复能言。昉见静帝幼冲^⑥，以杨坚后父，有重名，遂与领内史郑译、御饰大夫柳裘、内史大夫杜陵韦謩、御正下士朝那皇甫绩谋引坚辅政^⑦。坚固辞，不敢当。昉曰：

"公若为，速为之；不为，昉自为也。"坚乃从之，
称受诏居中侍疾。

【注释】

①小御正：官名。北周所置。博陵：今河北安平。刘
　昉（fǎng）：和郑译一起都是杨坚代周的重要帮手。

②狡诣：狡猾，善于奉承。

③御正中大夫：官名。北周所置。

④属：同"嘱"，嘱托。

⑤喑（yīn）：哑，不能说话。

⑥静帝：宇文阐，宣帝之子，其时八岁。

⑦领内史：即内史上大夫。御饰大夫：掌管皇宫首饰
　的官员。内史大夫：官名，北周置。杜陵：今陕西
　西安东南。蕃：音mó。御正下士：官名。北周所
　置。朝那：今甘肃平凉西北。

【译文】

甲午夜，宣帝备好车马往天兴宫。乙未，宣帝身体不
适回宫。小御正博陵人刘昉一向以狡猾善阿谀得到宣帝的
宠信，他和御正中大夫颜之仪都为宣帝亲近和信任。宣帝
召刘昉、颜之仪二人入寝殿，想吩咐后事，当时宣帝嗓子
哑了已经不能说话。刘昉见静帝年幼，而杨坚是皇后之父，
极有名望，于是和领内史郑译、御饰大夫柳裘、内史大夫
杜陵韦蕃、御正下士朝那人皇甫绩商量以杨坚辅政。杨坚
执意辞让，不敢奉命。刘昉说："您要是可以出任辅政，请
立刻接受任命；如果不接受，我就自己出任此职。"杨坚这

才答应了，对外宣称是奉宣帝诏居宫中侍候宣帝的疾病。

是日，帝殂①，秘不发丧。昉、译矫诏以坚总知中外兵马事。颜之仪知非帝旨，拒而不从。昉等草诏署讫②，逼之仪连署③，之仪厉声曰："主上升遐④，嗣子冲幼，阿衡之任⑤，宜在宗英。方今赵王最长，以亲以德，合膺重寄⑥。公等备受朝恩，当思尽忠报国，奈何一旦欲以神器假人⑦！之仪有死而已，不能诬罔先帝。"昉等知不可屈，乃代之仪署而行之。诸卫既受敕⑧，并受坚节度⑨。

【注释】

①殂（cú）：去世。

②讫：完毕，结束。

③连署：共同署名。

④升遐：帝王去世的婉称。

⑤阿衡：指国家辅弼之任，宰相之职。

⑥膺（yīng）：承当，接受。

⑦神器：比喻皇权。

⑧诸卫：各禁卫军。

⑨节度：节制，指挥。

【译文】

当天宣帝驾崩，秘不发丧。刘昉、郑译假传圣旨，任命杨坚总管中外兵马事。颜之仪知道并非宣帝本意，拒绝奉命。刘昉等人草拟好诏书，各自署名，逼颜之仪共同签署，颜之仪厉声说："主上驾崩，嗣子年幼，辅政的大任应该由宗室中有能力的人承担，如今赵王年纪最长，无论是和皇室的亲近程度或是德行，都应该承担重任。你们备受朝恩，就当思尽忠报国，怎么能够就这样把国家权力交给别人！之仪宁可一死，也不能诬罔先帝。"刘昉等人知道他不会屈服，就代替他签署了名字，然后颁行诏书。诸卫接受敕令，都听从杨坚指挥。

坚恐诸王在外作乱，以千金公主将适突厥为辞[1]，征赵、陈、越、代、滕五王入朝[2]。坚索符玺，颜之仪正色曰："此天子之物，自有主者，宰相何故索之！"坚大怒，命引出，将杀之；以其民望，出为西边郡守。

【注释】

① 千金公主：北周宣帝的弟弟赵王宇文招的女儿。适：嫁。

② 赵、陈、越、代、滕五王：赵王宇文招、陈王宇文纯、越王宇文盛、代王宇文达、滕王宇文逌。

【译文】

杨坚担心宗室诸王在外生变，就借着千金公主将要嫁到突厥为借口，征召赵、陈、越、代、滕五王入朝。杨坚索要符印和玉玺，颜之仪正色道："符玺是天子之物，自然有人掌管，宰相为什么索要？"杨坚大怒，命人将颜之仪拉出去，本来想杀他；考虑他很有民望，所以派他到西边去做郡守。

丁未，发丧。静帝入居天台。罢正阳宫①。大赦，停洛阳宫作。庚戌，尊阿史那太后为太皇太后，李太后为太帝太后，杨后为皇太后，朱后为帝太后，其陈后、元后、尉迟后并为尼。以汉王赞为上柱国、右大丞相，尊以虚名，实无所综理。以杨坚为假黄钺、左大丞相，秦王贽为上柱国。百官总己以听于左丞相②。

【注释】

①正阳宫：静帝原来居住的宫殿，天台是宣帝住的宫殿。

②总己：全部，总体。

【译文】

丁未发丧。静帝入居天台。罢正阳宫。大赦天下，停止洛阳宫的修造工程。庚戌，尊阿史那太后为太皇太后，李太后为太帝太后，杨后为皇太后，朱后为帝太后，陈后、元后、尉迟后出家为尼。以汉王宇文赞为上柱国、右大丞相，外示尊崇，并不参与实际政务。以杨坚为假黄钺、左大丞相，秦王宇文贽为上柱国。百官都由左丞相节制管理。

坚初受顾命①，使邗国公杨惠谓御正下大夫李德林曰②："朝廷赐令总文武事，经国任重。今欲与公共事，必不得辞。"德林曰："愿以死奉公。"坚大喜。始，刘昉、郑译议以坚为大冢宰③，译自摄大司马④，昉又求小冢宰⑤。坚私问德林曰："欲何以见处？"德林曰："宜作大丞相、假黄钺、都督中外

诸军事，不尔，无以压众心。"及发丧，即依此行
之。以正阳宫为丞相府。

【注释】

①顾命：帝王临终前遗命。

②李德林：隋初名臣。

③大冢宰：周官名。为六卿之首，亦称太宰。

④大司马：官名，南北朝以大将军、大司马为二大。

⑤小冢宰：北周官名。

【译文】

杨坚在接受宣帝临终之命的最初，就派邘国公杨惠对
御正下大夫李德林说："朝廷赐令总管文武事宜，身负重
任，想和您共事，请不要推辞。"李德林说："愿以死侍奉
杨公。"杨坚大喜。最初刘昉、郑译商量，想以杨坚为大冢
宰，郑译自任大司马，刘昉又求小冢宰一职。杨坚私下问
李德林："你认为我应该如何处理？"李德林说："应当做大
丞相、假黄钺、都督中外诸军事，否则无以慑服众心。"为
宣帝发丧之后，杨坚立即依此行事。将正阳宫改为丞相府。

时众情未壹，坚引司武上士卢贲置左右①。将之
东宫，百官皆不知所从。坚潜令贲部伍仗卫②，因召
公卿，谓曰："欲求富贵者宜相随。"往往偶语③，欲
有去就④。贲严兵而至，众莫敢动。出崇阳门，至
东宫，门者拒不纳，贲谕之，不去；瞋目叱之⑤，
门者遂却，坚入。贲遂典丞相府宿卫⑥。以郑译为

丞相府长史，刘昉为司马，李德林为府属，二人由是怨德林。

【注释】

①司武上士：北周武官名。贲：音 bēn。

②部伍仗卫：带领手持武器的侍卫。

③偶语：相聚议论或窃窃私语。

④去就：取舍。

⑤瞋（chēn）目：睁大眼睛。叱（chì）：大声责骂。

⑥典：掌管。

【译文】

当时朝中群情不一，杨坚任用司武上士卢贲随侍左右。杨坚将往东宫，百官都不知道应不应该跟随他。杨坚暗中让卢贲安排好全副武装的禁卫，然后召集公卿，对他们说："想要求富贵的请跟随我。"一时百官窃窃私语，犹豫着想要离开。这时卢贲带着全副武装的禁卫进入，百官就没有敢动的。杨坚和百官出崇阳门，到东宫，门卫阻挡不让他们进入，卢贲告诉他们有关情况，门卫仍然不让开。卢贲瞪大眼睛呵斥，门卫害怕退却，杨坚进入东宫。于是卢贲掌管丞相府宿卫。杨坚以郑译为丞相府长史，刘昉为司马，李德林为府属，郑、刘二人因此怨恨李德林。

内史下大夫勃海高颎明敏有器局①，习兵事，多计略，坚欲引之入府，遣杨惠谕意。颎承旨，欣然曰："愿受驱驰②。纵令公事不成，颎亦不辞灭族。"乃以为相府司录③。

【注释】

①高颎（jiǒng）：隋代名相，杨坚最信任和器重的宰相。

②驱驰：比喻奔走效力。

③相府司录：丞相府属官。

【译文】

内史下大夫勃海高颎明敏有度量，熟习兵事，多谋略，杨坚想引为己用，派杨惠向高颎转达此意。高颎欣然接受说："愿受丞相驱驰。即使令公大事不成，高颎遭到灭族之祸也在所不辞。"于是杨坚任命他为相府司录。

时汉王赞居禁中，每与静帝同帐而坐①。刘昉饰美姬进赞，赞甚悦之。昉因说赞曰："大王，先帝之弟，时望所归。孺子幼冲②，岂堪大事！今先帝初崩，人情尚扰。王且归第，待事宁后，入为天子，此万全计也。"赞年少，性识庸下，以为信然③，遂从之。

【注释】

①静帝：《通鉴》误记，应当为"杨坚"，当时杨坚为左丞相，汉王为右丞相。

②孺子：幼儿，儿童。幼冲：年幼。

③信然：信以为真。

【译文】

当时汉王宇文赞住在宫中，每每与杨坚同帐而坐。刘昉进献美妓给汉王宇文赞，宇文赞很高兴。刘昉趁机对宇文赞说："大王是先帝之弟，众望所归。当今天子年幼，岂能担当大事？如今先帝初崩，人情纷扰，汉王不如暂时归第，等到局势稳定以后，再回来登基称帝，这才是万全之策。"汉王宇文赞年轻，见识平庸，觉得刘昉的话很有道理，就听从了他的意见。

坚革宣帝苛酷之政，更为宽大，删略旧律，作《刑书要制》，奏而行之；躬履节俭①，中外悦之。

【注释】

①躬履：亲身奉行。

【译文】

杨坚废除宣帝的严酷统治，改行宽大之政，删改原有法律，作《刑书要制》，上奏以后颁行；自己躬行节俭，朝野内外都很敬服他。

隋纪

杨广夺嫡

隋文帝即位之初，立长子杨勇为太子，其余诸子分别封王。起初相安无事，随着时间的推移，皇帝、太子和晋王杨广之间的关系发生了变化。

原本文帝很信任太子，太子也已经开始参与日常政务的处理。但是太子为人直率，文帝崇尚节俭，独孤皇后则痛恨男人有内宠，正好杨勇喜爱奢华，又冷淡太子妃，专宠云昭训，于是太子渐渐失去了父母的宠爱。

与此同时，文帝次子晋王杨广曾经率兵平陈，又长镇江南，无论是从军功或者人望来看，都已经相当出色。晋王在长安的时候，尽全力讨父母的欢心，一切都投其所好，于是成为文帝夫妇的宠儿。

晋王任用心腹宇文述、张衡等人，决定通过文帝最信任的大臣杨素来实施夺嫡计划。宇文述和杨素的弟弟杨约交好，于是就由宇文述出面，假装输钱给他，在赠送了大量财物之后，宇文述向杨约说明真相。并且动之以利，提出一旦废立成功，杨素就成了将来朝廷的领袖人物，可以长保富贵。杨素接受了这样的条件。

杨素先和皇后达成了默契，里应外合，废立的第一件事就是侦查太子的过错并且加以宣扬。然后等到太子种种失德传得沸沸扬扬的时候，杨素开始在文帝面前无中生有地大讲太子的坏话，此时的太子行动开始受到严密监视，身边的亲信也多被调离或者买通，完全陷入孤立之中。杨素等人接着找到太子曾经的心腹出首告发。

最后，文帝回到长安之后，群臣告发太子的罪行，主要是怨望、图谋不轨，文帝派杨素等人审讯此案。到这个时候，文帝已经对太子完全失望，也已经决定废立，审讯结果不过是个形式而已。虽然杨素深文周纳，锻炼成狱，结果还是找不到什么切实的证据证明太子谋逆。但是终归还是要废立，太子及其儿女被废黜为庶人，晋王杨广成为储君。

时太子勇失爱于上[①]，潜有废立之志[②]，从容谓颍曰[③]："有神告晋王妃，言王必有天下，若之何？"颍长跪曰[④]："长幼有序，其可废乎！"上默然而止。独孤后知颍不可夺[⑤]，阴欲去之。

【注释】

①太子勇：杨勇，隋文帝杨坚长子，起初被立为太子，后被废。

②潜：暗中。

③从容：不慌不忙。颍：音 jiǒng。

④长跪：直身而跪。古时席地而坐，两膝据地，以臀部置于足跟。跪则伸直腰股，以示庄敬。

⑤夺：夺志，改变想法。

【译文】

　　当时太子杨勇不得隋文帝杨坚的欢心，文帝暗中有废立的想法，闲时对宰相高颍说："有神告晋王杨广的王妃，说晋王必定拥有天下，你觉得如何？"高颍长跪，说："长幼有序，太子位居嫡长，怎么可以废黜呢！"文帝默然。独孤皇后知道高颍不会改变主意，暗中想要除掉他。

　　会上令选东宫卫士以入上台[①]，颍奏称："若尽取强者，恐东宫宿卫太劣。"上作色曰[②]："我有时出入，宿卫须得勇毅。太子毓德东宫[③]，左右何须壮士！此极弊法。如我意者，恒于交番之日[④]，分向东宫，上下团伍不别，岂非佳事！我熟见前代，

杨广夺嫡

公不须仍踵旧风⑤。"颎子表仁，娶太子女，故上以此言防之。

【注释】

①上台：指三公、宰辅出入的大殿。

②作色：脸上变色。指神情变严肃或发怒。

③毓（yù）德：修养德性。

④交番：轮流值班。

⑤踵（zhǒng）：跟随，继续。

【译文】

正值文帝下令选东宫卫士以入上台，高颎奏称："如果把其中出色的全部挑出来，恐怕东宫宿卫就太弱了。"文帝变了脸色说："我时常出入，宿卫需要选择勇毅之士。太子在东宫修养德性，左右要什么勇士！这项制度很不好。要是按照我的意思，就应该在侍卫轮值的时候，每次都分出一部分到东宫，不必专门分派，这岂不是很好的事！我熟悉前代故事，你就不用遵行旧风尚了。"高颎的儿子高表仁娶了太子之女，因此文帝故意这么说来防范他。

颎夫人卒，独孤后言于上曰："高仆射老矣，而丧夫人，陛下何能不为之娶！"上以后言告颎。颎流涕谢曰："臣今已老，退朝，唯斋居读佛经而已。虽陛下垂哀之深，至于纳室，非臣所愿。"上乃止。既而颎爱妾生男，上闻之，极喜，后甚不悦。上问其故，后曰："陛下尚复信高颎邪？始，陛下欲为颎娶，颎心存爱妾，面欺陛下。今其诈已见，安得信之？"上由是疏颎。

【译文】

高颎夫人去世，独孤后对文帝说："高仆射老了，夫人去世，陛下怎么能不为他另娶！"文帝把皇后的话告诉了高颎。高颎流着眼泪辞谢，说："臣如今已老，退朝以后，不过斋戒读佛经而已。虽然陛下垂怜老臣至深，但再娶实非臣所愿。"文帝也就算了。不久高颎爱妾生了儿子，文帝听说以后，极其喜悦，皇后却很不高兴。文帝询问原因，皇后说："陛下还会再信任高颎吗？原先陛下想为他再娶，高颎明明心存爱妾，却捏造理由当面欺骗陛下。如今他骗人的手段都已经暴露了，您怎么还能信任他？"文帝从此疏远了高颎。

初，上使太子杨勇参决军国政事，时有损益，上皆纳之。勇性宽厚，率意任情①，无矫饰之行。上性节俭，勇尝文饰蜀铠②，上见而不悦，戒之曰："自古帝王未有好奢侈而能久长者。汝为储后③，当以俭约为先，乃能奉承宗庙。吾昔日衣服，各留一物，时复观之以自警戒。恐汝以今日皇太子之心忘昔时之事，故赐汝以我旧所带刀一枚，并菹酱一合④，汝昔作上士时常所食也⑤。若存记前事，应知我心。"

【注释】

①率意：直率，按照本意。任情：任意，恣意。

②铠（kǎi）：铠甲。

③储后：储君。

④菹（zū）酱：酱菜。

⑤上士：军衔，军士的最高一级。

【译文】

　　起先，文帝派太子杨勇参预决策军国政事，太子经常会提出意见，有所兴革，文帝都能接纳。太子杨勇生性宽厚，行事直率任性，不会弄虚作假。文帝为人节俭，杨勇曾经装饰自己来自蜀地的精美铠甲，文帝看见了很不高兴，告诫他说："自古没有好奢侈还能享国长久的帝王。你既然是储君，就应当以俭约为先，这样才能继承宗庙。我以前的衣服，都各留了一样，不时地拿出来看看，以警戒自己。我怕你因为如今做了皇太子而忘记了以往的事，所以把我以前所带的一枚刀，还有一盒酱菜给你，酱菜是你昔日做上士时经常食用的。如果你还记得以前的事，就应该了解我的心意。"

　　后遇冬至，百官皆诣勇，勇张乐受贺①。上知之，问朝臣曰："近闻至日内外百官相帅朝东宫，此何礼也？"太常少卿辛亶对曰②："于东宫，乃贺也，不得言朝。"上曰："贺者正可三数十人，随情各去，何乃有司征召③，一时普集！太子法服设乐以待之④，可乎？"因下诏曰："礼有等差，君臣不杂。皇太子虽居上嗣⑤，义兼臣子，而诸方岳牧正冬朝贺⑥，任土作贡⑦，别上东宫；事非典则，宜悉停断！"自是恩宠始衰，渐生猜阻。

【注释】

①张乐：奏乐。

②亶：音dǎn。

③何乃：何故，为何。

④法服：古代根据礼法规定的不同等级的服饰，指正式的礼服。

⑤上嗣：君主的嫡长子。后指太子。

⑥岳牧：泛称封疆大吏。

⑦任土作贡：依据土地的具体情况，制定贡赋的品种和数量。

【译文】

后遇冬至的时候，百官都到东宫谒见杨勇，杨勇让人奏乐，接受百官的庆贺。文帝知道了，问朝臣说："最近听说冬至那天内外百官朝见太子，这算是什么礼节？"太常少卿辛亶答道："百官见东宫是祝贺，不能说是朝见。"文帝说："庆贺冬至，那应该数十人，随意地去，为什么这次却是有司征召，百官同时汇集东宫？太子穿着礼服，奏乐以待，这样是应该的么？"于是下诏说："礼节有不同，所以君臣分定不会混杂。皇太子虽然位居储君，但同时也是臣下，百官冬至朝贺进献贡物，而另外拜见太子，不符合制度，应当就此停止！"自此文帝对太子的宠爱渐衰，也逐渐对他起了猜忌之意。

勇多内宠，昭训云氏尤幸①。其妃元氏无宠，遇心疾②，二日而薨，独孤后意有他故，甚责望勇。自是云昭训专内政，生长宁王俨、平原王裕、安成王筠；高良娣生安平王嶷、襄城王恪③；王良媛生高阳王该、建安王韶；成姬生颍川王煚④；后宫生孝实、孝范。后弥不平，颇遣人伺察，求勇过恶。

晋王广知之⑤，弥自矫饰，唯与萧妃居处，后庭有子皆不育⑥，后由是数称广贤。大臣用事者，广皆倾心与交。上及后每遣左右至广所，无贵贱，广必与萧妃迎门接引，为设美馔⑦，申以厚礼；婢仆往来者，无不称其仁孝。上与后尝幸其第，广悉屏匿美姬于别室⑧，唯留老丑者，衣以缦彩⑨，给事左右；屏帐改用缣素⑩；故绝乐器之弦，不令拂去尘埃。上见之，以为不好声色，还宫，以语侍臣，意甚喜。侍臣皆称庆，由是爱之特异诸子。

【注释】

①昭训：皇太子侧室的名号，下文良娣、良媛也是。

②心疾：劳思、忧愤等引起的疾病。春秋秦医和所谓六疾之一。也指心脏病。

③嶷：音 yí。

④煚：音 jiǒng。

⑤晋王广：杨广，隋文帝杨坚次子，即隋炀帝，历史

上著名的暴君。

⑥不育：不养育。

⑦馔（zhuàn）：食物。

⑧屏匿：隐藏。

⑨缦（màn）彩：无花纹的丝织品。

⑩缣（jiān）素：双丝织成的细绢。

【译文】

太子杨勇有很多内宠，尤其宠幸昭训云氏。太子妃元氏不受宠爱，心疾发作，两天后就去世了。独孤皇后怀疑另有原因，责备杨勇。自此以后，云昭训主理东宫内政，生长宁王杨俨、平原王杨裕、安成王杨筠；高良娣生安平王杨嶷、襄城王杨恪；王良媛生高阳王杨该、建安王杨韶；成姬生颍川王杨煚；后宫生杨孝实、杨孝范。皇后更加不高兴，派了不少人侦察东宫，寻找杨勇的过错。

晋王杨广，知道了这些，更加矫饰行为，只和王妃萧氏住在一起，侧室生了孩子也都不养育。皇后因此屡次称道杨广贤德。凡是大臣中握有实权的，杨广都与他们倾心结交。文帝和独孤皇后每次派手下到杨广的住处，来往的婢女仆人无论贵贱，杨广必定和萧妃一起到门口迎接，准备丰盛的饮食，赠送厚礼。凡是去见过杨广的婢仆，无不称赞他的仁孝。文帝和皇后曾经临幸他的府第，杨广将美姬全都藏到别的房间，屋中只留下老丑的侍女，穿着朴素的衣服，侍奉左右；屏帐改用简单的缣素，故意将乐器的弦弄断，不让打扫上面的尘土。文帝见了，认为他不好声色，回宫以后转告侍臣，表现得非常欣喜。侍臣都向文帝庆贺，从此文帝对杨广的疼爱远远超过了其他儿子。

上密令善相者来和遍视诸子，对曰："晋王眉上双骨隆起，贵不可言。"上又问上仪同三司韦鼎："我诸儿谁得嗣位？"对曰："至尊、皇后所最爱者当与之，非臣敢预知也。"上笑曰："卿不肯显言邪①？"

【注释】

①显言：明白说出。

【译文】

文帝私下让善看相的来和为所有皇子看相，来和说："晋王杨广眉上双骨隆起，贵不可言。"文帝又问上仪同三司韦鼎："我诸多儿子中谁可以继承皇位？"韦鼎答道："陛下和皇后最喜爱谁，就应该叫谁继承，这不是臣下能够预知的。"文帝笑着说："你不肯明说么？"

晋王广美姿仪，性敏慧，沉深严重；好学，善属文①；敬接朝士，礼极卑屈；由是声名籍甚②，冠于诸王。

【注释】

①属文：撰写文章。

②籍（jí）：声名盛大。

【译文】

晋王杨广仪表出众，生性聪慧，为人深沉持重。好学，善于写文章；和朝士来往时礼节极其周到，因此声名盛大，在诸王中最好。

广为扬州总管，入朝，将还镇，入宫辞后，伏地流涕，后亦泫然泣下①。广曰："臣性识愚下，常守平生昆弟之意②，不知何罪失爱东宫，恒蓄成怒，欲加屠陷。每恐谗谮生于投杼③，鸩毒遇于杯勺④，是用勤忧积念，惧履危亡。"后忿然曰："睍地伐渐不可耐⑤，我为之娶元氏女，竟不以夫妇礼待之。专宠阿云，使有如许豚犬⑥。前新妇遇毒而夭⑦，我亦不能穷治⑧，何故复于汝发如此意？我在尚尔，我死后，当鱼肉汝乎⑨！每思东宫竟无正嫡，至尊千秋万岁之后，遣汝等兄弟向阿云儿前再拜问讯，此是几许苦痛邪！"广又拜，呜咽不能止，后亦悲不自胜。自是后决意欲废勇立广矣。

【注释】

①泫（xuàn）然：流泪貌。亦指流泪。

②昆弟：兄弟。

③谗谮（zèn）生于投杼（zhù）：春秋时，有个和曾参同名的人杀了人，有人告诉曾参的母亲，说曾参杀了人。起初曾母不信，但第三人来告诉她的时候，她扔下手里织布的梭子就逃走了。用来比喻流言可畏或诬枉之祸。典出《战国策·秦策二》。谮，恶言中伤。杼，梭子。

④鸩（zhèn）：传说中的一种毒鸟，把它的羽毛放在酒里，可以毒杀人。

⑤睍（xiàn）地伐：太子杨勇的小名。

⑥豚（tún）犬：蔑称不成器的儿子。

⑦新妇：称儿媳。

⑧穷治：追究。

⑨鱼肉：侵害，摧残。

【译文】

杨广任扬州总管，入朝，即将还镇扬州，入宫辞别皇后的时候，伏地流泪，皇后也流泪。杨广说："臣性情愚笨，但一直安守兄弟之意，不知犯了什么过错失爱于东宫，常常含着怒气，想要陷害我。每每担心他在母后面前说我坏话，也担心会在杯勺中对我下毒，因此一直都不停地忧虑，害怕遇到危险。"皇后愤怒地说："睍地伐越来越让人受不了了，我为他娶了元氏女，他竟不以夫妇之礼相待，专宠阿云，生了这许多不成器的孩子。前些日子太子妃被毒而死，我一时也不能追究，怎么又对你生出这样歹毒的念头？我在他都敢这样，我死后，一定会把你们当做鱼肉来宰割！每次想起东宫竟没有嫡长子，陛下千秋万岁之后，要让你们兄弟在阿云的儿子前行礼问安，真是太痛苦了！"杨广再拜，呜咽不能停止，皇后也非常伤心。自此皇后决定要废黜太子杨勇改立杨广。

广与安州总管宇文述素善①，欲述近己，奏为寿州刺史。广尤亲任总管司马张衡②，衡为广画夺宗之策③。广问计于述，述曰："皇太子失爱已久，令德不闻于天下。大王仁孝著称，才能盖世，数经将领，频有大功；主上之与内宫，咸所钟爱，四海之望，实归大王。然废立者国家大事，处人父子骨肉之间，诚未易谋也。然能移主上意者，唯杨素耳④，素所与谋者唯其弟约。述雅知约，请朝京师，与约相见，共图之。"广大悦，多赍金宝⑤，资述入关。

【注释】

①安州：治所在今湖北安陆。总管：武官名。隋代至唐代初在各州设总管，边镇和大州设大总管，为地方军政长官。宇文述：鲜卑族，隋朝名将。

②总管司马：总管属官。张衡：杨广心腹。

③画：计划，谋划。

④杨素：隋朝著名将相。在文帝废立太子事件中，杨素是举足轻重的人物。

⑤赍（jī）：携带。

【译文】

杨广和安州总管宇文述向来交好，想要他为自己所用，奏请任命他为寿州刺史。杨广尤其信任总管司马张衡，张衡为杨广谋划了夺嫡之策。杨广向宇文述问计，宇文述说："皇太子失宠已久，天下人也没听说他有什么好的德行和名声。而大王则以仁孝著称，才能盖世，数度领兵出征，不断建有大功，受到陛下和皇后的一致钟爱。天下人的希望都归于大王。但是废立太子是国家大事，这关系到父子骨肉之间，实在不是一件容易谋划的事。但是如今能让陛下改变主意的，只有杨素一个人，能够和杨素谈论大事的又只有其弟杨约。我和杨约一向交往密切，请大王让我到京师朝见时，与杨约相见，共同图谋此事。"杨广大喜，让宇文述携带了许多金宝入朝。

　　约时为大理少卿①，素凡有所为，皆先筹于约而后行之②。述请约，盛陈器玩，与之酣畅，因而共博③，每阳不胜④，所赍金宝尽输之约。约所得既多，稍以谢述。述因曰："此晋王之赐，令述与公为欢乐耳。"约大惊曰："何为尔？"述因通广意，说之曰⑤："夫守正履道，固人臣之常致；反经合义⑥，亦达者之令图⑦。自古贤人君子，莫不与时消息以避祸患⑧。公之兄弟，功名盖世，当途用事有年矣，朝臣为足下家所屈辱者，可胜数哉！又，储后以所欲不行，每切齿于执政⑨；公虽自结于人主，而欲危公者固亦多矣！主上一旦弃群臣⑩，公亦何以取庇！今皇太子失爱于皇后，主上素有废黜之心，此公所知也。今若请立晋王，在贤兄之口耳。诚能因此时建大功，王必永铭骨髓，斯则去累卵之危⑪，成太山之安也⑫。"约然之，因以白素。素闻之，大喜，抚掌曰："吾之智思，殊不及此，赖汝启予。"约知其计行，复谓素曰："今皇后之言，上无不用，宜因机会早自结托，则长保荣禄，传祚子孙⑬。兄若迟疑，一旦有变，令太子用事，恐祸至无日矣！"

素从之。

【注释】

①大理少卿：掌刑法的官员。

②筹：想办法，定计划。

③博：古代的一种棋戏，后来泛指赌博。

④阳：佯装，假装。

⑤说之：劝说他。

⑥反经合义：虽违背常道，但仍合于义理。

⑦令图：善谋，远大的谋略。

⑧与时消息：指事物无常，随时间的推移而兴盛衰亡。

⑨执政：宰相。

⑩弃群臣：指皇帝去世。

⑪累卵之危：像垒起来的鸡蛋那样危险的局面。

⑫太山：即泰山。

⑬传祚（zuò）：流传后世。

【译文】

　　杨约当时任大理少卿，杨素凡有所为，都会先和他商量妥当之后再去施行。宇文述邀请杨约，把器玩全都摆了出来，和他畅饮，然后对赌，宇文述经常假装不胜，将所携带的金宝全都输给了杨约。杨约所得既多，于是向宇文述表示感谢。宇文述就对他说："这些都是晋王之赐，晋王吩咐我陪您高兴高兴罢了。"杨约大惊说："他想做什么？"宇文述借此机会将杨广的意思告诉了他，劝说他道："遵循正道，固然是人臣的常理；但另一方面，即使违背常道，却仍合于义理，也不失为通达者远大的谋略。自古贤人君子，无不根据事物的变化而变化，以期趋避祸患。足下兄弟，功名盖世，执政当权已经很久了，足下家所得罪的朝臣数不胜数！而且，太子因为所求经常遇阻，每每切齿痛恨执政；您虽然跟随陛下，但是那些想要扳倒你们的臣子实在也不少啊！陛下一旦离世，您又想从哪里求得庇佑呢？如今皇太子失宠于皇后，陛下一直有废黜之心，这些都是您知道的事。现在请立晋王，不过是令兄一句话的事罢了。要是能够在这个时候立下大功，晋王必定永远铭记在心，这样的话对足下兄弟而言，也就去掉了如累卵一样的危难，成就此后稳固如泰山的权势。"杨约觉得他说得有理，就转告了杨素。杨素听到后大喜，拍手道："我的智慧还想不到此处，幸亏有你启发了我。"杨约知道计划可行了，又对杨素说："当今皇后所说的话，陛下无不听从，应当找机会早早跟皇后接近，事成之后才可以长保荣禄，传给子孙后世。兄长如果迟疑，一旦局势有变，陛下让太子掌权，恐怕大祸就要来了。"杨素听从了他的话。

后数日，素入侍宴，微称"晋王孝悌恭俭①，有类至尊"。用此揣后意②。后泣曰："公言是也！吾儿大孝爱，每闻至尊及我遣内使到，必迎于境首；言及违离，未尝不泣。又其新妇亦大可怜，我使婢去，常与之同寝共食。岂若睍地伐与阿云对坐，终日酣宴，昵近小人，疑阻骨肉！我所以益怜阿𬴂者③，常恐其潜杀之。"素既知后意，因盛言太子不才。后遂遗素金，使赞上废立。

①悌（tì）：敬爱兄长。这里泛指敬重长上。

②揣：试探。

③阿𪟝：晋王杨广的小名。

【译文】

之后过了数日，杨素入宫侍宴，稍稍提起"晋王孝悌恭俭，很像陛下"。用这些话试探皇后的心意。皇后流泪说："您说得是。我儿非常孝顺仁爱，每次听说陛下和我派内使去了，必定到边境上出迎；说到离开我们，没有不哭泣的。而且晋王妃也很可爱，我派侍女去，王妃经常与之同寝共食。怎么像𪟝地伐和阿云对坐，终日设宴酣饮，亲近小人，猜忌骨肉？我现在对他更加怜惜，常担心太子会暗中杀掉阿𪟝。"杨素了解了皇后的心意，就开始极力说太子不好。皇后于是送给杨素财物，让他支持文帝废立。

勇颇知其谋，忧惧，计无所出，使新丰人王辅贤造诸厌胜①；又于后园作庶人村，室屋卑陋，勇时于中寝息，布衣草褥，冀以当之。上知勇不自安，在仁寿宫，使杨素观勇所为。素至东宫，偃息未入②，勇束带待之，素故久不进，以激怒勇；勇衔之③，形于言色。素还言："勇怨望，恐有他变，愿深防察！"上闻素谮毁，甚疑之。后又遣人伺觇东宫④，纤介事皆闻奏⑤，因加诬饰以成其罪。

【注释】

①厌（yā）胜：也作"压胜"，指以迷信的方法如符咒等，镇服或驱避可能出现的灾祸，或致灾祸于人。

②偃息：止息，停止。

③衔之：怀恨在心。

④伺觇（chān）：暗中窥视守候。

⑤纤介：细微。

【译文】

太子杨勇也了解他们的谋划，很担心害怕，不知应该如何是好，就派新丰人王辅贤施用厌胜的方法；又在后园建造庶人村，屋宇简陋，杨勇常在其中休息，布衣草褥，希望用这样的办法避祸。文帝知道了杨勇内心的不安，在仁寿宫派杨素侦察杨勇的所作所为。杨素到了东宫门口，就停下来不进去，杨勇衣冠整齐地等着，杨素故意很久都不进去，以激怒杨勇；杨勇果然怀恨在心，并且表现在言语和神色上。杨素回去禀报文帝："太子杨勇怨望，恐怕还会有别的变故，愿陛下小心探察和防范。"文帝听到杨素说的坏话，更怀疑太子。后来又派人暗中查看东宫，所有细微的小事都向皇帝奏报，夸大捏造，以罗织其罪。

上遂疏忌勇，乃于玄武门达至德门量置候人①，以伺动静，皆随事奏闻。又，东宫宿卫之人，侍官以上②，名籍悉令属诸卫府，有勇健者咸屏去之③。出左卫率苏孝慈为淅州刺史④，勇愈不悦。太史令袁充言于上曰⑤："臣观天文，皇太子当废。"上曰：

"玄象久见，群臣不敢言耳。"

【注释】

①玄武门：皇宫正北门。至德门：皇宫东北门。量置：
　　酌量安置。候人：斥候，军中侦伺敌情者。

②侍官：在宫廷中轮番宿卫的军士。

③屏去：退除，除却。

④左卫率：统带东宫侍卫的武职官员。淅州：今河南
　　淅川。

⑤太史令：官名，掌管起草文书，记载史事，天文历
　　法、祭祀等。

【译文】

文帝于是疏远怀疑杨勇，在玄武门到至德门之间设置
候人，以侦伺太子动静，随时奏闻。另外，东宫宿卫中侍
官以上的人员，名籍都要报到诸卫府，其中勇健的全都调
走。又将左卫率苏孝慈调出为淅州刺史，太子杨勇更加不
高兴。太史令袁充上奏文帝说："臣观天文，皇太子当废。"
文帝说："天象早就已经出现了，群臣不敢明言而已。"

晋王广又令督王府军事姑臧段达私赂东宫幸臣
姬威①，令伺太子动静，密告杨素；于是内外喧谤②，
过失日闻。段达因胁姬威曰："东宫过失，主上皆
知之矣。已奉密诏，定当废立；君能告之，则大富
贵！"威许诺，即上书告之。

【注释】

①督王府军事：掌管王府军事的官员。姑臧：今甘肃武威。

②喧谤：大声指责。

【译文】

晋王杨广又让督王府军事姑臧人段达私下贿赂东宫宠臣姬威，要她察看太子动静，密告杨素；于是朝野内外诽谤声四起。段达要挟姬威说："东宫的过失，陛下全都知道了。已经有了密诏，定当废立；如果你能告发太子，一定可以获取大富贵。"姬威答应了，立即上书告发了太子。

秋，九月，壬子，上至自仁寿宫。翌日，御大兴殿，谓侍臣曰："我新还京师，应开怀欢乐；不知何意翻邑然愁苦①！"吏部尚书牛弘对曰②："臣等不称职，故至尊忧劳。"上既数闻谮毁，疑朝臣悉知之，故于众中发问，冀闻太子之过。弘对既失旨，上因作色，谓东宫官属曰："仁寿宫此去不远，而令我每还京师，严备仗卫，如入敌国。我为下利③，不解衣卧。昨夜欲近厕，故在后房恐有警急，还移就前殿，岂非尔辈欲坏我家国邪？"于是执太子左庶子唐令则等数人付所司讯鞫④；命杨素陈东宫事状以告近臣。

【注释】

①邑然：忧闷不安的样子。

②吏部尚书：吏部长官。掌官员升迁、任免。

③下利：同"下痢"。

④太子左庶子：东宫属官。讯鞫（jū）：同"讯鞫"，

　审讯。

【译文】

　　秋季，九月壬子，文帝自仁寿宫出发到了长安。第二天，驾临大兴殿，对侍臣说："我刚刚回到京师，应当开怀欢乐；但不知怎么反而忧闷愁苦。"吏部尚书牛弘答道："臣等不称职，所以导致陛下忧劳。"文帝已经听到很多诬陷太子的话，疑心朝臣也都知道了，故而在群臣中发问，希望能够听到有关太子的过失。牛弘的应对不合文帝的心意，文帝变了脸色，对东宫官属说："仁寿宫离此不远，而令我每次回京师，都要侍卫谨严，如入敌国。我因为得了痢疾，不解衣休息。昨夜想要入厕，担心在后房会有警急，还是移到了前殿，这难道不是你们这些人想要败坏我们的家国么？"于是捉拿太子左庶子唐令则等数人交付所司审讯；命杨素陈述东宫事状以告近臣。

　　素乃显言之曰："臣奉敕向京，令皇太子检校刘居士余党①。太子奉诏，作色奋厉②，骨肉飞腾③，语臣云：'居士党尽伏法，遣我何处穷讨！尔作右仆射，委寄不轻，自检校之，何关我事！'又云：'昔大事不遂，我先被诛，今作天子，竟乃令我不如诸弟，一事以上，不得自遂！'因长叹回视云：'我大觉身妨④。'"上曰："此儿不堪承嗣久矣，皇后

恒劝我废之。我以布衣时所生，地复居长，望其渐改，隐忍至今。勇尝指皇后侍儿谓人曰：'是皆我物。'此言几许异事！其妇初亡，我深疑其遇毒，尝责之，勇即怼曰⑤：'会杀元孝矩⑥。'此欲害我而迁怒耳。长宁初生⑦，朕与皇后共抱养之，自怀彼此，连遣来索。且云定兴女，在外私合而生，想此由来，何必是其体胤⑧！昔晋太子取屠家女，其儿即好屠割。今俒非类，便乱宗祐⑨。我虽德惭尧、舜，终不以万姓付不肖子！我恒畏其加害，如防大敌；今欲废之以安天下！"

【注释】

①检校：调查。刘居士：上柱国彭公刘昶之子刘居士，在东宫掌管皇太子宿卫，为七品官。刘居士不守朝廷法度，屡次犯罪，文帝由于刘昶的缘故，每次都宽宥了他。于是刘居士有恃无恐，党羽有三百人，他们无故殴打路人，侵夺财物，为非作歹，甚至于连公卿大臣、后妃公主也都不敢和他们计较。后来有人上告说刘居士图谋不轨，文帝下令将刘居士斩首，很多公卿子弟受到牵连而被除名为民。

②作色奋厉：神情凌厉凶狠。

③骨肉飞腾：形容太子暴跳如雷、激动愤怒的样子。

④妨：妨碍，受限。

⑤怼（duì）：怨恨。

⑥元孝矩：隋臣，太子妃元氏父亲。

⑦长宁：太子勇的长子长宁王俨，云昭训所出。

⑧体胤：亲生的后代。

⑨宗祏（shí）：宗庙中藏神主的石室。亦借指宗庙、宗祠。

【译文】

杨素于是明确地说："臣奉敕来京，令皇太子追查刘居士余党。太子奉诏之后，神色凌厉，非常愤怒地对臣说：'刘居士党羽已经全都伏法，让我还去哪里追讨？你作为右仆射，身负重任，自己应该去追查此事，与我有什么相干！'又说：'当年陛下以隋代周，如果大事不遂，我就会先被杀，如今做天子，竟然令我的处境还不如诸弟，每件事都不能自己做主。'又长叹回顾说：'我实在是觉得自身处处受到限制。'"文帝说："此儿不能胜任太子之位已经很久了，皇后也一直劝我废黜他。我念着他是我布衣时所生，又居嫡长，希望他渐渐改过，所以才隐忍至今。杨勇曾经指着皇后侍儿对人说：'这些将来都是我的。'这句话很奇怪。其妇刚去世时，我很怀疑是被他毒死的，曾经责备过他，杨勇就怨恨地说：'早晚我要杀掉元孝矩。'这明明是想要害我而迁怒的。长宁王刚生下的时候，朕与皇后一起抱养他，他自己心里分别彼此，连连派人来要回去。何况此子是他和云定兴之女在外私合而生的，这样的出身想来未必是真正的皇室血脉。昔日晋太子娶了屠家女，其儿就爱好屠割。倘若长宁王并非太子后代，便是混乱宗室。我虽然没有尧、舜那样的德行，但终究不会将百姓交付给不肖子。我一直以来怕他加害，如防大敌；如今想废黜太子以安天下。"

左卫大将军五原公元旻谏曰^①："废立大事，诏旨若行，后悔无及。谗言罔极^②，惟陛下察之。"

【注释】

①左卫大将军：禁军大将军之一。旻：音 mín。

②罔极：无穷尽。

【译文】

左卫大将军五原公元旻劝谏说："废立大事，诏旨一旦颁布，后悔就来不及了。谗言无穷尽，陛下一定要明察秋毫。"

上不应，命姬威悉陈太子罪恶。威对曰："太子由来与臣语，唯意在骄奢，且云：'若有谏者，正当斩之，不杀百许人，自然永息。'营起台殿，四时不辍^①。前苏孝慈解左卫率，太子奋髯扬肘曰^②：'大丈夫会当有一日，终不忘之，决当快意。'又宫内所需，尚书多执法不与，辄怒曰：'仆射以下，吾会戮一二人，使知慢我之祸。'每云：'至尊恶我多侧庶，高纬、陈叔宝岂孽子乎^③？'尝令师姥卜吉凶^④，语臣云：'至尊忌在十八年，此期促矣^⑤。'"上泫然曰："谁非父母生，乃至于此！朕近览《齐书》，见高欢纵其儿子，不胜忿愤，安可效尤邪！"于是禁勇及诸子，部分收其党与。杨素舞文巧诋^⑥，锻炼以成其狱⑦。

【注释】

①辍（chuò）：停止。

②奋髯：抖动胡须。激愤或激昂貌。扬肘：挥舞手臂。

③高纬、陈叔宝：分别为北齐、陈朝的亡国之君。孽子：庶出之子。

④师姥：巫婆。

⑤促：快到了，逼近。

⑥舞文巧诋（dǐ）：罗织罪名，蓄意毁谤。

⑦锻炼：罗织罪状，陷人于罪。

【译文】

文帝不听，让姬威陈述太子的所有罪恶。姬威说："太子从来和臣所说的话，都是相当骄奢的。他说：'如有劝谏者，就应当处死，不必等到杀百来人，进谏的自然都不敢出现了。'营建台殿，一年四季不停止。之前苏孝慈从左卫率解任，太子抖动胡须，挥舞手臂，很激愤地说：'大丈夫总会有一天扬眉吐气，总不会忘记今日之事，到时候就可以顺着我的心意了。'又宫内所需的东西，尚书大多遵守法度不肯给，太子就发怒说：'仆射以下，我早晚杀一二人，让他们知道轻慢我的坏处。'经常说：'陛下讨厌我多内宠和庶子，可是像高纬、陈叔宝这些亡国之君又何尝不是嫡子！'曾经让巫婆为他占卜吉凶，对我说：'陛下忌在十八年，日子就快到了。'"文帝流泪说："谁不是父母所生的，竟做出这样的事来！朕最近看《齐书》，见高欢放纵其子，觉得不胜愤怒，这样的事怎么能效仿呀！"于是软禁杨勇及诸子，收捕其部分党羽。杨素罗织罪名，蓄意毁谤，以兴起大狱。

居数日，有司承素意，奏元旻常曲事于勇①，情存附托，在仁寿宫，勇使所亲裴弘以书与旻，题云："勿令人见。"上曰："朕在仁寿宫，有纤介事，东宫必知，疾于驿马，怪之甚久，岂非此徒邪！"遣武士执旻于仗。右卫大将军元胄时当下直②，不去，因奏曰："臣向不下直者，为防元旻耳。"上以旻及裴弘付狱。

【注释】

①曲事：曲意奉事。

②右卫大将军：禁军大将之一。下直：在宫中当直结束，下班。

【译文】

过了几天，有司承杨素意旨，奏元旻曲意奉事杨勇，有依附之意，在仁寿宫，杨勇派亲信裴弘送信给元旻，上题："勿令人见。"文帝说："朕在仁寿宫，有任何小事，东宫必定知道，比驿马传报的还要快，我已经长久都觉得奇怪了，难道不是这些家伙做的吗？"派武士从仪仗中捉拿元旻。右卫大将军元胄当时应当下班了，却不肯离去，于是上奏说："臣向来不下直就是为了防范元旻。"文帝将元旻和裴弘下狱。

先是，勇见老枯槐，问："此堪何用？"或对曰："古槐尤宜取火。"时卫士皆佩火燧①，勇命工造数千枚，欲以分赐左右；至是，获于库。又药藏局贮艾数斛②，索得之，大以为怪，以问姬威，威曰："太子此意别有所在，至尊在仁寿宫，太子常饲马千匹，云：'径往守城门，自然饿死。'"素以威言诘勇，勇不服，曰："窃闻公家马数万匹，勇忝备太子③，马千匹，乃是反乎！"素又发东宫服玩，似加瑂饰者④，悉陈之于庭，以示文武群官，为太子之罪。上及皇后迭遣使责问勇，勇不服。

【注释】

①火燧（suì）：引火之物。

②艾：草本植物，叶子有香气，可做药，点着后烟能熏蚊蝇，还可制艾绒，是灸法治病的燃料。斛（hú）：古量器名，也是容量单位，十斗为一斛。

③忝（tiǎn）：羞辱，愧对，表示愧于进行某事。

④瑂（diāo）：治玉，引申为雕刻、刻镂。或指用彩绘装饰。

【译文】

先前杨勇见老枯槐，问："这能做什么用？"有人说："古槐最适宜取火。"当时卫士都随身带着火燧，杨勇让工匠造数千枚，想要分赐左右；此时在东宫的库房里找到了。又药藏局储藏了数斛艾，找到之后觉得非常奇怪，就问姬威，姬威说："太子别有用意，陛下在仁寿宫，太子常养马千匹，说：'只守着城门，自然饿死。'"杨素用姬威的话质问杨勇，杨勇不服，说："我也听说过公家马数万匹，杨勇不才，身为太子，养马千匹就是谋反吗？"杨素又找出东宫服饰玩器，加以彩绘装饰的全部陈列于庭，以示文武群官，就以此为太子之罪。文帝和皇后多次派人责问杨素，杨勇不服。

冬，十月，乙丑，上使人召勇，勇见使者，惊曰："得无杀我邪[1]？"上戎服陈兵，御武德殿，集百官立于东面，诸亲立于西面，引勇及诸子列于殿庭，命内史侍郎薛道衡宣诏[2]，废勇及其男、女为王、公主者，并为庶人。勇再拜言曰："臣当伏尸都市[3]，为将来鉴戒；幸蒙哀怜，得全性命！"言毕，泣下流襟，既而舞蹈而去，左右莫不闵默[4]。长宁王俨上表乞宿卫，辞情哀切；上览之闵然[5]。杨素进曰："伏望圣心同于螫手[6]，不宜复留意。"

【注释】

①得无：也作"得毋"、"得微"，能不，岂不是。

②内史侍郎：即内史省长官的副职。薛道衡：著名诗人，历仕北齐、北周、隋。

③伏尸都市：在法场上被处死。

④闵默：忧郁不语。

⑤闵然：忧伤貌。

⑥螫（shì）手：比喻为了顾全大局而忍痛牺牲局部。

【译文】

冬季，十月乙丑，文帝派人召杨勇，杨勇看到使者，惊道：“不是来杀我的吧？”文帝穿着军服，带来禁军，亲自到武德殿，召集百官立于东面，宗室立于西面，引杨勇及其子女列于殿庭，命内史侍郎薛道衡宣诏，废杨勇，及其为王、为公主的儿女们，一律贬为庶人。杨勇再拜说：“臣本当被处死，以当作将来的鉴戒；幸而蒙陛下哀怜，我才得以保全性命。”说完，泪下衣襟，过了片刻，拜舞而去，左右都很难过。长宁王杨俨上表请求留京担任宿卫，言辞哀伤恳切。文帝看了很伤心。杨素进言：“希望圣心能够顾全大局，不应该再留意这些小事情了。”

己巳，诏：“元旻、唐令则及太子家令邹文腾、左卫率司马夏侯福、典膳监元淹、前吏部侍郎萧子宝、前主玺下士何竦并处斩①，妻妾子孙皆没官。车骑将军榆林阎毗、东郡公崔君绰、游骑尉沈福宝、瀛州术士章仇太翼②，特免死，各杖一百，身及妻子、资财、田宅皆没官。副将作大匠高龙叉、率更令晋文建、通直散骑侍郎元衡皆处尽③。”于是集群官于广阳门外，宣诏戮之。乃移勇于内史省，给五品料食。赐杨素物三千段，元胄、杨约并千段，赏鞫勇之功也。

【注释】

①太子家令：管理东官事务的属官。竦：音 sǒng。

②榆林：今内蒙古托克托县。游骑尉：武职散官。

③副将作大匠：将作大匠的副手，掌营造。率（lǜ）更令：官名，为太子属官，唐时掌宫殿门户、赏罚之事，以及皇族次序、刑法事。

【译文】

己巳下诏："元旻、唐令则及太子家令邹文腾、左卫率司马夏侯福、典膳监元淹、前吏部侍郎萧子宝、前主玺下士何竦一起处斩，妻妾子孙没官。车骑将军榆林人阎毗、东郡公崔君绰、游骑尉沈福宝、瀛州术士章仇太翼，特免死，各杖一百，自身和妻子、资财、田宅都没官。副将作大匠高龙叉、率更令晋文建、通直散骑侍郎元衡皆处其罪使自尽。"于是召集群官于广阳门外，宣诏然后行刑。将杨勇移到内史省，供给五品食料。赐杨素物三千段，元胄、杨约并千段，赏赐审讯杨勇的功劳。

十一月，戊子，立晋王杨广为皇太子。

【译文】

十一月戊子，文帝立晋王杨广为皇太子。

帝囚故太子勇于东宫，付太子广掌之。勇自以废非其罪，频请见上申冤，而广遏之不得闻。勇于是升树大叫，声闻帝所，冀得引见。杨素因言勇情志昏乱，为癫鬼所著①，不可复收。帝以为然，卒不得见。

【注释】

①癫鬼：使人癫狂的鬼祟。

【译文】

　　文帝将前太子杨勇囚禁在东宫，交由太子杨广管制。杨勇自己认为无罪被无辜地废黜了，所以屡次请见文帝申冤，杨广加以阻止，使文帝听不到这些事。杨勇于是爬到树上大叫，声音传到文帝所在的地方，希望得以进见。杨素趁势说杨勇心志昏乱，就像被癫鬼附体一样，无药可救。文帝信以为真，杨勇终于还是不得见文帝。

唐纪

玄武门之变

　　唐朝的建立和平定天下依靠了李渊父子的同心协力，进行得非常顺利。但是短短几年时间，因为继承问题，皇室内部就起了极大的冲突。冲突的一方是太子李建成和齐王李元吉，另一方则是立下赫赫战功的秦王李世民。他们各自拥有自己的官属和军事力量，暗中招兵买马，笼络人心。随着天下局势的稳定，到武德六七年以后，双方的关系势成水火，越来越紧张。

　　从《通鉴》的记载来看，高祖李渊的态度经常会在两边摇摆，由于太子一方争取到了后宫的支持，所以随着时间的推移，李渊越来越倾向于太子。在数度暗算失败以后，李建成、李元吉分散秦王的属下，削夺他的兵权，准备寻找时机除掉秦王。

　　秦王李世民的态度则一直暧昧不明，他和对手一样，也在暗中扩大自身实力，甚至收买对方心腹手下，可是表面的态度始终容忍退让。在对方的步步紧逼和秦府忠心下属的一再劝谏之下，公元 626 年 6 月，秦王发动兵变，一举除掉了太子李建成和齐王李元吉，事情发生在皇宫北面的玄武门，所以被后世称为"玄武门之变"。

　　事变的结果是李世民大获全胜，很快掌握了政权。

　　司马光在最后的评论中指出，从太原起兵开始，李世民是李唐皇室真正的缔造者，所以在唐高祖立长的时候就埋下了祸根。换言之，这也是李世民为发动政变辩护的最主要的理论依据。事实上，这也是唐代修史以来一贯的思路，但是这一观点近年来遭到部分史家的质疑，考虑到贞观以后对于史书的修正，关于如何评价秦王和太子甚至是李渊在唐朝建立过程中的作用还需要进一步的分析。

初，齐王元吉劝太子建成除秦王世民①，曰："当为兄手刃之！"世民从上幸元吉第，元吉伏护军宇文宝于寝内②，欲刺世民；建成性颇仁厚，遽止之。元吉愠曰③："为兄计耳，于我何有！"

【注释】

①齐王元吉劝太子建成除秦王世民：唐高祖李渊有四子，长子建成，次子世民，三子早逝，四子元吉。建成被立为太子，和齐王元吉关系友善。

②护军：唐初秦王府和齐王府各置左右六府护军，武职。

③愠（yùn）：含怒，生气。

【译文】

当初，齐王李元吉曾经劝太子李建成除掉秦王李世民，他说："我定当为兄长亲手杀掉他！"李世民跟高祖李渊驾临元吉府第，李元吉派护军宇文宝埋伏在卧室里，想趁机刺杀李世民；李建成为人仁厚，马上阻止了他。李元吉发怒，说："这都是为兄长打算罢了，又关我什么事呢！"

建成擅募长安及四方骁勇二千余人为东宫卫士，分屯左、右长林①，号长林兵。又密使右虞侯率可达志从燕王李艺发幽州突骑三百②，置东宫诸坊③，欲以补东宫长上④，为人所告。上召建成责之，流可达志于巂州⑤。

①屯：驻军防守。左、右长林：长林门，太极宫东宫的宫门。

②右虞侯：东宫官属，掌警卫伺查。突骑：精锐骑兵。

③坊：官署。

④长（cháng）上：武官名。唐时九品，其职为守边和宿卫宫禁。

⑤嶲（xī）州：今四川西昌地区。

【译文】

太子李建成擅自招募了长安和各地的骁勇之士二千余人为东宫卫士，分别驻守在左、右长林门，称为长林兵。又秘密地派了右虞侯率可达志从燕王李艺那里征发的幽州三百精锐骑兵，安置在东宫诸坊，想将这些骑兵补充东宫长上，被人告发。高祖责备李建成，将可达志流放到嶲州。

杨文幹尝宿卫东宫，建成与之亲厚，私使募壮士送长安。上将幸仁智宫，命建成居守，世民、元吉皆从。建成使元吉就图世民①，曰："安危之计，决在今岁！"又使郎将尔朱焕、校尉桥公山以甲遗文幹②。二人至豳州③，上变，告太子使文幹举兵，使表里相应；又有宁州人杜凤举亦诣宫言状④。上怒，托他事，手诏召建成，令诣行在⑤。建成惧，不敢赴。太子舍人徐师謩劝之据城举兵⑥；詹事主簿赵弘智劝之贬损车服⑦，屏从者，诣上谢罪，建成乃诣仁智宫。未至六十里，悉留其官属于毛鸿宾堡⑧，以十余骑往见上，叩头谢罪，奋身自掷⑨，几至于绝。上怒不解，是夜，置之幕下，饲以麦饭，使殿中监陈福防守⑩，遣司农卿宇文颖驰召文幹⑪。颖至庆州⑫，以情告之，文幹遂举兵反。上遣左武卫将军钱九陇与灵州都督杨师道击之⑬。

【注释】

① 图：图谋。

② 郎将：武官名。秦置，主宿卫、车骑。校尉：为武散官低品官号。

③ 豳（bīn）州：今陕西彬县。

④ 宁州：今甘肃宁县。

⑤ 行在：皇帝所在的地方。

⑥ 太子舍人：东宫属官，掌文书。

⑦ 詹事主簿：东宫属官，类似于秘书官。

⑧ 毛鸿宾堡：今陕西淳化西。

⑨ 奋身自掷：以头碰地，表示自责之意。

⑩ 殿中监：殿中省长官，多以皇帝之亲戚、贵臣担任，掌管皇帝生活起居之事。

⑪ 司农卿：官名，掌国家仓廪。

⑫ 庆州：今甘肃庆阳。

⑬ 左武卫将军：唐代十二卫中之一。灵州：治所在今宁夏灵武。都督：军事长官。

【译文】

杨文幹曾经担任东宫侍卫，李建成和他关系亲厚，悄悄地派他招募壮士送到长安。高祖将往仁智宫，命李建成留守长安，李世民、李元吉随驾。李建成让李元吉图谋除去李世民，说："安危之计，就决定在今年了！"又派郎将尔朱焕、校尉桥公山将盔甲送给杨文幹。二人到了豳州，就向皇帝禀报了太子的图谋，告发太子派杨文幹起兵，和太子内外呼应；又有宁州人杜凤举也到仁智宫举报太子的事。高祖大怒，借口别的事，下手诏召见李建成，让他到仁智宫来。李建成害怕，不敢去。太子舍人徐师謩劝他干脆占据长安城起兵；詹事主簿赵弘智则劝他不用车马，贬损服饰，不带随从，单独进见皇帝谢罪；于是李建成赶去仁智宫。还没走到六十里，太子就将官属全部留在毛鸿宾堡，只带了十余人骑马去见皇帝，向皇帝磕头请罪，拼命磕头表自责之意，几乎要没命了。高祖怒气不消，当夜，将太子安顿在幕下，供应粗糙的麦饭，派殿中监陈福防守，又派司农卿宇文颖驰召杨文幹。宇文颖到了庆州，将太子的情况告诉了他，杨文幹就起兵造反。高祖派左武卫将军钱九陇与灵州都督杨师道迎战。

甲子，上召秦王世民谋之，世民曰："文幹竖子，敢为狂逆，计府僚已应擒戮；若不尔，正应遣一将讨之耳。"上曰："不然。文幹事连建成，恐应之者众。汝宜自行，还，立汝为太子。吾不能效隋文帝自诛其子，当封建成为蜀王。蜀兵脆弱，他日苟能事汝，汝宜全之；不能事汝，汝取之易耳！"

【译文】

甲子，高祖召秦王李世民商议杨文幹叛乱之事，李世民说："杨文幹这小子，竟然敢犯下这样狂妄谋逆的事，想来他手下的属员应当已经将他捉拿或是杀死了；如果不是这样，那么朝廷就应该派一员将领讨伐他。"高祖说："不是这样的。杨文幹的事牵连着建成，恐怕响应的人很多。你应该自己出征讨伐，得胜回朝，我就立你做太子。我不能效法隋文帝诛杀其子，到时候封建成为蜀王。蜀兵脆弱不善征战，这样的话，将来他要是能够忠心事你为主，你就应当保全他；如果他做不到忠心事你为主，你也容易制服他。"

上以仁智宫在山中，恐盗兵猝发，夜，帅宿卫南出山外，行数十里，东宫官属将卒继至者，皆令三十人为队，分兵围守之。明日，复还仁智宫。

【译文】

高祖因为仁智宫地处山中，担心有叛军猝然发难，夜里率宿卫向南走出山外，到十里外驻营。东宫官属和将卒相继跟来的，一律编为三十人一队，分兵包围起来看守。第二天，高祖再回到仁智宫。

世民既行，元吉与妃嫔更迭为建成请，封德彝复为之营解于外①，上意遂变，复遣建成还京师居守。惟责以兄弟不睦，归罪于太子中允王珪、左卫率韦挺、天策兵曹参军杜淹②，并流于嶲州。挺，冲之子也。初，洛阳既平，杜淹久不得调，欲求事建成。房玄龄以淹多狡数，恐其教导建成，益为世民不利，乃言于世民，引入天策府。

【注释】

①营解：营救。

②太子中允：东宫属官。王珪：贞观名臣。天策兵曹参军：秦王的天策上将府属官。

【译文】

李世民出征以后，李元吉与后宫妃嫔都相继为李建成求情，封德彝又在外面营救他，高祖的想法就改变了，重新派李建成返回长安留守。只是责备他与兄弟不和，归罪于太子中允王珪、左卫率韦挺、天策兵曹参军杜淹，将他们流放到嶲州。韦挺是韦冲之子。起初，洛阳平定以后，杜淹很久都不得调任，想侍奉李建成。房玄龄认为杜淹狡猾多计，担心他教唆李建成，对李世民更加不利，于是就向李世民进言，将杜淹引入天策府。

　　上校猎城南，太子、秦、齐王皆从，上命三子驰射角胜①。建成有胡马，肥壮而喜蹶②，以授世民曰："此马甚骏，能超数丈涧③。弟善骑，试乘之。"世民乘以逐鹿，马蹶，世民跃立于数步之外，马起，复乘之，如是者三，顾谓宇文士及曰："彼欲以此见杀，死生有命，庸何伤乎？"建成闻之，因令妃嫔谮之于上曰④："秦王自言，我有天命，方为天下主，岂有浪死⑤！"上大怒，先召建成、元吉，然后召世民入，责之曰："天子自有天命，非智力可求；汝求之一何急邪！"世民免冠顿首，请下法司案验。上怒不解，会有司奏突厥入寇，上乃改容，劳勉世民，命之冠带，与谋突厥。闰月，己未，诏世民、元吉将兵出豳州以御突厥，上饯之于兰池⑥。上每有寇盗，辄命世民讨之，事平之后，猜嫌益甚。

【注释】

①角胜：争胜负。

②蹶（jué）：颠覆。

③超：越过。涧：山间流水的沟。

④谮（zèn）：无中生有地说人坏话。

⑤浪死：徒然死去，白白送死。

⑥兰池：在今陕西咸阳东。

【译文】

高祖到城南打猎，太子李建成、秦王李世民、齐王李元吉都跟随在旁，高祖下令三人比赛骑射以决胜负。李建成有匹胡马，肥壮但喜欢将人甩下来，李建成将这匹马交给李世民说："这马很神骏，能跃过数丈宽的水沟。二弟善骑，试着骑骑看。"李世民骑马逐鹿，马颠覆人，李世民一跃而起，跃出几步远站稳，等马安静下来，再骑上去，这样好几次，李世民回头对宇文士及说："他们想用这种方法来杀我，可是死生有命，又怎么能伤害到我呢？"李建成听说了，就让妃嫔对高祖说他的坏话："秦王自己说，我有天命，将来要成为天下之主，怎么会就这样白白死去？"高祖大怒，先召见李建成、李元吉，然后召李世民进见，责备他说："天子自有天命，不是靠智慧和勇武就可以求来的；你也未免太着急了吧！"李世民摘去帽子磕头谢罪，自请将此事交付法司调查。高祖仍然怒气不止，正在此时有司上奏突厥入侵，高祖这才换了脸色，安慰勉励李世民，让他重新戴好帽子，和他商量突厥的事。闰月己未，下诏让李世民、李元吉带兵出豳州抵御突厥，高祖在兰池为他们饯行。每每有战事，高祖就让李世民出征，事平之后，对李世民的猜忌就更加厉害。

（武德九年）秦王世民既与太子建成、齐王元吉有隙，以洛阳形胜之地①，恐一朝有变，欲出保之，乃以行台工部尚书温大雅镇洛阳，遣秦府车骑将军荥阳张亮将左右王保等千余人之洛阳，阴结纳山东豪杰以俟变，多出金帛，恣其所用②。元吉告亮谋不轨，下吏考验；亮终无言，乃释之，使还洛阳。

【注释】

①形胜：地理位置优越，地势险要。

②恣（zì）：放纵，任凭，无拘束。

【译文】

武德九年（626），秦王李世民因为和太子李建成、齐王李元吉已经有了嫌隙，想到洛阳地形险要，担心将来有一天发生变故，所以想镇守洛阳以求自保，于是就以行台工部尚书温大雅去镇守洛阳，派秦府车骑将军荥阳张亮率左右王保等千余人到洛阳去，暗中结纳山东豪杰以作准备，取出大量财物，由他们任意使用。元吉告发张亮图谋不轨，于是抓了他交付法司审讯，张亮最终什么也不说，只得释放他，让他返回洛阳。

建成夜召世民，饮酒而鸩之，世民暴心痛^①，吐血数升，淮安王神通扶之还西宫^②。上幸西宫，问世民疾，敕建成曰："秦王素不能饮，自今无得复夜饮！"因谓世民曰："首建大谋，削平海内，皆汝之功。吾欲立汝为嗣^③，汝固辞；且建成年长，为嗣日久，吾不忍夺也。观汝兄弟似不相容，同处京邑，必有纷竞，当遣汝还行台^④，居洛阳，自陕以东皆王之。仍命汝建天子旌旗，如汉梁孝王故事^⑤。"世民涕泣，辞以不欲远离膝下。上曰："天下一家，东、西两都，道路甚迩^⑥。吾思汝即往，毋烦悲也。"将行，建成、元吉相与谋曰："秦王若至洛阳，有土地甲兵，不可复制；不如留之长安，则一匹夫耳^⑦，取之易矣。"乃密令数人上封事^⑧，言"秦王左右闻往洛阳，无不喜跃，观其志趣，恐不复来"。又遣近幸之臣以利害说上。上意遂移，事复中止。

【注释】

① 暴：突然而猛烈。

②淮安王神通：高祖李渊的堂弟。

③嗣（sì）：继承人。

④行台：台省在外者称行台。魏晋始有之，为出征时随其所驻之地设立的代表中央的政务机构，北朝后期，称尚书大行台，设置官属无异于中央，自成行政系统。唐贞观以后渐废。

⑤汉梁孝王故事：汉梁孝王是汉景帝的同母弟，准许他建天子旌旗。

⑥迩：近。

⑦匹夫：泛指寻常的个人。

⑧封事：密封的奏章。

【译文】

李建成夜召李世民，请他饮酒借机在酒中下毒，酒后，李世民忽然心痛，吐血数升，淮安王李神通扶他回西宫。高祖到西宫探望李世民，问了他病情，下诏书给李建成说："秦王向来不能饮酒，以后再不要夜饮了。"对李世民说："首倡起兵的大事，平定海内，都是你的功劳。我想立你为太子，你坚持不肯；况且建成年长，又做了很长时间太子，我不忍心废黜他的储位。看你们兄弟似乎互不相容，一起待在京邑长安必定会有纷争，我派你回行台，驻于洛阳，陕州以东都奉你号令。让你建天子旌旗，如汉梁孝王旧例。"李世民流泪哭泣，推说不愿远离高祖膝下。高祖说："天下一家，西京和东都离得很近，我想念你了就去看你，不必为此难过。"秦王快要出发，李建成、李元吉商议："秦王如果到了洛阳，有土地有军队，就无法再控制了；

不如把他留在长安，那样他不过是个寻常人，制服他也容易。"于是他们秘密地让几个人密奏皇帝，说"秦王左右听说往洛阳，无不欢喜雀跃，看来他们的野心很大，恐怕一去之后就不会再回来"。又派皇帝亲近宠信的大臣以利害关系劝说高祖。高祖的想法改变了，秦王去洛阳的事就被中止。

建成、元吉与后宫日夜谮诉世民于上，上信之，将罪世民。陈叔达谏曰："秦王有大功于天下，不可黜也。且性刚烈，若加挫抑，恐不胜忧愤，或有不测之疾，陛下悔之何及！"上乃止。元吉密请杀秦王，上曰："彼有定天下之功，罪状未著，何以为辞！"元吉曰："秦王初平东都，顾望不还，散钱帛以树私恩，又违敕命，非反而何？但应速杀，何患无辞？"上不应。

【译文】

李建成、李元吉和后宫嫔妃日夜在高祖面前讲李世民的坏话，高祖渐渐相信了，准备治李世民的罪。陈叔达劝谏说："秦王有大功于天下，不可废黜。而且他性情刚烈，如果加以压抑挫折，恐怕他承受不了这样的愤怒忧伤，可能会出意外，到那时陛下就后悔莫及了。"高祖也就不再追究。李元吉秘密地向高祖奏请杀秦王，高祖说："秦王有定天下之功，罪状并未显现，用什么理由杀他呢？"李元吉说："秦王刚刚平定东都的时候，迁延观望不回长安，广施财物收买人心，又违抗父皇的诏命，这不是造反又是什么？就应该立刻处死，哪还用得着担心没有理由？"高祖不肯答应。

秦府僚属皆忧惧不知所出。行台考功郎中房玄龄谓比部郎中长孙无忌曰①："今嫌隙已成，一旦祸机窃发，岂惟府朝涂地②，乃实社稷之忧；莫若劝王行周公之事以安家国③。存亡之机，间不容发④，正在今日！"无忌曰："吾怀此久矣，不敢发口；今吾子所言，正合吾心，谨当白之。"乃入言世民。世民召玄龄谋之，玄龄曰："大王功盖天地，当承大业；今日忧危，乃天赞也，愿大王勿疑！"乃与府属杜如晦共劝世民诛建成、元吉⑤。

【注释】

①行台考功郎中：秦府属官，吏部官员，掌官员考核事宜。房玄龄：唐代初年名相。比部郎中：刑部所属四司之一的比部司官，掌稽核簿籍。长孙无忌：先世为鲜卑拓跋氏，后改为长孙氏。是唐太宗李世民的内兄，文德顺圣皇后的哥哥。

②涂地：彻底败坏而不可收拾。

③周公之事：西周时，成王年幼，辅政的周公旦诛杀叛乱的管叔、蔡叔等诸侯，安定天下。

④间不容发：中间容不下一根头发。比喻与灾祸相距极近，情势极其危急。

⑤杜如晦：出身于西北望族，唐初名相。

【译文】

秦府官员都担心害怕，不知如何是好。行台考功郎中房玄龄对比部郎中长孙无忌说："如今秦王和太子的嫌隙已成，一旦事情发作起来，不止是王府和朝廷受到损害，实在也是国家的祸患。不如劝秦王效法周公诛管、蔡之事以安定皇室和国家。如今正是存亡之际，间不容发，机会就在今日了。"长孙无忌说："我早就有这样的想法了，只是不敢说出来；如今您所说的话正合我的心意，我一定去和秦王说。"于是他就向秦王进言。李世民召房玄龄共同商议，房玄龄说："大王功盖天地，应当继承大业。如今局势危急，正是上天帮助我们，希望您不要犹豫。"就和府属杜如晦共同劝李世民诛李建成、李元吉。

建成、元吉以秦府多骁将，欲诱之使为己用，密以金银器一车赠左二副护军尉迟敬德①，并以书招之曰："愿迂长者之眷，以敦布衣之交。"敬德辞曰："敬德，蓬户瓮牖之人②，遭隋末乱离，久沦逆地③，罪不容诛。秦王赐以更生之恩，今又策名藩邸，唯当杀身以为报；于殿下无功，不敢谬当重赐。若私交殿下，乃是贰心，徇利忘忠④，殿下亦何所用！"建成怒，遂与之绝。敬德以告世民，世民曰："公心如山岳，虽积金至斗，知公不移。相遗但受，何所嫌也！且得以知其阴计，岂非良策！不然，祸将及公。"既而元吉使壮士夜刺敬德，敬德知之，洞开重门，安卧不动，刺客屡至其庭，终不敢入。元吉乃谮敬德于上，下诏狱讯治，将杀之。世民固请，得免。又谮左一马军总管程知节[5]，出为康州刺史[6]。知节谓世民曰："大王股肱羽翼尽矣[7]，身何能久！知节以死不去，愿早决计。"又以金帛诱右二护军段志玄，志玄不从。建成谓元吉曰："秦府智略之士，可惮者独房玄龄、杜如晦耳。"皆谮之于上而逐之。

【注释】

①左二副护军：和下文的左一马军总管、右二护军等相似，都是唐初王府的武职官员。尉迟敬德：唐初著名大将。

②蓬户瓮牖（wèngyǒu）：指贫穷人家。蓬户，用蓬草编成的门户。瓮牖，用破瓮做的窗户。

③久沦逆地：指尉迟敬德在降唐之前曾经跟随刘武周。

④徇利忘忠：即见利忘义。

⑤程知节：唐初名将。

⑥康州：今甘肃成县。

⑦股肱（gōng）：比喻左右辅助得力的人。

【译文】

李建成、李元吉认为秦府有很多骁勇善战的将领，想要收买过来以为己用，于是就私下里将一车金银器送给左二副护军尉迟敬德，并且写信以招揽："我希望得到您的顾念，建立起我们之间诚恳的布衣友谊。"尉迟敬德辞谢道：

玄武门之变

"敬德出身贫苦，遭逢隋末乱世，一直沦落在叛逆的境地，罪不容诛。秦王赐予我重生的恩德，如今又成为秦王府的属下，只能杀身以报秦王的知遇之恩。敬德没有为殿下立过什么功劳，不敢谬当厚赐。如果私下和殿下结交，就是有贰心的臣子，为了追求利益把忠心抛到脑后，这样的人对殿下又有什么用呢？"李建成发怒，不再和他结交。尉迟敬德把此事告诉李世民，李世民说："您的心意山岳般坚定，我深知即使成斗的黄金放在眼前您也不会动摇的。如果太子再送礼物，您就收下好了，不必有所顾虑。这样还可以知道他们的阴谋，岂不是好计策？不然的话，您可能会惹祸上身。"不久李元吉派壮士夜里行刺尉迟敬德，尉迟敬德知道了，将重重门户都大开着，安卧不动，刺客数次到他的庭院里，但终究还是不敢进去。李元吉就在高祖面前诬陷尉迟敬德，皇帝将尉迟敬德下诏狱审讯拷打，想要处死他。李世民一直为他求情，尉迟敬德得以幸免。李元吉又诬陷左一马军总管程知节，高祖将他外放为康州刺史。程知节对李世民说："大王左右得力的人都被调走，您自己的安全就不能长久了。知节宁死不去，希望您早早定计。"太子他们又用财货引诱右二护军段志玄，段志玄不肯。李建成对李元吉说："秦府有谋略之士，可忌惮的只有房玄龄、杜如晦而已。"在高祖面前说他们的坏话，让高祖把他们赶走。

世民腹心唯长孙无忌尚在府中，与其舅雍州治中高士廉、左候车骑将军三水侯君集及尉迟敬德等[①]，日夜劝世民诛建成、元吉。世民犹豫未决，问于灵州大都督李靖^②，靖辞；问于行军总管李世勣^③，世勣辞；世民由是重二人。

【注释】

①治中：官名，为州刺史的助理。三水：今陕西旬邑北。侯君集：唐朝名将，凌烟阁二十四功臣之一。

②李靖：唐朝名将。

③行军总管：武官名。唐初在各州设总管，边镇和大州设大总管，均为地方军政长官，后恢复都督名称，但统兵出征的将帅仍称为总管。李世勣：本姓徐，入唐后赐姓李，后避唐太宗讳，单名勣。唐初名将。

【译文】

　　李世民的心腹只有长孙无忌还在府中，和他的舅舅雍州治中高士廉、左候车骑将军三水侯君集及尉迟敬德等人，日夜劝说李世民诛杀李建成、李元吉。李世民犹豫未决，向灵州大都督李靖询问，李靖不答；又问行军总管李世勣，李世勣也不答；李世民因此器重二人。

　　会突厥郁射设将数万骑屯河南^①，入塞，围乌城^②，建成荐元吉代世民督诸军北征；上从之，命元吉督右武卫大将军李艺、天纪将军张瑾等救乌城。元吉请尉迟敬德、程知节、段志玄及秦府右三统军秦叔宝等与之偕行，简阅秦王帐下精锐之士以益元吉军。率更丞王晊密告世民曰③："太子语齐王：'今汝得秦王骁将精兵，拥数万之众，吾与秦王饯汝于昆明池，使壮士拉杀之于幕下，奏云暴卒，主上宜无不信。吾当使人进说，令授吾国事。敬德等既入汝手，宜悉坑之，孰敢不服！'"世民以晊言告长孙无忌等，无忌等劝世民先事图之。世民叹曰："骨肉相残，古今大恶。吾诚知祸在朝夕，欲俟其发，然后以义讨之，不亦可乎！"敬德曰："人情谁不爱其死！今众人以死奉王，乃天授也。祸机垂发，而王犹晏然不以为忧④，大王纵自轻，如宗庙社稷何！大王不用敬德之言，敬德将窜身草泽⑤，不能留居大王左右，交手受戮也⑥！"无忌曰："不从敬德之言，事今败矣。敬德等必不为王有，无忌亦当相随而去，不能复事大王矣！"世民曰："吾所言亦未可全弃，公更图之。"敬德曰："王今处事有疑，非智也；临难不决，非勇也。且大王素所畜养勇士八百余人，在外者今已入宫，擐甲执兵⑦，事势已成，大王安得已乎！"

【注释】

①郁射设：阿史那郁射设，突厥将领。

②乌城：今陕西定边南。

③率更丞：官名，为太子属官，率更令下属。晊：音zhì。

④晏然：安定的样子。

⑤窜身：藏身。窜，躲藏。

⑥交手受戮：合着双手等别人来杀自己。

⑦擐（huàn）甲：穿上甲胄，贯甲。执兵：手执武器。

【译文】

正好突厥郁射设率领数万骑兵屯驻黄河以南，侵入边关，包围了乌城，李建成推荐李元吉代替李世民率军北征；高祖答应了，让李元吉带领右武卫大将军李艺、天纪将军张瑾等救援乌城。李元吉请求尉迟敬德、程知节、段志玄及秦府右三统军秦叔宝等人和他共同出征，挑选秦王帐下精锐之士编入李元吉军中。率更丞王晊密告李世民："太子对齐王说：'如今你得到秦王手下的骁将精兵，率领数万之众，我和秦王在昆明池为你饯行，你派壮士在幕下拉杀世民，上奏说他猝死，陛下一定会相信。我会让人进言，请陛下将国事交给我。敬德等人既然到了你手中，你就全部处死他们，还有谁敢不服？'"李世民将王晊的话告诉了长孙无忌等人，长孙无忌等劝李世民先发制人。李世民叹息道："骨肉相残，是自古以来最大的恶行。我也知道早晚会有祸事，但一直想等他们先动了手，然后再用有负道义的罪名讨伐他们，这样不行？"尉迟敬德说："人之情谁不爱惜生命？如今众人甘心冒着生命危险奉大王和太子一争高低，这是上天赐予大王的机会。祸患随时都会发生，而大王还安然不以为忧，大王即使不把自己的生命看得那么重要，那国家宗庙怎么办？如果大王不听敬德的话，敬德就将藏身于民间，不能再留在大王身边，合着双手等着别人来杀我。"长孙无忌说："不听敬德的话，必定败事。敬德等不会再跟随大王，无忌也会随之离开，不能再侍奉大王了。"李世民说："我所说的也并不是全无道理，各位再好好考虑一下。"尉迟敬德说："大王如今处事犹疑，这是不智；大难临头做不了决断，这是不勇。何况大王向来蓄养的八百多勇士，在外面的也都已经入宫，穿上盔甲，手执兵器，对峙之势已成，大王想要就此罢休是绝无可能的。"

世民访之府僚，皆曰："齐王凶戾^①，终不肯事其兄。比闻护军薛实尝谓齐王曰：'大王之名，合之成"唐"字，大王终主唐祀。'齐王喜曰：'但除秦王，取东宫如反掌耳。'彼与太子谋乱未成，已有取太子之心。乱心无厌^②，何所不为！若使二人得志，恐天下非复唐有。以大王之贤，取二人如拾地芥耳^③，奈何徇匹夫之节^④，忘社稷之计乎？"世民犹未决，众曰："大王以舜为何如人？"曰："圣人也。"众曰："使舜浚井不出^⑤，则为井中之泥；涂廪不下^⑥，则为廪上之灰，安能泽被天下，法施后世乎！是以小杖则受，大杖则走^⑦，盖所存者大故也。"世民命卜之，幕僚张公谨自外来，取龟投地，曰："卜以决疑；今事在不疑，尚何卜乎！卜而不吉，庸得已乎？"于是定计。

【注释】

①戾（lì）：凶暴，猛烈。

②厌（yàn）：满足。

③如拾地芥(jiè)：比喻取之极易。

④徇：无原则地顺从。

⑤浚：疏通，挖深。文中所举的舜的例子都是关于他遭受父亲和弟弟迫害的事例。

⑥廪(lǐn)：米仓。

⑦小杖则受，大杖则走：儒家讲究的孝道，父亲生气了要打人，儿子应该逆来顺受，但是如果父亲大怒，可能会致儿子于死地时，儿子就应该先行逃跑。以免真的被打死，陷父亲于不义不慈之地。

【译文】

　　李世民向手下询问，都说："齐王凶暴，终究是不肯侍奉太子的。近来听说护军薛实曾经对齐王说：'大王之名，合之成"唐"字，大王最终还是要主持大唐祭祀的。'齐王大喜说：'只要除掉了秦王，再除东宫易如反掌。'他和太子共谋还未成功，已经有了夺取储位的心思。他的为乱之心没有满足停息的时候，什么事做不出来？如果太子和齐王得志，恐怕唐室未必能保有天下。以大王的贤明，收拾此二人如拣拾草芥一样容易，怎么能像寻常人那样拘泥小节，而忘记了社稷大计呢？"李世民犹豫未决，众人说："大王认为舜是什么样的人？"李世民说："是圣人。"众人说："如果舜挖井的时候没能逃出来，就成为井中之泥；粉刷仓库的时候没能下来，就成为仓库上面的灰尘，怎么还能泽被天下，法施后世？因此所谓小杖则受，大杖则走，是因为还有更加重要的事需要大王去做啊。"李世民让人占卜一下这样做是否顺利，幕僚张公谨从外面进来，拿起占卜用的龟甲扔到地上，说："占卜是有疑问的时候用来作决定的，如今的事根本没有犹疑的余地，还占卜什么呢？如果占卜得到的是不吉的结果，难道可以就此罢休么？"于是秦王作了决定。

世民令无忌密召房玄龄等，曰："敕旨不听复事王；今若私谒，必坐死，不敢奉教。"世民怒，谓敬德曰："玄龄、如晦岂叛我邪？"取所佩刀授敬德曰："公往观之，若无来心，可断其首以来。"敬德往，与无忌共谕之曰："王已决计，公宜速入共谋之。吾属四人，不可群行道中。"乃令玄龄、如晦著道士服，与无忌俱入，敬德自他道亦至。

【译文】

李世民派长孙无忌密召房玄龄等人，他们说："诏书说不让我们再侍奉秦王，如今要是私下谒见，一定会被处死，所以不敢奉大王的命令。"李世民发怒，对尉迟敬德说："玄龄、如晦难道也要背叛我么？"取所佩刀交给尉迟敬德说："您去看一看，如果他们真的没有来见我的意思，就砍下他们的首级来见我。"尉迟敬德和长孙无忌一起前往去见房玄龄等人，告诉他们说："大王已经决定要动手了，各位应该尽快入府商议。我们四人不能在路上一起走。"让房玄龄、杜如晦穿着道士的衣服，和长孙无忌一起进入秦王府，尉迟敬德则从另一路返回。

己未，太白复经天。傅奕密奏："太白见秦分，秦王当有天下。"上以其状授世民。于是世民密奏建成、元吉淫乱后宫，且曰："臣于兄弟无丝毫负，今欲杀臣，似为世充、建德报仇①。臣今枉死，永违君亲，魂归地下，实耻见诸贼！"上省之②，愕然③，报曰："明当鞫问④，汝宜早参。"

【注释】

①世充、建德：王世充、窦建德，都是唐朝建立时的对手，为李世民所平定。

②省（xǐng）：知觉。

③愕然：形容吃惊。

④鞫（jū）问：审讯。

【译文】

己未，太白星又出现了。傅奕密奏："太白在秦地上空出现，秦王将会得天下。"高祖把这件事告诉了李世民。于是李世民密奏李建成、李元吉淫乱后宫，并且说："儿臣于兄弟之间并没有丝毫做得不对的地方，如今他们想要杀死儿臣，好像是为王世充、窦建德报仇一样。儿臣要是枉死，永别陛下和亲人，魂归地下，也羞于见到经我手除灭的诸贼。"高祖有所醒悟，很吃惊，答复道："明天我会审问此事，你要早点进见。"

庚申，世民帅长孙无忌等入，伏兵于玄武门。张婕妤窃知世民表意，驰语建成。建成召元吉谋之，元吉曰："宜勒宫府兵①，托疾不朝，以观形势。"建成曰："兵备已严，当与弟入参，自问消息。"乃俱入，趣玄武门。上时已召裴寂、萧瑀、陈叔达等②，欲按其事。

【注释】

①勒（lè）：统率，率领。

②瑀：音yǔ。

【译文】

庚申，李世民率长孙无忌等人进宫，在玄武门埋伏好士兵。张婕妤私下里得知李世民的意图，派人驰告李建成。李建成召李元吉商议，李元吉说："应该率领宫府兵，称病不朝，看看形势再说。"李建成说："我们的兵备已经很严密了，还是应该和你一同入朝，亲自去探听一下消息。"于是二人一起入宫，往玄武门。高祖当时已经召裴寂、萧瑀、陈叔达等人入宫，想要查问其事。

建成、元吉至临湖殿，觉变，即跋马东归宫府。世民从而呼之，元吉张弓射世民，再三不彀①，世民射建成，杀之。尉迟敬德将七十骑继至，左右射元吉坠马。世民马逸入林下，为木枝所纼②，坠不能起。元吉遽至③，夺弓将扼之④，敬德跃马叱之。元吉步欲趣武德殿，敬德追射，杀之。翊卫车骑将军冯翊冯立闻建成死⑤，叹曰："岂有生受其恩，而死逃其难乎！"乃与副护军薛万彻、屈咥直府左车骑万年谢叔方帅东宫、齐府精兵二千驰趣玄武门。张公谨多力，独闭关以拒之，不得入。云麾将军敬君弘掌宿卫后⑥，屯玄武门，挺身出战，所亲止之曰："事未可知，且徐观变，俟兵集，成列而战，未晚也。"君弘不从，与中郎将吕世衡大呼而进，皆死之。君弘，显俊之曾孙也。守门兵与万彻等力战良久，万彻鼓噪欲攻秦府，将士大惧；尉迟敬德持建成、元吉首示之，宫府兵遂溃，万彻与数十骑亡入终南山。冯立既杀敬君弘，谓其徒曰："亦足以少报太子矣！"遂解兵，逃于野。

【注释】

①彀（gòu）：将弓拉满。

②绁（guà）：牵绊，勾住。

③遽（jù）：马上，立刻。

④扼（è）：用力掐住，抓住。

⑤翊：音 yì。

⑥麾：音 huī。

【译文】

李建成、李元吉走到临湖殿的时候，察觉有变故，立即拔转马头向东，想回到东宫。李世民跟在后面叫住他们，李元吉张弓射李世民，惊慌之下怎么也拉不开弓，李世民射中李建成，杀死了他。尉迟敬德带领七十骑相继赶到，左右射中李元吉，掉下马来。李世民的马跑到林子里，被树枝挂住，秦王坠马不能起身。李元吉突然赶到，夺下弓想要掐死秦王，尉迟敬德骑马赶到呵斥李元吉。李元吉步行逃往武德殿，尉迟敬德追上去射杀了他。翊卫车骑将军冯翊、冯立听说李建成的死讯，叹息道："岂有活着的时候受他的恩典，死了就逃离灾难的呢？"于是就和副护军薛万彻、屈咥直府左车骑万年谢叔方率领东宫、齐府二千精兵骑马赶往玄武门。张公谨力气很大，独力关上宫门阻挡东宫、齐府兵，使他们不能进来。云麾将军敬君弘掌管宿卫，驻扎在玄武门，挺身和冯翊作战，他亲近的手下阻止他说："局势未定，暂且先旁观，等军队都到了以后，列成兵阵再出战也不晚。"敬君弘不听，与中郎将吕世衡大喊着出战，都战死了。敬君弘是敬显俊的曾孙。守门卫兵和薛万彻等人力战很久，薛万彻鼓噪着要攻打秦王府，秦府将士大为惊惧。这时尉迟敬德手持李建成、李元吉的首级展示，东宫和齐府的军队就溃散了，薛万彻带数十骑逃入终南山。冯立杀了敬君弘，对手下说："这样也足以报答太子了！"于是解散军队，逃亡民间。

上方泛舟海池，世民使尉迟敬德入宿卫，敬德擐甲持矛，直至上所。上大惊，问曰："今日乱者谁邪？卿来此何为？"对曰："秦王以太子、齐王作乱，举兵诛之，恐惊动陛下，遣臣宿卫。"上谓裴寂等曰："不图今日乃见此事，当如之何？"萧瑀、陈叔达曰："建成、元吉本不预义谋，又无功于天下，疾秦王功高望重，共为奸谋。今秦王已讨而诛之，秦王功盖宇宙，率土归心，陛下若处以元良①，委之国务，无复事矣。"上曰："善！此吾之夙心也②。"
时宿卫及秦府兵与二宫左右战犹未已，敬德请降手
敕，令诸军并受秦王处分，上从之。天策府司马宇
文士及自东上阁门出宣敕，众然后定。上又使黄门
侍郎裴矩至东宫晓谕诸将卒，皆罢散。上乃召世
民，抚之曰："近日以来，几有投杼之惑③。"李世
民跪而吮上乳，号恸久之。

【注释】

①元良：太子的代称。

②夙（sù）心：本心，一贯的想法。

③投杼（zhù）：见本书 P201 注释③。

【译文】

　　当时高祖正泛舟海池，李世民派尉迟敬德入宫守卫，
尉迟敬德穿着盔甲，手执长矛，径直来到高祖所在的地方。
高祖大惊，问："今日作乱的是谁？你来这里做什么？"尉
迟敬德答道："秦王因为太子、齐王叛乱，起兵诛杀了他们，
秦王担心惊动陛下，所以派臣宿卫。"高祖对裴寂等人说：
"想不到今日会看到这样的事，现在应该怎么做呢？"萧瑀、
陈叔达说："建成、元吉本来没有参与起兵之事，又没有大
功于天下，忌惮秦王功高望重，所以共同阴谋杀害秦王，
如今秦王既然已经讨伐诛杀了二人，加上秦王功盖宇宙，
天下归心，如果陛下立他为太子，将政务交托给他，自然
太平无事。"高祖说："好！这正是我一直以来的想法。"当
时宫廷宿卫、秦府兵和东宫以及齐府的将士仍在激战不已，

尉迟敬德请高祖降下手敕，下令诸军都由秦王统领，高祖答应了。天策府司马宇文士及从东上阁门出宣诏书，然后局势渐渐平息下来。高祖又派黄门侍郎裴矩到东宫晓谕将士，将他们罢兵解散。高祖于是召见李世民，安慰他说："近来几乎因为相信流言而错疑了你。"李世民跪下来抱住高祖，放声痛哭了很久。

建成子安陆王承道、河东王承德、武安王承训、汝南王承明、钜鹿王承义，元吉子梁郡王承业、渔阳王承鸾、普安王承奖、江夏王承裕、义阳王承度，皆坐诛，仍绝属籍。

【译文】

李建成的儿子安陆王李承道、河东王李承德、武安王李承训、汝南王李承明、钜鹿王李承义，李元吉子梁郡王李承业、渔阳王李承鸾、普安王李承奖、江夏王李承裕、义阳王李承度，都因为受到牵连而被杀，被革除宗室的身份。

初，建成许元吉以正位之后，立为太弟，故元吉为之尽死。诸将欲尽诛建成、元吉左右百余人，籍没其家[1]，尉迟敬德固争曰："罪在二凶，既伏其诛；若及支党，非所以求安也。"乃止。是日，下诏赦天下。凶逆之罪，止于建成、元吉，自余党与，一无所问。其僧、尼、道士、女冠并宜依旧。国家庶事，皆取秦王处分。

①籍没：登记并没收家产。

【译文】

原先李建成答应李元吉，自己即位之后，立他为皇太弟，因此李元吉为之效死力。秦王诸将想要将李建成、李元吉手下百余人全部杀掉，查抄家产。尉迟敬德坚持说："这只是他们两个人的罪，如今已经伏诛；如果牵连过广，就不是殿下求安定天下的本愿了。"秦王接受了他的建议不再追究。当天下诏大赦天下。表示凶逆之罪，止于李建成、李元吉，其余党羽一概不问。那些僧、尼、道士、女冠如旧。国家大事都由秦王处分。

癸亥，立世民为皇太子。又诏："自今军国庶事，无大小悉委太子处决，然后闻奏。"

【译文】

癸亥，高祖立李世民为皇太子。又下诏说："自今以后军国事务无论大小都交给太子处决，然后上奏。"

臣光曰：立嫡以长，礼之正也。然高祖所以有天下，皆太宗之功；隐太子以庸劣居其右，地嫌势逼，必不相容。向使高祖有文王之明，隐太子有泰伯之贤①，太宗有子臧之节②，则乱何自而生矣！既不能然，太宗始欲俟其先发，然后应之，如此，则事非获已，犹为愈也。既而为群下所迫，遂至蹀血禁门③，推刃同气，贻讥千古，惜哉！夫创业垂统之君，子孙之所仪刑也④，彼中、明、肃、代之传继⑤，得非有所指拟以为口实乎！

【注释】

①隐太子：李建成，谥"隐"。泰伯：周太王长子，让位于其弟。

②子臧：子臧贤能，曹国人想拥立他为君，取代无德的曹王，子臧拒绝并离开曹国。

③蹀（dié）血：同"喋血"，血流遍地。

④仪刑：效法，为法，做楷模。

⑤中、明、肃、代之传继：这几任皇帝即位之际都发生过武装政变。

【译文】

臣光曰：立嫡长是礼法的正道。但是高祖之所以拥有天下都倚仗了太宗的功勋；李建成天资平庸，即使身在储位，也是居于尴尬的境地，又被秦王的功劳名望所笼罩，必定互不相容。如果高祖有周文王那样的英明，隐太子有泰伯那样的贤德，太宗有子臧那样的节操，叛乱怎么还会发生呢？既然不能像这样，那么太宗开始的时候想等对手先行动手，然后应敌，这样的话还可以说是迫不得已。结果秦王被群下所迫，终于喋血玄武门，手刃兄弟，引起后世人的嘲笑，多么可惜啊！开创基业的君主是子孙后代效仿的楷模，后来中宗、玄宗、肃宗、代宗传承之际的情形，不是都以玄武门之变做借口么？

贞观治道

　　"贞观之治"是中国历史上最为人称道的治世。或者可以说这是最接近古代理想社会的时期。

　　关于"贞观之治"，太宗所说的"去奢省费，轻徭薄赋，选用廉吏，使民衣食有余"大约是最简约的概括了，《通鉴》涉及贞观之治的内容都是围绕着这些主题展开的。

　　"贞观之治"是唐太宗和当时诸多大臣如房玄龄、杜如晦、魏徵、王珪等人共同努力的结果。太宗的知人善任、虚己以听和归美群臣都为后世艳称，因此这一时期的君臣关系也成为古代社会君臣关系的典范。

上与群臣论止盗。或请重法以禁之，上哂之曰^①：
"民之所以为盗者，由赋繁役重，官吏贪求，饥寒
切身，故不暇顾廉耻耳。朕当去奢省费，轻徭薄
赋，选用廉吏，使民衣食有余，则自不为盗，安用
重法邪！"自是数年之后，海内升平，路不拾遗，
外户不闭，商旅野宿焉^②。上又尝谓侍臣曰："君依
于国，国依于民。刻民以奉君，犹割肉以充腹，腹
饱而身毙，君富而国亡。故人君之患，不自外来，
常由身出。夫欲盛则费广，费广则赋重，赋重则民
愁，民愁则国危，国危则君丧矣。朕常以此思之，
故不敢纵欲也。"

【注释】

① 哂（shěn）：嘲笑。

② 野宿：露宿。

【译文】

唐太宗李世民和群臣讨论如何平息盗贼。有人请求用
严格的法令来禁止，太宗微微笑着说："百姓之所以成为盗
贼，是因为赋税劳役繁重，官吏贪污，民众饥寒切身，所
以才不顾廉耻的。朕应当捐弃奢华，减少费用，轻徭薄赋，
任用清廉的官员，让百姓衣食有余，自然就不做盗贼了，
哪里需要用重法！"这样过了几年以后，天下太平，路不
拾遗，外面的大门都不用关闭，商旅之人可以在荒郊野外
露宿都不用担心治安问题。太宗又曾经对侍臣说："君主依
靠国家，国家依仗百姓。压榨百姓以侍奉君主，如同割肉

以充饥，填饱了肚子人却死了，君主富有了国家就要灭亡。因此人君最担心的不是外患，而是国家内部出现的事。欲望多了花费就多，花费多了赋税就重，赋税重则百姓忧愁，百姓忧愁则国家危险，国家危险君主也就难以自保了。朕经常考虑这些事，所以不敢放纵自己的欲望。"

上厉精求治①，数引魏徵入卧内②，访以得失；徵知无不言，上皆欣然嘉纳。上遣使点兵，封德彝奏："中男虽未十八③，其躯干壮大者，亦可并点。"上从之。敕出，魏徵固执以为不可，不肯署敕，至于数四。上怒，召而让之曰："中男壮大者，乃奸民诈妄以避征役，取之何害，而卿固执至此！"对曰："夫兵在御之得其道，不在众多。陛下取其壮健，以道御之，足以无敌于天下，何必多取细弱以增虚数乎！且陛下每云：'吾以诚信御天下，欲使臣民皆无欺诈。'今即位未几，失信者数矣！"上愕然曰："朕何为失信？"对曰："陛下初即位，下诏云：'逋负官物④，悉令蠲免⑤。'有司以为负秦府国司者，非官物，征督如故。陛下以秦王升为天子，国司之物，非官物而何！又曰：'关中免二年租调，关外给复一年⑥。'既而继有敕云：'已役已输者，以来年为始。'散还之后，方复更征，百姓固已不能无怪。今既征得物，复点为兵，何谓以来年为始乎？又，陛下所与共治天下者在于守宰，居常简阅，咸以委之；至于点兵，独疑其诈，岂所谓以

贞观治道

诚信为治乎？"上悦曰："向者朕以卿固执，疑卿不达政事，今卿论国家大体，诚尽其精要。夫号令不信，则民不知所从，天下何由而治乎？朕过深矣！"乃不点中男，赐徵金瓮一⑦。上闻景州录事参军张玄素名⑧，召见，问以政道，对曰："隋主好自专庶务，不任群臣；群臣恐惧，唯知禀受奉行而已，莫之敢违。以一人之智决天下之务，借使得失相半，乖谬已多，下谀上蔽，不亡何待！陛下诚能谨择群臣而分任以事，高拱穆清而考其成败以施刑赏⑨，何忧不治？又，臣观隋末乱离，其欲争天下者不过十余人而已，其余皆保乡党、全妻子，以待有道而归之耳。乃知百姓好乱者亦鲜，但人主不能安之耳。"上善其言，擢为侍御史⑩。

【注释】

①厉精求治：振奋精神，力图治理好国家。

②魏徵：贞观名臣，以敢于进谏闻名。

③中男：未成丁的男子。

④逋（bū）负：拖欠，欠税。

⑤蠲（juān）免：免除。

⑥给（gěi）复：免除赋税徭役。

⑦瓮（wèng）：一种口小腹大的陶制容器。

⑧景州：今河北衡水。录事参军：官名，刺史属官，掌管文书，纠查府事。

⑨高拱：两手相抱，高抬于胸前。安坐时的姿势。穆

清：太平祥和。

⑩侍御史：官名，唐代属于御史台官员，举劾非法，督察郡县。

【译文】

太宗励精图治，数次将魏徵带入卧室，询问他自己施政的得失。魏徵知无不言，太宗总是欣然接纳。太宗派人征兵，封德彝奏："中男虽然未满十八，但是其中身材粗壮的也可以征募。"太宗同意了。下诏之后，魏徵坚持认为不可，不肯签署，拒签了几次。太宗发怒，召见魏徵责问道："中男中身材壮大的，都是狡猾的百姓欺骗官府妄图以此逃避征役，征募这些人又有什么害处，而你要这样固执己见！"魏徵答复说："军队是否有用在于能否统领得法，而不在人数众多。陛下征发成丁男子中身体健壮的，用合适的方法统带，足以无敌于天下，何必再多征募尚未成丁的男子虚增人数呢？何况陛下经常说：'我以诚信治理天下，希望可以带动臣民都不做欺骗的事。'如今陛下即位不久，就屡次失信了。"太宗吃惊地说："我什么时候失信了？"魏徵答道："陛下初即位时下诏说：'所欠的朝廷赋税，全部免除。'有司认为欠秦王府库租税的，就不在其列，照旧征收。陛下从秦王升为天子，秦王府库之物不就是朝廷之物么？又下诏：'关中免二年租调，关外免一年的赋税徭役。'不久又下诏说：'当年已经征发徭役和已经交纳赋税的，就从第二年开始。'这样一来，把大家上交的赋税散还以后，又再征收，百姓当然不能不怪朝廷朝令夕改。如今不止征收赋役，还点中男为兵，这样怎么能说是'来年为始'呢？

还有，辅佐陛下共同治理天下的在于地方官员，经常要接受陛下检阅，将重任交托给他们；可是到了征兵的时候，却开始怀疑他们有心欺骗，这难道是所谓的以诚信为治么？"太宗高兴地说："以前朕觉得你太过固执，疑心你可能不大了解政务，如今见你议论国家大体，实在是说到了它的精要部分。号令没有诚信，则百姓不知道应当遵行什么，天下怎么可能治理得好呢？朕真是错得厉害了。"于是不再征发中男，赏赐魏徵一件金瓮。太宗听说了景州录事参军张玄素的名声，召见他询问政道，张玄素答道："隋主喜欢自己把持所有事务，不愿意信任群臣，因此群臣恐惧，只知道受命奉行而已，没有敢违抗的。以一人的智慧决定天下事，即使能够做到得失相半，犯的错误也已经很多了，加上君主被下面阿谀奉承所蒙蔽，不亡国还等什么！陛下如果能够谨慎地选择群臣，将政事分别交付给他们，自己安坐在朝廷上考查其成败而施以刑法或者赏赐，如果能够这样，何必担心天下治理不好呢？另外，臣留心到隋末乱世，真正想要争夺天下的不过十余人，其余都不过是保全乡里和妻子儿女，等待有道的君主出现而诚心归附的。所以臣才知道百姓极少有人喜欢乱世的，只不过君主不能带给大家太平时世而已。"太宗认为他说的很有道理，将他升为侍御史。

上令封德彝举贤，久无所举。上诘之，对曰："非不尽心，但于今未有奇才耳。"上曰："君子用人如器，各取所长，古之致治者，岂借才于异代乎？

正患己不能知，安可诬一世之人！"德彝惭而退。御史大夫杜淹奏"诸司文案恐有稽失^①，请令御史就司检校"。上以问封德彝，对曰："设官分职，各有所司。果有愆违^②，御史自应纠举；若遍历诸司，搜摘疵颣^③，太为烦碎。"淹默然。上问淹："何故不复论执？"对曰："天下之务，当尽至公，善则从之。德彝所言，真得大体，臣诚心服，不敢遂非。"上悦曰："公等各能如是，朕复何忧！"

【注释】

①稽失：延误，贻误。

②愆（qiān）违：过失。

③摘：挑出。疵颣（cīlèi）：缺点，毛病。

【译文】

太宗让封德彝推荐贤才，过了很久也没有人选。太宗问他是怎么回事，封德彝说："不是臣不尽心，只是如今没有奇才。"太宗说："君子用人如器，各取所长罢了。古代明君治理天下，难道依靠的是从别的时代借来的人才么？人应该忧虑自己不能了解别人的长处，怎么能诬陷天下人！"封德彝惭愧地退下了。御史大夫杜淹上奏"诸司文案恐怕会有延误，请让御史到诸司检校"。太宗问封德彝，封德彝回答道："设立不同的官职，原本就各有自己的职责所掌。如果诸司真的有过失，御史自然应当纠察检举；如果让御史查遍诸司，搜摘出各种毛病，未免太过琐碎。"杜淹默然。太宗问杜淹："为什么不再坚持了？"杜淹答道：

"处理天下事务，应当尽心尽力，一秉大公，听到好的意见就要接受。德彝所说得朝廷大体，臣诚心佩服，不敢再争是非。"太宗很高兴，说："各位如果像这样行事，朕还有什么可担心的呢！"

上神采英毅，群臣进见者，皆失举措；上知之，每见人奏事，必假以辞色^①，冀闻规谏^②。尝谓公卿曰："人欲自见其形，必资明镜；君欲自知其过，必待忠臣。苟其君愎谏自贤^③，其臣阿谀顺旨，君既失国，臣岂能独全！如虞世基等谄事炀帝以保富贵^④，炀帝既弑^⑤，世基等亦诛。公辈宜用此为戒，事有得失，无毋尽言！"

【注释】

①假以辞色：对别人和颜悦色。

②冀（jì）：希望，期望。

③愎（bì）谏自贤：对别人的劝告态度刚愎自用，认为只有自己才最聪明正确。

④谄（chǎn）事：逢迎侍奉。虞世基：隋炀帝重臣。

⑤弑（shì）：君主被臣下所杀。

【译文】

太宗神采英毅，群臣进见的时候心中畏惧，经常举止失措；太宗知道以后，每每见人奏事，必定对别人和颜悦色，希望可以听到大臣的规谏。太宗曾经对公卿说："人想见到自己的样子，必定要靠明镜的帮助；君主想要了解自己的过失，必定需要忠臣的劝谏。如果君王刚愎自用，不听劝告，大臣阿谀顺从，一旦君主亡了国，大臣怎么能保全自己呢！就像虞世基等人逢迎侍奉隋炀帝以求保全自身的富贵，隋炀帝遇弑以后，虞世基等人也被处死。各位应当把这些当作前车之鉴，如果我处事有过错，你们要知无不言。"

上谓房玄龄曰："官在得人①，不在员多。"命玄龄并省，留文武总六百四十三员。

【注释】

①得人：得到德才兼备的人，用人得当。

【译文】

太宗对房玄龄说："任用官吏最重要的是用人得当，而不在于人多。"让房玄龄裁减合并官职，最终保留了文武官员一共六百四十三人。

上曰："为朕养民者，唯在都督、刺史，朕常疏其名于屏风，坐卧观之，得其在官善恶之迹，皆注于名下，以备黜陟①。县令尤为亲民，不可不择。"乃命内外五品已上，各举堪为县令者，以名闻。

【注释】

①黜陟（chùzhì）：官吏的升降。

【译文】

太宗说："为朕养护百姓的就是都督、刺史这些地方官。朕常常将他们的名字写在屏风上，坐卧的时候都看得到，了解了他们在任上做的好事和坏事，都一一注于名下，将这些作为将来的升迁和降职的依据。县令和百姓最为亲近，不可不认真选择。"于是让朝野内外五品官以上的各自推举能够担任县令的人，将名字奏报上来。

上谓房玄龄、杜如晦曰："公为仆射，当广求贤人，随才授任，此宰相之职也。比闻听受辞讼[①]，日不暇给，安能助朕求贤乎！"因敕"尚书细务属左右丞[②]，唯大事应奏者，乃关仆射"。

【注释】

①辞讼：诉讼的言词。

②左右丞：尚书左右丞，为尚书令、仆射的助手，分别管理尚书省事，品秩与六部侍郎相等，为正四品。

【译文】

太宗对房玄龄、杜如晦说："你们身为仆射，应当广求贤才，根据他们的才能授予官职，这才是宰相的职责。近来听说你们处理诉讼每天都来不及，怎么还能帮助朕广求贤才呢！"于是下敕"尚书省的日常事务交付左右丞，只有大事应该启奏的才告知仆射"。

玄龄明达政事，辅以文学，夙夜尽心[①]，惟恐一物失所；用法宽平，闻人有善，若己有之，不以求备取人，不以己长格物。与杜如晦引拔士类，常如不及。至于台阁规模，皆二人所定。上每与玄龄谋事，必曰："非如晦不能决。"及如晦至，卒用玄龄之策。盖玄龄善谋，如晦能断故也。二人深相得②，同心徇国③，故唐世称贤相者，推房、杜焉。

【注释】

①夙（sù）夜：朝夕，日夜。指日夜从事。

②相得：彼此投合。

③徇国：为国家利益奉献。

【译文】

房玄龄明敏通达政事，而且文采出众，日夜尽心，惟恐一件事情处理不当；用法宽大平和，听说别人有优点，就像自己有优点一样高兴，不对人求全责备，不用自己的长处衡量别人。与杜如晦一起引荐人才，唯恐来不及的样子。朝廷制度规模都由二人商议决定。太宗每次和房玄龄商议政事，他一定会说："非如晦不能决断。"等杜如晦到了，总是采用了房玄龄的主意。这是因为房玄龄善于谋划而杜如晦能够决断的缘故。二人彼此相处投合，同心同德地为国效命，因此唐代能够被称为贤相的，首推房、杜。

诸宰相侍宴，上谓王珪曰："卿识鉴精通①，复善谈论，玄龄以下，卿宜悉加品藻②，且自谓与数子何如。"对曰："孜孜奉国③，知无不为，臣不如玄龄。才兼文武，出将入相，臣不如李靖。敷奏详明④，出纳惟允⑤，臣不如温彦博。处繁治剧，众务毕举，臣不如戴胄⑥。耻君不及尧、舜，以谏争为己任，臣不如魏徵。至于激浊扬清⑦，嫉恶好善，臣于数子，亦有微长。"上深以为然，众亦服其确论。

【注释】

①识鉴：见识和鉴别人材。

②品藻：评论。

③孜孜：勤勉努力的样子。

④敷奏：陈奏，向君上报告。

⑤允：公平。

⑥胄：音 zhòu。

⑦激浊扬清：冲去污水，让清水上来，比喻清除坏的，发扬好的。

【译文】

诸宰相侍宴，太宗对王珪说："你精通鉴别人材，又善于言辞，现在就对玄龄以下的官员都加以品评，而且要说你自己觉得和他们相比如何。"王珪答道："勤勤恳恳地为国出力，知无不为，臣不如玄龄。文武兼具，出将入相，臣不如李靖。陈奏详尽清楚，出纳允当，臣不如温彦博。将繁重的事务处理得井井有条，臣不如戴胄。以君主不及尧、舜为耻辱，以进谏为己任，臣不如魏徵。至于激浊扬清，嫉恶好善，是臣比起各位略有所长的地方。"太宗深以为然，众臣也佩服他说得切实。

上之初即位也，尝与群臣语及教化，上曰："今承大乱之后，恐斯民未易化也。"魏徵对曰："不然。久安之民骄佚①，骄佚则难教；经乱之民愁苦，愁苦则易化。譬犹饥者易为食，渴者易为饮也。"上深然之。封德彝非之曰："三代以还②，人渐浇讹③，故秦任法律，汉杂霸道，盖欲化而不能，岂能之而不欲邪？魏徵书生，未识时务，若信其虚论，必败国家。"徵曰："五帝、三王不易民而化，昔黄帝征蚩尤④，颛顼诛九黎⑤，汤放桀⑥，武王伐纣，皆能身致太平，岂非承大乱之后邪！若谓古人淳朴，渐至浇讹，则至于今日，当悉化为鬼魅矣，人主安得而治之！"上卒从徵言。

【注释】

①骄佚：骄奢安逸。

②三代：指夏、商、周三代。

③浇讹（é）：浮薄诈伪。

④蚩（chī）尤：传说中的古代九黎族首领，与黄帝战于涿鹿，失败被杀。

⑤颛顼（zhuānxū）诛九黎：传说中颛顼消灭南方的九黎族。颛顼，远古传说中的帝王。号高阳氏。

⑥桀（jié）：夏朝最后一位君主，相传是个暴君。

【译文】

太宗刚刚即位的时候，曾经和群臣讨论教化。太宗说："如今承大乱之后，恐怕百姓不容易教化。"魏徵说："不是这样的。享受了长久太平的百姓骄奢安逸，骄奢安逸了才难以教化；经过战乱的百姓愁苦，愁苦了倒容易接受教化。譬如饥饿的人容易吃得下食物，而口渴的人容易喝得下饮品。"太宗认为他说的对。封德彝反驳道："夏、商、周三代以下，人心逐渐凉薄诈伪，因此秦朝施行严刑峻法，汉代更杂以霸道，都是因为想教化百姓而做不到，哪里是有能力做却不想做呢！魏徵一介书生，不识时务，如果相信他的虚论，必定败坏国家。"魏徵说："五帝三王不易民而化，昔日黄帝征蚩尤，颛顼诛杀九黎，成汤流放夏桀，武王伐纣，都能够亲身努力造就太平时世，这些难道不是承接大乱之后？如果说古人淳朴，渐至于浮薄狡诈，那么到了今天，人早就全部化为鬼魅了，人主哪里还有天下治理！"太宗最终还是接受了魏徵的意见。

元年，关中饥，米斗直绢一匹；二年，天下蝗；三年，大水。上勤而抚之，民虽东西就食①，未尝嗟怨②。是岁，天下大稔③，流散者咸归乡里，米斗不过三、四钱，终岁断死刑才二十九人。东至于海，南及五岭，皆外户不闭，行旅不赍粮④，取给于道路焉⑤。上谓长孙无忌曰："贞观之初，上书者皆云：'人主当独运威权，不可委之臣下。'又云：'宜震耀威武，征讨四夷。'唯魏徵劝朕'偃武修文⑥，中国既安，四夷自服'。朕用其言。今颉利成擒⑦，其酋长并带刀宿卫，部落皆袭衣冠，徵之力也，但恨不使封德彝见之耳！"徵再拜谢曰："突厥破灭，海内康宁，皆陛下威德，臣何力焉！"上曰：
"朕能任公，公能称所任，则其功岂独在朕乎？"

【注释】

①就食：谓出外谋生。

②嗟（jiē）怨：嗟叹怨恨。

③稔（rěn）：庄稼成熟。

④赍（jī）粮：携带干粮。

⑤取给：取得物力或人力以供需用。

⑥偃（yǎn）武修文：停止战备，提倡文教。偃，停息。

⑦颉利成擒：唐大败突厥，俘虏了颉利可汗。

【译文】

贞观元年（627），关中饥荒，每斗米值绢一匹；贞观二年（628），天下遭受蝗灾；贞观三年（629），发大水。太宗勤勉地抚慰百姓，百姓虽然出外奔走就食，却并没有叹息怨恨。当年，天下丰收，流散在外的都回到了家乡，每斗米不过三、四钱，一整年被判死刑的才二十九人。东面到海，南面到五岭，治安好到外门不关，出外旅行可以不必携带干粮，在路上就可以得到需要的物品。太宗对长孙无忌说："贞观初年，上书者都说：'人主应当独运威权，不可交付给臣下。'又说：'应当炫耀武力，征讨四夷。'只有魏徵劝朕'停止战备，提倡文教，只要中原安定，四夷自然臣服'。朕采纳了他的意见。如今突厥颉利可汗被我们俘获，突厥酋长都成为朝廷的带刀宿卫，其族人都换上我们的衣冠，这都是魏徵的力量，只恨没能让封德彝见到今天的局面！"魏徵再拜辞让："突厥破灭，天下太平，这都是仰仗陛下的威德，臣又做了什么呢！"太宗说："朕能任用你，你能够胜任这一职位，那么天下太平岂是朕一个人的功劳？"

中宗复辟

武则天在唐高宗去世之后掌握了政权，最后改国号为周，从太后变成了皇帝。随着年纪增长，武则天开始考虑身后事，心目中的继承者在儿子李显和武氏诸侄中摇摆不定。经过朝臣的劝说，她立李显为嗣，将他召回京师。但是又担心李氏家族和武家的矛盾尖锐，在自己身后会互不相容，所以让他们发誓和好。当时朝中大臣大多支持太子李显，武氏家族也拥有相当的实力，而武则天又非常宠爱张易之兄弟，这几种力量之间的关系错综复杂，矛盾重重。

公元705年，武则天病重，张氏兄弟趁机控制了权力。而上述几种势力中，以这一支力量最为薄弱，完全倚恃武则天而存在。张氏兄弟既想控制权力，又因为自身实力的限制，不得不和太子以及武氏家族保持一定的关系。

其时张柬之等人认为武则天病重是一个有利于太子的机会。于是开始联络朝臣，安排亲信接管禁军，准备发动一场政变，重新恢复李唐。

在得到姚元之等人的支持以后，张柬之他们向太子李显表明了立场，得到了太子的承诺，一切都准备停当。

于是705年正月癸卯这天，张柬之等人从东宫迎出太子，然后以禁军包围太后所在的迎仙宫，诛除张易之兄弟，并且向太后提出还政太子的要求。

局势已经完全扭转，太后迁居上阳宫，太子即位，恢复李唐国号。武周政权结束。

（圣历二年）太后春秋高①，虑身后太子与诸武不相容。壬寅，命太子、相王、太平公主与武攸暨等为誓文②，告天地于明堂，铭之铁券③，藏于史馆。

【注释】

①太后：武则天，唐初工部尚书武士彟的女儿，唐高宗李治的皇后，中国历史上唯一的女皇帝。《通鉴》中称"太后"，实际上当时武则天是称帝的。

②攸暨：音 yōujì。

③铁券：帝王颁发给功臣、重臣的一种带有奖赏和盟约性质的凭证。

【译文】

圣历二年（699），武则天年事已高，担心死后太子李显与武氏诸人不相容。壬寅，命太子李显、相王李旦、太平公主与武攸暨等一起作誓文，到明堂祭告天地，将誓言记入铁券，藏于史馆。

（太后）政事多委张易之兄弟①；邵王重润与其妹永泰郡主、主婿魏王武延基窃议其事②。易之诉于太后，九月，壬申，太后皆逼令自杀。

【注释】

①张易之兄弟：都是武则天的男宠。太平公主推荐张昌宗入侍禁中，张昌宗又推荐了其兄易之。武则天晚年，朝政多由张氏兄弟把持。神龙元年（705）武

则天病重，大臣张柬之等起兵迎中宗李显复位，张
氏兄弟被杀。

②邵王重润：太子李显（即唐中宗）之子李重润。

【译文】

武则天经常将政事交付给张易之兄弟；邵王李重润和
其妹永泰郡主、主婿魏王武延基私下议论这件事。张易之
知道以后告诉了太后，九月壬申，太后逼邵王等人自杀。

（神龙元年正月）太后疾甚，麟台监张易之、春
官侍郎张昌宗居中用事^①，张柬之、崔玄暐与中台
右丞敬晖、司刑少卿桓彦范、相王府司马袁恕己谋
诛之^②。柬之谓右羽林卫大将军李多祚曰^③："将军今
日富贵，谁所致也？"多祚泣曰："大帝也^④。"柬
之曰："今大帝之子为二竖所危^⑤，将军不思报大帝
之德乎？"多祚曰："苟利国家，惟相公处分，不敢
顾身及妻子！"因指天地以自誓，遂与定谋。

【注释】

①麟台监：武周时官名，秘书监。春官侍郎：武周时
　　官名，礼部侍郎。

②暐：音 wěi。司刑少卿：掌管刑法的大理寺官员。

③右羽林卫大将军：禁军大将。

④大帝：指唐高宗。

⑤大帝之子：指太子显。二竖：指二张。

【译文】

神龙元年（705）正月，太后病重，麟台监张易之、春官侍郎张昌宗在宫中把持大权。张柬之、崔玄暐与中台右丞敬晖、司刑少卿桓彦范、相王府司马袁恕己商量着要除掉二张。张柬之对右羽林卫大将军李多祚说："将军今日富贵是谁赐予的？"李多祚流泪说道："高宗皇帝。"张柬之说："如今高宗皇帝的儿子受到二张的迫害，将军就不想报大帝知遇之恩么？"李多祚说："只要有利于国家，愿听相公差遣，我不敢只考虑自身和家族利益。"并指天地发誓，于是就与张柬之定下了计谋。

初，柬之与荆府长史阌乡杨元琰相代①，同泛江，至中流，语及太后革命事，元琰慨然有匡复之志。及柬之为相，引元琰为右羽林将军，谓曰："君颇记江中之言乎？今日非轻授也。"柬之又用彦范、晖及右散骑侍郎李湛皆为左、右羽林将军，委以禁兵。易之等疑惧，乃更以其党武攸宜为右羽林大将军，易之等乃安。

【注释】

①阌（mín）乡：今河南灵宝。

【译文】

起先张柬之与荆府长史阌乡杨元琰相代，一同渡江，到江中时，谈到太后革唐为周的事，杨元琰慨然有匡复唐室的志向。等到张柬之为相，用杨元琰为右羽林将军，对他说："你还记得江中所说的话么？今日的任命可不是随随便便的任命。"张柬之又用桓彦范、敬晖和右散骑侍郎李湛为左、右羽林将军，掌管禁兵。张易之等怀疑是要对付他们，于是张柬之就换为二张党羽武攸宜为右羽林大将军，张易之等才放心。

俄而姚元之自灵武至都①，柬之、彦范相谓曰："事济矣！"遂以其谋告之。彦范以事白其母，母曰："忠孝不两全，先国后家可也。"时太子于北门起居，彦范、晖谒见，密陈其策，太子许之。

【注释】
①灵武：今宁夏灵武。
【译文】
不久姚元之自灵武回到长安。张柬之、桓彦范商量："事情可以成了。"就把谋划告诉了姚元之。桓彦范将此事告诉了母亲，他的母亲说："忠孝不能两全之时就先国后家好了。"当时太子居住在玄武门，桓彦范、敬晖谒见太子，密陈除去二张的计划，太子答应了。

癸卯，柬之、玄晖、彦范与左威卫将军薛思行等，帅左右羽林兵五百余人至玄武门，遣多祚、湛及内直郎、驸马都尉安阳王同皎诣东宫迎太子。太子疑，不出，同皎曰："先帝以神器付殿下，横遭幽废，人神同愤，二十三年矣！今天诱其衷，北门、南牙^①，同心协力，以今日诛凶竖，复李氏社稷，愿殿下暂至玄武门，以副众望。"太子曰："凶竖诚当夷灭，然上体不安，得无惊怛^②！诸公更为后图。"李湛曰："诸将相不顾家族以徇社稷^③，殿下奈何欲纳之鼎镬乎^④！请殿下自出止之。"太子乃出。

【注释】

①北门、南牙：北门指禁军，南牙指宰相和廷臣。

②惊怛（dá）：惊恐。

③徇（xùn）社稷：为社稷牺牲。

④鼎镬（dǐnghuò）：古代酷刑，用鼎镬烹人。鼎、镬，都是烹饪用具。

【译文】

癸卯，张柬之、崔玄暐、桓彦范和左威卫将军薛思行等人率左右羽林兵五百余人到玄武门，派李多祚、李湛和内直郎、驸马都尉安阳王同皎到东宫迎太子。太子疑虑，不肯出宫，王同皎说："先帝将国家交付给殿下，结果殿下横遭幽废，这是人神共愤的事，到如今已经二十三年了。如今上天赐予了这样的机会，北门禁军和南衙廷臣同心协力，要在今日诛除奸佞小人，恢复李唐社稷，请殿下暂至玄武门，以顺应民心。"太子说："奸佞小人确实应当诛灭，但圣上身体不适，如此必定受到惊扰。诸公还是以后再作打算吧。"李湛说："诸将相不顾身家性命和家族安危而扶保社稷，殿下怎么能就此放弃，置众人于死地呢！如果殿下要阻止大家，请您自己出去跟大家说。"太子这才出了东宫。

　　同皎扶抱太子上马，从至玄武门，斩关而入①。太后在迎仙宫，柬之等斩易之、昌宗于庑下②，进至太后所寝长生殿，环绕侍卫。太后惊起，问曰："乱者谁邪？"对曰："张易之、昌宗谋反，臣等奉太子令诛之，恐有漏泄，故不敢以闻。称兵宫禁，罪当万死！"太后见太子曰："乃汝邪？小子既诛，可还东宫！"彦范进曰："太子安得更归！昔天皇以爱子托陛下，今年齿已长，久居东宫，天意人心，久思李氏。群臣不忘太宗、天皇之德③，故奉太子诛贼臣。愿陛下传位太子，以顺天人之望！"李湛，义府之子也。太后见之，谓曰："汝亦为诛易之将军邪？我于汝父子不薄，乃有今日！"湛惭不能对。又谓崔玄暐曰："他人皆因人以进，惟卿朕所自擢，亦在此邪？"对曰："此乃所以报陛下之大德。"

【注释】

①斩关：砍断门闩，泛指攻破城门。

②庑（wǔ）：廊。

③天皇：指唐高宗。

【译文】

　　王同皎扶抱太子上马，大家跟随至玄武门，破门而入。当时太后在迎仙宫，张柬之等在廊下斩杀了张易之、张昌宗，闯入太后休息的长生殿，以侍卫包围寝殿。太后惊起，问："是谁在叛乱？"众人回答道："张易之、张昌宗谋反，臣等奉太子令诛杀了他们，怕事情会泄露，所以不敢事先奏知陛下。在宫中动用军队武器，罪该万死！"太后看见了太子，说："是你么？既然奸人已经杀掉了，你可以回东宫去了。"桓彦范上前进奏："太子怎么可以再回去？当年高宗皇帝将爱子托付给陛下，如今太子年岁已长，久居东宫，天意人心，都一直在想念李唐。群臣不忘太宗皇帝和高宗皇帝的恩德，因此推奉太子诛除贼臣。请陛下传位给太子，以顺天意和人心。"李湛是李义府之子。太后见到他说："你也参与了杀张易之将军么？我待你们父子不薄，想不到也有今天！"李湛惭愧不能对答。太后又对崔玄暐说："别人都是由他人举荐的，只有你是朕亲自提拔的，你也参与了这件事？"崔玄暐答道："这正是臣回报陛下的大恩德。"

于是收张昌期、同休、昌仪等，皆斩之，与易之、昌宗枭首天津南①。是日，袁恕己从相王统南牙兵以备非常，收韦承庆、房融及司礼卿崔神庆系狱，皆易之之党也。

【注释】

①枭（xiāo）首：砍头悬挂示众。天津：今河南洛阳西南的天津桥。

【译文】

于是张柬之等收捕张昌期、张同休、张昌仪等人，全部斩首，和张易之、张昌宗一起枭首于天津桥南。这一天，袁恕己跟随相王李旦统领南牙兵以防万一，收捕韦承庆、房融及司礼卿崔神庆入狱，他们都是张易之的党羽。

甲辰，制太子监国，赦天下。以袁恕己为凤阁侍郎、同平章事①，分遣十使赍玺书宣慰诸州。乙巳，太后传位于太子。

【注释】

①凤阁侍郎：中书侍郎。同平章事：即宰相。

【译文】

甲辰，武则天下制令太子监国，大赦天下。任命袁恕己为凤阁侍郎、同平章事，分别派出十使臣携带玺书宣慰诸州。乙巳，太后传位于太子。

丙午，中宗即位，赦天下，惟张易之党不原①；其为周兴等所枉者，咸令清雪，子女配没者皆免之②。相王加号安国相王，拜太尉、同凤阁鸾台三品③，太平公主加号镇国太平公主。皇族先配没者，子孙皆复属籍，仍量叙官爵④。

【注释】

①原：赦免。

②配没：把罪人的家属发配为奴隶。

③同凤阁鸾台三品：即同中书门下三品，宰相。

④量叙官爵：根据不同的情况分别录用。

【译文】

丙午，中宗即位，大赦天下，只有张易之一党不在赦列。所有被周兴等酷吏冤枉的，都加以昭雪，子女受到牵连而罚为官奴的都加以赦免。相王李旦加号安国相王，拜太尉、同凤阁鸾台三品，太平公主加号镇国太平公主。皇族中有以前因罪发配的，子孙都恢复宗籍，仍然酌情赐予官爵。

丁未，太后徙居上阳宫，李湛留宿卫。

【译文】

丁未，太后迁居上阳宫，李湛带兵宿卫。

（神龙元年二月）辛亥，帝帅百官诣上阳宫问太后起居；自是每十日一往。

甲寅，复国号曰唐。

【译文】

神龙元年（705）二月辛亥，皇帝率百官到上阳宫问候太后起居；自此以后每十日去一次。

甲寅，复国号为唐。

中宗和韦后之死

中宗复位之后，政治局面仍然没有什么改善。武三思等武氏族人，韦皇后和安乐公主都干预国政，滥官充溢，政出多门，朝野上下的失望可想而知。

不满的情绪渐渐开始浮出表面。先是太子重俊发动兵变，意图诛灭韦后。接着又有人向中宗指责韦后、安乐公主。在中宗表示了不满之后，意图成为第二个武则天的韦后和意图成为皇太女的安乐公主联手毒死了中宗。

其后，韦后通过亲信和韦氏家族控制了禁军和朝政，拥立幼主，排斥相王。希望可以重现武则天当政的局面。

相王之子李隆基在这个时候崭露头角。他早已结交了很多有才能的人，又和禁军中的重要人物建立了深厚的关系。因此在得知韦后的野心之后，他联合了太平公主以及禁军的势力，发动了一次宫廷政变。这次政变准备充分，人员也十分得力，所以在一夜之间就顺利地铲除了韦氏家族，夺回了朝政大权。

（景云元年）五月，丁卯，许州司兵参军偃师燕钦融复上言①："皇后淫乱，干预国政，宗族强盛；安乐公主、武延秀、宗楚客图危宗社②。"上召钦融面诘之。钦融顿首抗言③，神色不挠；上默然。宗楚客矫制令飞骑扑杀之④，投于殿庭石上，折颈而死，楚客大呼称快。上虽不穷问，意颇怏怏不悦⑤；由是韦后及其党始忧惧。

【注释】

① 许州：今河南许昌。司兵参军：刺史属官，负责地方军务。偃师：今河南偃师。

② 安乐公主：中宗和韦后的女儿。武延秀：安乐公主的丈夫。宗楚客：宰相，属于韦后一党。

③ 顿首抗言：磕头，但是大声讲话，态度坚定。

④ 飞骑：唐禁军名，贞观中唐太宗置左右屯营于玄武门，称"飞骑"。

⑤ 怏怏（yàng）：不高兴的神情。

【译文】

景云元年（710）五月丁卯，许州司兵参军偃师燕钦融上奏说："皇后淫乱，干预国政，韦氏宗族强盛；安乐公主、武延秀、宗楚客图谋危害宗庙社稷。"中宗召燕钦融当面诘问，燕钦融磕头，但仍是高声辩解，辞色不屈；中宗默然。宗楚客假传诏令，让飞骑去捕杀燕钦融，飞骑将他扔到殿庭石上，头颈折断而死，宗楚客大叫痛快。中宗虽然没有追究，但心里非常不高兴；从此韦后及其党羽开始觉得担心了。

散骑常侍马秦客以医术^①，光禄少卿杨均以善烹调^②，皆出入宫掖，得幸于韦后，恐事泄被诛；安乐公主欲韦后临朝当皇帝，自为皇太女；乃相与合谋，于饼馂中进毒^③。六月，壬午，中宗崩于神龙殿。

【注释】

①散骑常侍：无实际职权，但为尊贵之官，多用作将相大臣的兼职。

②光禄少卿：光禄寺卿的副手，掌皇室膳食。

③馂（dàn）：糕饼类食物。

【译文】

散骑常侍马秦客擅长医术，光禄少卿杨均擅长烹调，二人凭借技艺出入宫廷，得到韦后的宠幸，马、杨二人担心事情泄露而被杀；安乐公主想要韦后临朝，自己可以做皇太女；于是一起合谋，在进献的饼中下毒。六月壬午，中宗被毒死在神龙殿。

韦后秘不发丧，自总庶政。癸未，召诸宰相入禁中，征诸府兵五万人屯京城，使驸马都尉韦捷、韦灌、卫尉卿韦璿、左千牛中郎将韦锜、长安令韦播、郎将高嵩等分领之^①。璿，温之族弟；播，从子；嵩，其甥也。中书舍人韦元徼巡六街^②。又命左监门大将军兼内侍薛思简等，将兵五百人驰驿戍均州^③，以备谯王重福。以刑部尚书裴谈、工部尚书张锡并同中书门下三品，仍充东都留守。吏部尚书张嘉福、中书侍郎岑羲、吏部侍郎崔湜并同平章事④。

【注释】

①卫尉卿：负责宫殿门户守卫。璿：音 xuán。左千牛中郎将：禁卫官千牛备身、千牛卫简称千牛，侍卫宫廷，中郎将是其中的低级武职。

②徼（jiào）巡：巡查。

③驰驿：驾乘驿马疾行。均州：今湖北丹江口。

④湜：音 shí。

【译文】

韦后秘不发丧，自己总揽政务。癸未，韦后召诸宰相入宫，征调五万府兵驻守京城，派驸马都尉韦捷、韦灌、卫尉卿韦璿、左千牛中郎将韦锜、长安令韦播、郎将高嵩等人分别统领。韦璿是韦温的族弟，韦播是韦温的侄子，高嵩是韦温的外甥。中书舍人韦元巡察长安六街。又派左监门大将军兼内侍薛思简等人，带兵五百人赶往均州戍守，以防备谯王李重福有异动。以刑部尚书裴谈、工部尚书张锡并为同中书门下三品，仍然充任东都留守。吏部尚书张嘉福、中书侍郎岑羲、吏部侍郎崔湜并为同平章事。

太平公主与上官昭容谋草遗制①，立温王重茂为皇太子②，皇后知政事，相王旦参谋政事。宗楚客密谓韦温曰："相王辅政，于理非宜；且于皇后，嫂叔不通问，听朝之际，何以为礼？"遂帅诸宰相表请皇后临朝，罢相王政事。苏瓌曰："遗诏岂可改邪！"温、楚客怒，瓌惧而从之，乃以相王为太子太师。

【注释】

①上官昭容：上官婉儿，唐代著名女诗人。上官仪的孙女，祖父和父亲被杀，和其母郑氏配入掖庭。曾经在武则天身边为女官，掌诏命，参与政事，此时是中宗的后官。景龙四年（710），临淄王李隆基起兵诛讨韦皇后及其党羽，上官婉儿被处斩。

②温王重茂：温王李重茂，中宗的儿子。

【译文】

太平公主和上官昭容谋划草拟遗诏，立温王李重茂为皇太子，皇后掌管政事，相王李旦参谋政事。宗楚客秘密地对韦温说："相王辅政，不合情理；而且他和皇后之间嫂叔不通音问，上朝的时候，礼仪怎么安排呢？"于是就率诸宰相上表请皇后临朝，罢除相王参与政事。苏瓌说："遗诏怎么能改？"韦温、宗楚客发怒，苏瓌害怕了只得依从，于是让相王为太子太师。

甲申，梓宫迁御太极殿①，集百官，发丧，皇后临朝摄政，赦天下，改元唐隆。进相王李旦为太尉，雍王李守礼为豳王，寿春王李成器为宋王，以从人望。命韦温总知内外守捉兵马事。

【注释】

①梓（zǐ）宫：皇帝、皇后的棺材。

【译文】

甲申，中宗的梓宫迁到太极殿，百官会集，发丧，皇后临朝摄政，大赦天下，改元唐隆。晋升相王李旦为太尉，雍王李守礼为邠王，寿春王李成器为宋王，以顺应民望。任命韦温为总知内外守捉兵马事，负责所有治安和军事。

相王子临淄王隆基①，先罢潞州别驾②，在京师，阴聚才勇之士，谋匡复社稷。初，太宗选官户及蕃口骁勇者③，着虎文衣，跨豹文鞯④，从游猎，于马前射禽兽，谓之百骑；则天时稍增为千骑，隶左右羽林⑤；中宗谓之万骑，置使以领之。隆基皆厚结其豪杰。兵部侍郎崔日用素附韦、武⑥，与宗楚客善，知楚客谋，恐祸及己，遣宝昌寺僧普润密诣隆基告之，劝其速发。隆基乃与太平公主及公主子卫尉卿薛崇暕、苑总监赣人钟绍京、尚衣奉御王崇晔、前朝邑尉刘幽求、利仁府折冲麻嗣宗谋先事诛之⑦。韦播、高嵩数榜捶万骑⑧，欲以立威，万骑皆怨。果毅葛福顺、陈玄礼见隆基诉之⑨，隆基讽以诛诸韦，皆踊跃请以死自效。万骑果毅李仙凫亦预其谋。或谓隆基当启相王，隆基曰："我曹为此以徇社稷⑩，事成福归于王，不成以身死之，不以累王也。今启而见从，则王预危事；不从，将败大计。"遂不启。

【注释】

①临淄王隆基：李隆基，唐睿宗李旦的第三个儿子，712年至756年在位，即唐玄宗，也称唐明皇。他开创了唐朝开元天宝盛世，晚年发生安史之乱，仓皇出逃。其时为临淄郡王。

②潞（lù）州：今山西长治。别驾：官名，为州刺史的佐吏，隋唐时曾改为长史。唐中期以后各州仍并置别驾、长史，但职权已轻。

③官户：犯罪者及其家属没入官府服役，并编入特殊户籍。蕃口：少数民族。

④鞯（jiān）：衬托马鞍的垫子。

⑤左右羽林：皇室禁军中的一种。

⑥兵部侍郎：兵部副长官。

⑦卫尉卿：负责宫殿门户守卫。薛崇暕（jiǎn）：太平公主之子。苑总监：管理皇室园林的官员。钟绍京：和下文提到的王崇晔、刘幽求、麻嗣宗等人都是李隆基政变的主要参与者。尚衣奏御：管理皇室服饰的官员。邑尉：邑县县尉，掌管一县治安。邑县，今陕西大荔。利仁府折冲：折冲府是唐代府兵基层组织的名称，贞观十年（636）军府统称为折冲府，长官为折冲都尉，其副为果毅都尉。

⑧榜捶（chuí）：责打。

⑨果毅：唐禁卫军有折冲、果毅等郎将官。葛福顺、陈玄礼：均为李隆基政变的核心人物，开元以后成为禁军领袖，陈玄礼更成为玄宗的心腹重臣。

⑩徇社稷：为挽救国家献身，不惜生命。

【译文】

相王之子临淄王李隆基，当初从潞州别驾任上免官，住在京师，暗中召集有才能和有勇力的人，图谋匡复李唐社稷。原先太宗选官户和蕃口中的骁勇之士，穿虎皮纹饰的衣服，用装饰有豹纹的马鞍，跟随自己游猎，在马前射禽兽，称之为百骑；武则天时人数增加，称为千骑，隶属于禁军中的左右羽林；中宗时称为万骑，设置官员统领。李隆基和万骑中的杰出之士都有深交。兵部侍郎崔日用向来依附韦、武，和宗楚客熟识，知道宗楚客想要铲除太平公主和相王的计划，担心自己受到牵连，就派宝昌寺僧普润秘密找到李隆基，告知其事，劝他先发制人。于是李隆基和太平公主及公主之子卫尉卿薛崇暕、苑总监江西人钟绍京、尚衣奉御王崇晔、前朝邑尉刘幽求、利仁府折冲麻嗣宗谋划先行诛杀对方。韦播、高嵩屡次杖打万骑，想借此立威，万骑将士都很怨恨。果毅葛福顺、陈玄礼进见李隆基，经常跟他抱怨此事。李隆基暗示要诛除诸韦，葛、陈等都非常踊跃，愿意以死效力。万骑果毅李仙凫也参与其事。有人对李隆基说应当启奏相王，李隆基说："我们做这些事，不惜牺牲以报效社稷，事情成功则归功于相王，失败则只有一死，不至于连累他了。如果现在告诉了他，他允许，则相王也就参与了危险的事；万一他不允许，我们的计划就要失败了。"于是不告诉相王。

庚子，晡时①，隆基微服与幽求等入苑中，会钟绍京廨舍②；绍京悔，欲拒之，其妻许氏曰："忘身徇国，神必助之。且同谋素定，今虽不行，庸得免乎③？"绍京乃趋出拜谒，隆基执其手与坐。时羽林将士皆屯玄武门，逮夜④，葛福顺、李仙凫皆至隆基所，请号而行。向二鼓，天星散落如雪，刘幽求曰："天意如此，时不可失！"福顺拔剑直入羽林营，斩韦璿、韦播、高嵩以徇，曰："韦后鸩杀先帝⑤，谋危社稷。今夕当共诛诸韦，马鞭以上皆斩之⑥！立相王以安天下。敢有怀两端助逆党者⑦，罪及三族！"羽林之士皆欣然听命。乃送璿等首于隆基，隆基取火视之，遂与幽求等出苑南门，绍京帅丁匠二百余人，执斧锯以从。使福顺将左万骑攻玄德门，仙凫将右万骑攻白兽门，约会于凌烟阁前，即大噪⑧；福顺等共杀守门将，斩关而入。隆基勒兵玄武门外，三鼓，闻声，帅总监及羽林兵而入，诸卫兵在太极殿宿卫梓宫者，闻噪声，皆被甲应之。韦后惶惑走入飞骑营，有飞骑斩其首献于隆基。安乐公主方照镜画眉，军士斩之。斩武延秀于肃章门外，斩内将军贺娄氏于太极殿西。

【注释】

①晡（bū）时：傍晚。

②廨（xiè）舍：官舍。

③免：幸免，免除灾祸。

④逮夜：到了夜里。

⑤鸩（zhèn）杀：毒死。

⑥马鞭以上皆斩之：比马鞭高的都要杀掉。

⑦怀两端：三心二意。

⑧大噪：大声喊。

【译文】

庚子傍晚，李隆基穿着便服与刘幽求等人进入苑中，在钟绍京的官舍相会。钟绍京后悔了想要拒绝，他的妻子许氏说："不顾自身为国牺牲，必定得到神灵的庇佑。而且计划已经定好了，即使不执行，难道就能免除祸患吗？"钟绍京这才出去拜谒，李隆基拉着他的手坐在一起。当时羽林将士都驻扎在玄武门，到了夜里，葛福顺、李仙凫都来李隆基这里集会，等待命令然后行动。将到二鼓，天上的星星散落如雪，刘幽求说："天意如此，机不可失！"葛福顺拔剑直入羽林营，斩杀韦璿、韦播、高嵩并且将其示众，说："韦后毒杀先帝，企图危害社稷。今晚当与各位一同诛灭诸韦，凡是长得比马鞭还高的都要杀死。然后拥立相王以安定天下。敢有犹豫不决、怀有二心的，诛灭三族！"羽林将士都欣然听命。于是将韦璿等人的首级送到李隆基处，李隆基举火确认，然后和刘幽求等人出苑南门，钟绍京带领丁匠二百余人，手持斧锯跟随。李隆基派葛福顺带左万骑攻玄德门，李仙凫带右万骑攻白兽门，约定在凌烟阁前会合。于是大声喊叫，开始行动。葛福顺等人杀了守门将领，破门而入。李隆基带兵等在玄武门外，三鼓时分，听见传出喊叫声，李隆基率总监及羽林兵进入玄武门，那些在太极殿宿卫梓宫的禁军听到喊声，都穿上盔甲响应。韦后在惊惶中逃入飞骑营，有个飞骑将士斩下韦后首级献给李隆基。安乐公主正在对镜画眉，军士将其斩首。又斩杀武延秀于肃章门外，斩杀内将军贺娄氏于太极殿西。

初，上官昭容引其从母之子王昱为左拾遗①，昱说昭容母郑氏曰："武氏，天之所废，不可兴也。今婕妤附于三思②，此灭族之道也，愿姨思之！"郑氏以戒昭容，昭容弗听。及太子重俊起兵诛三思③，索昭容，昭容始惧，思昱言；自是心附帝室，与安乐公主各树朋党。及中宗崩，昭容草遗制立温王，以相王辅政；宗、韦改之。及隆基入宫，昭容执烛帅宫人迎之，以制草示刘幽求。幽求为之言，隆基不许，斩于旗下。

【注释】

①左拾遗：谏官。

②三思：武三思，武则天之侄。

③太子重俊起兵诛三思：圣历三年（707）七月，皇太子李重俊与羽林将军李多祚等，率羽林千骑兵诛武三思等人，后兵败被杀。

【译文】

当初上官昭容引用从母之子王昱为左拾遗，王昱劝说昭容母郑氏："武氏，是上天抛弃的家族，不可能再兴盛了。如今婕妤依附武三思，这是灭族之道，希望姨母三思。"郑氏以此告诫昭容，昭容不肯听。等到太子李重俊起兵讨伐武三思，搜捕昭容，昭容才开始害怕，想起王昱的话；自此心里归附了皇室，和安乐公主各树朋党。中宗驾崩，昭容起草遗诏立温王，让相王辅政；但是被宗楚客和韦温改掉了。等到李隆基入宫，昭容秉烛带领宫人相迎，把原先写的诏书交给刘幽求看。刘幽求为她在李隆基面前进言，李隆基不许，把她斩于旗下。

时少帝在太极殿，刘幽求曰："众约今夕共立相王，何不早定！"隆基遽止之[①]，捕索诸韦在宫中及守诸门，并素为韦后所亲信者皆斩之。比晓[②]，内外皆定。辛巳，隆基出见相王，叩头谢不先启之罪。相王抱之泣曰："社稷宗庙不坠于地，汝之力也！"遂迎相王入辅少帝。

闭宫门及京城门，分遣万骑收捕诸韦亲党。

【注释】

①遽（jù）：立即，马上。

②比晓：等到天亮。

【译文】

当时少帝李重茂在太极殿，刘幽求说："大家都约好了今晚迎立相王，为什么还不早早决断！"李隆基立即阻止了他，搜捕在宫中的韦氏族人，还有那些守卫诸门并且向来为韦后所亲信的，全部斩杀。等到天亮的时候，朝廷内外都已安定。辛巳，李隆基出见相王，叩头请罪，希望相王原谅他没有事先启奏之罪。相王抱着他哭道："社稷宗庙依靠了你的力量，没有旁落。"于是迎接相王入宫辅佐少帝。

　　关闭宫门及京城门，派出万骑分头收捕诸韦亲党。

李林甫当政

在某种程度上说，是李林甫的才能与吏干，为人处世的方式，契合了玄宗在当时的需要，因此他成了玄宗为当时朝局选中的宰相。

在《通鉴》的记载中，李林甫就是安史之乱的罪魁祸首，这基本上可以代表传统史学的观点。

李林甫在玄宗时期长居相位十九年，举凡玄宗后期的种种举措都和他有关。从太子瑛的废黜，张九龄的罢免，天宝时期目标指向太子亨的数次大狱，也包括了当时相关的政治、经济、军事措施。当然，李林甫的排除异己和嫉贤妒能也都相当著名。

（开元二十二年）吏部侍郎李林甫^①，柔佞多狡数^②，深结宦官及妃嫔家，伺候上动静，无不知之。由是每奏对，常称旨^③，上悦之。时武惠妃宠幸倾后宫^④，生寿王清，诸子莫得为比，太子浸疏薄^⑤。林甫乃因宦官言于惠妃，愿尽力保护寿王；惠妃德之，阴为内助，由是擢黄门侍郎。五月，戊子，以裴耀卿为侍中，张九龄为中书令，林甫为礼部尚书、同中书门下三品^⑥。

【注释】

①李林甫：出自皇族。开元二十二年（734）拜礼部尚书、同中书门下三品。收买嫔妃宦官，探得玄宗动静，迎合意旨，因而获得信任，掌握大权。在相位十九年。

②佞（nìng）：用花言巧语谄媚。

③称旨：符合皇帝心意。

④武惠妃：唐开元中，后宫皇后以下，立惠妃、丽妃、华妃三位，为正一品。

⑤浸疏薄：渐渐疏远，关系淡薄。

⑥"以裴耀卿"三句：侍中、中书令、同中书门下三品，均为宰相。裴耀卿，中唐时期著名的政治家，主要功绩是整顿漕运。张九龄，唐代有名的贤相。

【译文】

开元二十二年（734），吏部侍郎李林甫，狡猾又擅长花言巧语，与宦官及后宫妃嫔家的结交很深，对玄宗的行动止息无不了解。因此每每奏对都能符合皇帝的心意，玄宗很喜欢他。当时武惠妃宠冠后宫，生寿王李清，其宠幸程度远过于其余诸子，太子和皇帝的关系也日渐疏远。李林甫于是就通过宦官进言武惠妃，表示愿意尽力保护寿王。武惠妃很感激李林甫，就暗中帮助他，因此李林甫很快就升任为黄门侍郎。五月戊子，以裴耀卿为侍中，张九龄为中书令，李林甫为礼部尚书、同中书门下三品。

初，上欲以李林甫为相，问于中书令张九龄，九龄对曰："宰相系国安危，陛下相林甫①，臣恐异日为庙社之忧。"上不从。时九龄方以文学为上所重，林甫虽恨，犹曲意事之②。侍中裴耀卿与九龄善，林甫并疾之③。是时，上在位岁久，渐肆奢欲④，怠于政事。而九龄遇事无细大皆力争；林甫巧伺上意，日思所以中伤之。

【注释】

①相：以……为宰相。

②曲意事之：委曲己意而奉承别人。

③疾：恨。

④肆奢欲：放纵欲望，喜好奢侈。

【译文】

当初，玄宗想用李林甫为相，询问中书令张九龄的意见，张九龄答道："宰相关系到国家安危，陛下如果用林甫为相，臣担心他以后会成为国家的祸患。"玄宗不听。当时张九龄正因为文学才能为玄宗器重，李林甫虽然恨他，但仍然努力奉承他。侍中裴耀卿与张九龄相处友善，李林甫很痛恨他们。当时玄宗在位日子久了，渐渐地放纵欲望，对政务也开始懈怠了，而张九龄遇事无论大小都要力争，李林甫小心观察玄宗的心思，每天都在考虑如何中伤张九龄。

  上之为临淄王也，赵丽妃、皇甫德仪、刘才人皆有宠①，丽妃生太子瑛，德仪生鄂王瑶，才人生光王琚。及即位，幸武惠妃，丽妃等爱皆弛②；惠妃生寿王瑁，宠冠诸子。太子与瑶、琚会于内第，各以母失职有怨望语。驸马都尉杨洄尚咸宜公主，常伺三子过失以告惠妃③。惠妃泣诉于上曰："太子阴结党与，将害妾母子，亦指斥至尊。"上大怒，以语宰相，欲皆废之。九龄曰："陛下践祚垂三十年④，太子诸王不离深宫，日受圣训，天下之人皆庆陛下享国久长，子孙蕃昌。今三子皆已成人，不闻大过，陛下奈何一旦以无根之语，喜怒之际，尽废之乎？且太子天下本，不可轻摇。昔晋献公听骊姬之谗杀申生，三世大乱⑤。汉武帝信江充之诬罪戾太子，京城流血⑥。晋惠帝用贾后之谮废愍怀太子⑦，中原涂炭⑧。隋文帝纳独孤后之言黜太子勇，立炀帝，遂失天下⑨。由此观之，不可不慎。陛下必欲为此，臣不敢奉诏。"上不悦。林甫初无所言，退而私谓宦官之贵幸者曰："此主上家事，何必问外人！"上犹豫未决。惠妃密使官奴牛贵儿谓九龄曰："有废必有兴，公为之援，宰相可长处。"九龄叱之，以其语白上；上为之动色，故讫九龄罢相，太子得无动。林甫日夜短九龄于上⑩，上浸疏之。

【注释】

①赵丽妃、皇甫德仪、刘才人：开元时期后宫中皇后以下，立惠妃、丽妃、华妃三位，为正一品。才人七人，正四品。

②弛：这里指失宠。

③伺：探察。

④践祚（zuò）：登基称帝。

⑤"昔晋献公"两句：晋献公听信骊姬的阴谋，杀了太子申生，逼走公子重耳和夷吾，献公去世之后，传位骊姬之子奚齐，很快为大夫里克所杀。

⑥"汉武帝"两句：详见前文"戾太子事件"。

⑦"晋惠帝"句：晋惠帝贾皇后诬陷太子司马遹造反，唆使惠帝废黜太子，后来又暗杀了他，引起群情激愤，引发了八王之乱。谮（zèn），无中生有地说人坏话。

⑧涂炭：陷入泥沼，坠入炭火。比喻极其艰难困苦。

⑨"隋文帝"三句：见上文"杨广夺嫡"条。

⑩短：指责别人的缺点。

【译文】

玄宗为临淄王的时候，赵丽妃、皇甫德仪、刘才人都有宠，丽妃生太子李瑛，德仪生鄂王李瑶，才人生光王李琚。玄宗即位，宠幸武惠妃，丽妃等都失宠；武惠妃生寿王李瑁，所受宠爱超过其他皇子。太子与李瑶、李琚在内廷住所聚会，因为各自生母的境遇而出言抱怨。驸马都尉杨洄娶了咸宜公主，经常探察三位皇子的过失告诉武惠妃。武惠妃向玄宗哭诉说："太子暗中结党，将要谋害臣妾母子，他们还指责陛下。"玄宗大怒，告诉了宰相，想要废黜这三位皇子。张九龄说："陛下登基将近三十年，太子诸王不离深宫，得以经常听到陛下的教导，天下人都觉得陛下享国久长，子孙昌盛，都为陛下高兴。如今三位皇子都已成人，没有听说犯过什么大错误，陛下怎么能突然因为无根的传言，在发怒的时候就要全部废黜他们呢？何况太子为天下的根本，不可轻易动摇。以往历史上晋献公听信骊姬的谗言杀申生，晋国三世大乱。汉武帝相信了江充的诬告降罪戾太子，造成京城流血的惨剧。晋惠帝听了贾后无中生有的话废了愍怀太子，最后中原涂炭。隋文帝因为独孤后之意见废黜太子杨勇，立炀帝，最终丢掉了天下。可见废黜太子不可不慎重。陛下一定要这样做，则臣不敢奉诏。"玄宗不高兴。李林甫开始并没有说什么，退朝后私下对玄宗宠信的宦官说："这是陛下的家事，何必问外人！"玄宗犹豫不决。武惠妃秘密派官奴牛贵儿对张九龄说："有废必有兴，太子废立之时，如果您能够加以援手，自然可以长保宰相之位。"张九龄断然斥责，并把她说的话告诉了玄宗。玄宗听了为之变色。因此直到张九龄罢相，太子都安于其位。李林甫则随时随地在玄宗面前讲张九龄的坏话，玄宗渐渐地疏远了张九龄。

　　林甫引萧炅为户部侍郎①。炅素不学，尝对中书侍郎严挺之读"伏腊"为"伏猎"②。挺之言于九龄曰："省中岂容有'伏猎侍郎'！"由是出炅为岐州刺史③，故林甫怨挺之。九龄与挺之善，欲引以为相，尝谓之曰："李尚书方承恩，足下宜一造门，与之款昵。"挺之素负气，薄林甫为人，竟不之诣；林甫恨之益深。挺之先娶妻，出之，更嫁蔚州刺史王元琰④，元琰坐赃罪下三司按鞫⑤，挺之为之营解。林甫因左右使于禁中白上。上谓宰相曰："挺之为罪人请属所由。"九龄曰："此乃挺之出妻，不宜有情。"上曰："虽离乃复有私。"

【注释】

①炅：音 jiǒng。户部侍郎：尚书省户部长官副手，掌财政。

②中书侍郎：中书省长官副手，职掌诏命。

③岐州：今陕西凤翔。

④蔚州：今河北蔚县。

⑤三司：管理司法的衙门，大理寺、御史台、刑部。按鞫（jū）：审问。

【译文】

　　李林甫引萧炅为户部侍郎。萧炅向来不学无术，曾经在中书侍郎严挺之面前读"伏腊"为"伏猎"。严挺之对张九龄说："省中岂容有'伏猎侍郎'！"于是将萧炅外放为岐州刺史，因此李林甫怨恨严挺之。张九龄与严挺之友善，想要引荐他入相，曾对他说："李尚书正受陛下器重，足下应当上门拜望，与他相处和睦亲近。"严挺之一向自恃意气，轻视李林甫为人，终究不肯上门拜望。李林甫更加恨他。严挺之原先娶妻，后来休了她，他的妻子改嫁蔚州刺史王元琰，王元琰因为犯贪赃罪交付三司衙门审问，严挺之努力营救他。李林甫趁机通过宦官将这件事告诉了玄宗。玄宗对宰相说："挺之营救罪人是有私人原因的。"张九龄说："这是挺之休掉的妻子，不应当还有私情。"玄宗说："虽然化离，还是有私情的。"

　　于是上积前事，以耀卿、九龄为阿党①；壬寅，以耀卿为左丞相，九龄为右丞相，并罢政事。以林甫兼中书令，仙客为工部尚书、同中书门下三品②，领朔方节度如故③。严挺之贬洺州刺史④，王元琰流岭南。

【注释】

①阿党：结党营私，相互勾结。

②仙客：即牛仙客。开元二十四年（736）秋，赴任朔方行军大总管。不久升任宰相。

③朔方节度：治所在今宁夏灵武。

④洺州：今河北永年。

【译文】

　　于是玄宗联系到以前的事，认定裴耀卿、张九龄结为朋党；壬寅，以裴耀卿为左丞相，张九龄为右丞相，同时罢免政事。以李林甫兼中书令，牛仙客为工部尚书、同中书门下三品，仍然领朔方节度。严挺之贬为洺州刺史，王元琰流放岭南。

上即位以来，所用之相，姚崇崇尚通，宋璟崇尚法，张嘉贞崇尚吏，张说崇尚文，李元纮、杜暹崇尚俭①，韩休、张九龄崇尚直，各其所长也。九龄既得罪，自是朝廷之士，皆容身保位，无复直言。

【注释】

①纮：音 hóng。暹：音 xiān。

【译文】

玄宗即位以来所任用的丞相，姚崇尚通变，宋璟尚法制，张嘉贞尚吏治，张说尚文学，李元纮、杜暹尚节俭，韩休、张九龄尚忠直，各有所长。张九龄得罪被贬斥以后，朝廷之士都顾虑安身保位，不再直言。

李林甫欲蔽塞人主视听，自专大权，明召诸谏官谓曰："今明主在上，群臣将顺之不暇，乌用多言！诸君不见立仗马乎①？食三品料，一鸣辄斥去，悔之何及！"

【注释】

①立仗马：朝会上仪仗中的马，待遇优厚，但是有很

严格的训练。

【译文】

　　李林甫想要堵塞玄宗的耳目，自己专擅大权，于是公开召集各谏官对他们说："如今明主在上，群臣顺从遵行旨意做事都来不及，哪里用得着多说话呢！各位没看过立仗马么？平时吃的是三品官的食料，一旦在仪仗中叫一声就被拉出去，到时后悔也晚了。"

　　李林甫为相，凡才望功业出己右及为上所厚、势位将逼己者，必百计去之；尤忌文学之士，或阳与之善，啖以甘言而阴陷之①。世谓李林甫"口有蜜，腹有剑"。

【注释】

①啖（dàn）：引诱。

【译文】

　　李林甫任丞相时，凡是才能、声望、功业超过自己以及受到玄宗器重，在权位上对自己造成威胁的，必定想方设法地除去；尤其忌惮文学之士，有时候会表面与人友善，说些好话而暗中加以陷害。世人说李林甫是"口蜜腹剑"。

　　初，太子之立，非林甫意。林甫恐异日为己祸，常有动摇东宫之志；而坚，又太子之妃兄也。皇甫惟明尝为忠王友①，时破吐蕃，入献捷，见林甫专权，意颇不平。时因见上，乘间微劝上去林甫。林甫知之，使杨慎矜密伺其所为。会正月望夜，太子出游，与坚相见，坚又与惟明会于景龙观道士之室。慎矜发其事，以为坚戚里，不应与边将狎昵②。林甫因谮坚与惟明结谋，欲共立太子。坚、惟明下狱，林甫使慎矜与御史中丞王铣、京兆府法曹吉温共鞫之③。上亦疑坚与惟明有谋而不显其罪，癸酉，下制，责坚以干进不已④，贬缙云太守⑤；惟明以离间君臣，贬播川太守⑥；仍别下制戒百官。

【注释】

①忠王：李亨曾封为忠王。

②狎昵（xiánì）：亲近，亲昵。

③御史中丞：御史台长官，监察官吏，有弹劾之权。王铣：天宝年间，每年聚敛大量财物入内库，极受信任。京兆府法曹：京兆府掌司法的官吏。吉温：天宝年间的酷吏。

④干进：谋求仕进。

⑤缙云：今浙江丽水。

⑥播川：今贵州遵义。

【译文】

立李亨为太子并非李林甫的意见。李林甫怕将来会成为自己的祸端，所以一直有动摇太子地位的想法。韦坚是太子妃的兄长。皇甫惟明曾是忠王友，当时打败吐蕃，入朝呈献捷报，见李林甫专权，心里颇不满。当时趁着进见玄宗的机会，劝玄宗罢黜李林甫。李林甫知道了，派杨慎矜秘密侦伺他的行事。正逢正月十五夜，太子出游，和韦坚相见，韦坚又和皇甫惟明在景龙观道士室里会面。杨慎矜告发此事，指出韦坚作为外戚，不应与边将过分接近。李林甫趁机诬陷韦坚与皇甫惟明合谋想推太子登基。韦坚和皇甫惟明下狱，李林甫派杨慎矜和御史中丞王铁、京兆府法曹吉温共同审讯。玄宗也疑心韦坚与皇甫惟明有阴谋，但是不愿意公开此事。癸酉下诏，指责韦坚过度热衷谋求仕进，贬为缙云太守；指责皇甫惟明离间君臣，贬为播川太守；另外下制告诫百官。

以门下侍郎、崇玄馆大学士陈希烈同平章事^①。希烈，宋州人，以讲老、庄得进，专用神仙符瑞取媚于上。李林甫以希烈为上所爱，且柔佞易制，故引以为相；凡政事一决于林甫，希烈但给唯诺。故事，宰相午后六刻乃出。林甫奏，今太平无事，巳时即还第，军国机务皆决于私家；主书抱成案诣希烈书名而已。

【注释】

①门下侍郎：为门下省长官侍中的副手。

【译文】

任门下侍郎、崇玄馆大学士陈希烈为同平章事。陈希烈，宋州人，凭借老庄讲得好而进用，专门用神仙符瑞之说讨好玄宗。李林甫因为玄宗喜欢陈希烈，而且他性情温和，善于奉承，容易控制，所以推荐他入相；所有政事都由李林甫决定，陈希烈只是唯唯诺诺而已。旧例规定宰相要到下午一时半才可以离开。李林甫上奏说如今太平无事，上午九时至十一时就可以回家。于是军机政务都在李林甫家中料理；文书抱着已经处理好的文件找陈希烈签名就可以了。

李林甫屡起大狱，别置推事院于长安①。以杨钊有掖廷之亲②，出入禁闼③，所言多听，乃引以为援，擢为御史。事有微涉东宫者，皆指擿使之奏劾④，付罗希奭、吉温鞫之⑤，钊因得逞其私志，所挤陷诛夷者数百家，皆钊发之。幸太子仁孝谨静，张垍、高力士常保护于上前⑥，故林甫终不能间也。

【注释】

①推事院：勘断案件的场所。

②杨钊：杨贵妃的堂兄，后改名国忠。

③闼（tà）：小门，门。

④指擿（zhāi）：同"指摘"，挑出缺点错误。

⑤罗希奭（shì）：和吉温一样，也是当时著名的酷吏。

⑥张垍（jì）：张说子，娶玄宗公主。高力士：唐代的著名宦官。他幼年时入宫，玄宗时期，其地位达到顶峰。

【译文】

李林甫屡兴大狱，在长安另设审判案子的推事院。因为杨钊是外戚，可以出入宫廷，玄宗比较听信他的话，于是李林甫就引荐他来帮助自己，升他为御史。事情只要有稍微涉及东宫的，都挑出来上奏弹劾，交由罗希奭、吉温审讯。杨钊因此利用机会，达到自己的目的，趁机排挤陷害了数百家。幸好太子仁孝谨静，张垍、高力士经常在玄宗面前加以保护，因此李林甫终究不能离间玄宗和太子的关系。

上晚年自恃承平，以为天下无复可忧，遂深居禁中，专以声色自娱，悉委政事于林甫。林甫媚事左右，迎合上意，以固其宠；杜绝言路，掩蔽聪明，以成其奸；妒贤疾能，排抑胜己，以保其位；屡起大狱，诛逐贵臣，以张其势。自皇太子以下，畏之侧足。凡在相位十九年，养成天下之乱，而上不之寤也①。

【注释】

①寤（wù）：觉悟，认识到。

【译文】

玄宗晚年自以为天下太平，觉得天下事没有可以担心的，于是就安居宫里，一心以声色自娱，将政事全部交托给李林甫。李林甫结好玄宗左右，迎合玄宗心意以保证皇帝对自己的宠信；杜绝言路，堵塞皇帝耳目，以满足一己私欲；妒忌贤能，排挤胜过自己的官员，来保住相位；屡次兴起大狱，诛杀放逐大臣，以扩大自己的势力。自皇太子以下没有不忌惮他的。李林甫在相位十九年，造成了最终的安史之乱，而玄宗始终没有醒悟。

马嵬事变

"安史之乱"对于天宝朝局来说，是一个巨大的变数。

天宝十五载（756）六月九日，哥舒翰大败，潼关失守。六月十日，玄宗接受杨国忠的建议，决定出亡蜀地。六月十二日，玄宗下制亲征，当天移居北内。六月十三日黎明时分，玄宗一行从延秋门离开，从行的只有杨贵妃姐妹、宰相杨国忠、韦见素、内侍高力士等，以及太子、亲王。其余的皇族多不及随行。天亮后长安大乱。十三日在咸阳望贤驿和金城驿都遇到了粮食短缺的问题，可见出这次行动的仓皇。

六月十四日中午，玄宗一行到达兴平县西北的马嵬驿，禁军发动兵变，杀死了宰相杨国忠，并进一步包围驿站要求杀死杨贵妃。事变以玄宗让步赐死贵妃的结局告终。太子李亨留下对抗叛军，禁军重新集结护卫玄宗入蜀。

（天宝十五载六月九日），及暮，平安火不至^①，上始惧。壬辰，召宰相谋之。杨国忠自以身领剑南^②，闻安禄山反，即令副使崔圆阴具储偫^③，以备有急投之，至是首唱幸蜀之策。上然之。癸巳，国忠集百官于朝堂，惶懅流涕^④；问以策略，皆唯唯不对。国忠曰："人告禄山反状已十年，上不之信。今日之事，非宰相之过。"仗下，士民掠扰奔走，不知所之，市里萧条。国忠使韩、虢入宫^⑤，劝上入蜀。

【注释】

①平安火：唐制，每隔三十里置一堠，每日初夜举烽火报无事，称之为"平安火"。

②剑南：今四川地区。

③储偫（zhì）：储备，特指存储物资以备需用。

④惶懅（jù）：惊慌害怕。懅，焦急惧怕。

⑤韩、虢：韩国夫人、虢国夫人，杨贵妃的堂姐妹。

【译文】

天宝十五载（756）六月九日，到晚上，没有看到平安火，玄宗开始害怕了。壬辰，召集宰相商量。杨国忠因为自己领剑南节度使，听说安禄山造反，立即让副使崔圆暗中储备物资，以备危急时投奔那里。到此时他首先提出入蜀避难的计策。玄宗同意。癸巳，杨国忠在朝堂上召集百官，惊慌害怕以至于流泪；向众人问策，都支吾着说不出来。杨国忠说："有人告安禄山谋反已经有十年了，上下都不相信。今日之事，不能说是宰相之过。"朝散以后，士民惊慌失措地到处奔走，市场萧条。杨国忠派韩国夫人和虢国夫人入宫，劝上入蜀。

甲午，百官朝者什无一二。上御勤政楼，下制，云欲亲征，闻者皆莫之信。以京兆尹魏方进为御史大夫兼置顿使；京兆少尹灵昌崔光远为京兆尹①，充西京留守；将军边令诚掌宫闱管钥。托以剑南节度大使颍王璬将赴镇②，令本道设储偫。是日，上移仗北内③。既夕，命龙武大将军陈玄礼整比六军④，厚赐钱帛，选闲厩马九百余匹⑤，外人皆莫之知。乙未，黎明，上独与贵妃姊妹、皇子、妃、主、皇孙、杨国忠、韦见素、魏方进、陈玄礼及亲近宦官、宫人出延秋门，妃、主、皇孙之在外者，皆委之而去。上过左藏⑥，杨国忠请焚之，曰："无为贼守。"上愀然曰⑦："贼来不得，必更敛于百姓；不如与之，无重困吾赤子⑧。"是日，百官犹有入朝者，至宫门，犹闻漏声⑨，三卫立仗俨然⑩。门既启，则宫人乱出，中外扰攘，不知上所之。于是王公、士民四出逃窜，山谷细民争入宫禁及王公第舍，盗取金宝，或乘驴上殿。又焚左藏大盈库⑪。崔光远、边令诚帅人救火，又募人摄府、县官分守之，杀十余人，乃稍定。光远遣其子东见禄山，令诚亦以管钥献之。

【注释】

①灵昌：今河南滑县。

②璬：音 jiǎo。

③移仗北内：移住到北内，唐长安宫城太极宫为西内，兴庆宫为南内，大明宫为东内，北内究竟何指，似有分歧，有认为是太极宫北部的宫苑。

④整比六军：整顿禁军。当时只有左右龙武军和左右羽林军，合称北门四军，这里记载有误。

⑤闲厩马：宫中马匹。闲厩，武则天时期，有六闲厩，后又置闲厩使专掌乘舆车马事。闲厩中除了马以外，还养象、驼及其它动物。

⑥左藏：唐代国库，掌钱帛、杂彩、天下赋调。

⑦愀（qiǎo）然：忧愁的样子。

⑧赤子：比喻百姓。

⑨漏声：漏壶的声音。漏是指古代滴水计时的仪器

⑩三卫：唐禁卫军，有亲卫、勋卫、翊卫，合称"三卫"。

⑪左藏大盈库：唐玄宗私库，王鉷每岁进钱百亿，以供皇帝宫廷享乐及赏赐之用。

【译文】

甲午，百官上朝的不到平时的十分一二。玄宗驾临勤政楼，下制书说要亲征，听到的人没有相信的。玄宗派京兆尹魏方进为御史大夫兼置顿使；京兆少尹灵昌崔光远为京兆尹，充任西京留守；将军边令诚掌管皇宫钥匙。借口说剑南节度大使颍王李璬将到四川赴镇，下令本道准备物资储备。当天玄宗移居北内。到了晚上，下令龙武大将

军陈玄礼整顿禁军，赏赐给将士丰厚的钱帛，选出闲厩马九百余匹，这些准备外人没有知道的。第二天黎明，只有玄宗独自与贵妃姊妹、皇子、妃、主、皇孙、杨国忠、韦见素、魏方进、陈玄礼及贴身宦官、宫人出延秋门，妃、主、皇孙在外的，都不顾而去。玄宗经过左藏库时，杨国忠请求烧掉，说："不要落到叛军手里。"玄宗忧闷地说："叛军要是得不到什么，一定会重新从百姓处征敛，不如留给他们，这样可以不必增加百姓的负担。"当天百官还有照常入朝的，到宫门时，还听到计时的滴漏声，禁军宿卫的仪仗整齐依然。宫门打开以后，宫人乱纷纷地跑出来，朝廷内外扰攘，不知玄宗到什么地方去了。于是王公士民四处逃难，平民百姓争相进入宫禁和王公府第，盗取金银珠宝，有人乘驴上殿，又有人在左藏大盈库纵火。崔光远、边令诚带人救火，又招募人员暂时代理府、县官以备守卫，杀了十余人，局面才稍稍安定。崔光远派儿子向东去见安禄山，边令诚也把负责的宫闱管钥献给了安禄山。

上过便桥①，杨国忠使人焚桥。上曰："士庶各避贼求生，奈何绝其路！"留内侍监高力士，使扑灭乃来。上遣宦者王洛卿前行，告谕郡县置顿。食时，至咸阳望贤宫②，洛卿与县令俱逃，中使征召，吏民莫有应者。日向中③，上犹未食，杨国忠自市胡饼以献④。于是民争献粝饭⑤，杂以麦豆；皇孙辈争以手掬食之⑥，须臾而尽，犹未能饱。上皆酬其直⑦，慰劳之。众皆哭，上亦掩泣。有老父郭从谨进言曰："禄山包藏祸心，固非一日；亦有诣阙告其谋者，陛下往往诛之，使得逞其奸逆，致陛下播越⑧。是以先王务延访忠良以广聪明⑨，盖为此也。臣犹记宋璟为相，数进直言，天下赖以安平。自顷以来，在廷之臣以言为讳，惟阿谀取容，是以阙门之外，陛下皆不得而知。草野之臣，必知有今日久矣，但九重严邃⑩，区区之心，无路上达。事不至此，臣何由得睹陛下之面而诉之乎！"上曰："此朕之不明，悔无所及！"慰谕而遣之。俄而尚食举御膳以至⑪，上命先赐从官，然后食之。命军士散诣村落求食，期未时皆集而行⑫，夜将半，乃至金城⑬。县令亦逃，县民皆脱身走，饮食器皿具在，士卒得以自给。时从者多逃，内侍监袁思艺亦亡去，驿中无灯，人相枕藉而寝⑭，贵贱无以复分辨。

【注释】

①便桥：在长安城外渭水上。

②咸阳望贤宫：距长安四十里。

③日向中：近午。

④胡饼：类似于今天的烧饼。

⑤粝（lì）饭：糙米饭。

⑥掬（jū）：双手捧着。

⑦酬其直：偿还所值价钱。直，值，价值。

⑧播越：流亡。

⑨以广聪明：以扩展自己所看到的和听到的，使自己

耳聪目明。

⑩九重：指天子所居住的地方，此指天子。

⑪尚食：掌管皇帝膳食的官署。

⑫未时：下午一点到三点。

⑬金城：金城县，今陕西兴平。

⑭枕藉（jiè）：纵横交错地躺卧在一起。

【译文】

　　玄宗过便桥，杨国忠让人将桥烧毁。玄宗说："士庶各自避贼逃难，怎么能把人家求生的路断掉呢！"留下内侍监高力士，让他灭了火再跟上来。玄宗派宦官王洛卿前行，告知郡县准备安顿皇帝一行。午饭时分到了咸阳望贤宫，王洛卿和县令都已经逃走，中使征召，官员百姓没有奉命应召的。将近正午，玄宗仍然没有进食，杨国忠亲自去买了胡饼进上。于是百姓争相进献掺杂了麦豆的糙米饭；皇孙们争着用手捧着吃，一会儿就吃光了，还没能吃饱。玄宗都付给了他们钱，并慰劳了他们。百姓都难过得哭了，玄宗也遮住了脸流泪。有老人郭从谨进言说："安禄山包藏祸心，不是一天两天的事，也有人到宫门口去告发他，往往被陛下所杀，使得安禄山的奸谋得逞，致使陛下不得不流亡。先王务必要寻找忠良之士来让自己耳聪目明，正是因为这个原因。臣还记得宋璟为相时，屡进直言，天下得以太平。后来廷臣忌讳直言，只有阿谀奉承，因此宫门之外的情形，陛下都不能够知道。草野臣民晓得一定有今天，但天子深居九重之上，我们的拳拳心意，没有办法上达。事情不到这个田地，臣哪能见到陛下当面向陛下说这些话呢？"玄宗说："这都是朕造成的，真是后悔不及。"安慰晓谕之后将大家送走。不久尚食将御膳送到，玄宗下令先赐从官，然后自己再吃。令军士分散到村落中求食，约定下午未时集合出发。将近夜半时分才到金城县。县令逃走，当地百姓也都已逃离，但饮食器皿还在，因此士卒得到供给。当时随从多有逃跑的，内侍监袁思艺也逃走了，驿中没有灯火，人们纵横交错地躺卧在一起，无法再分辨贵贱。

　　丙申，至马嵬驿①，将士饥疲，皆愤怒。陈玄礼以祸由杨国忠，欲诛之，因东宫宦者李辅国以告太子②，太子未决。会吐蕃使者二十余人遮国忠马③，诉以无食，国忠未及对，军士呼曰："国忠与胡虏谋反！"或射之，中鞍。国忠走至西门内，军士追杀之，屠割支体④，以枪揭其首于驿门外，并杀其子户部侍郎暄及韩国、秦国夫人。御史大夫魏方进曰："汝曹何敢害宰相！"众又杀之。韦见素闻乱而出⑤，为乱兵所挝⑥，脑血流地。众曰："勿伤韦相公。"救之，得免。军士围驿，上闻喧哗，问外何事，左右以国忠反对。上杖屦出驿门⑦，慰劳军士，令收队，军士不应。上使高力士问之，玄礼对曰："国忠谋反，贵妃不宜供奉，愿陛下割恩正法。"上曰："朕当自处之。"入门，倚杖倾首而立⑧。久之，京兆司录韦谔前言曰⑨："今众怒难犯，安危在晷刻⑩，愿陛下速决！"因叩头流血。上曰："贵妃常居深宫，安知国忠反谋！"高力士曰："贵妃诚无罪，然将士已杀国忠，而贵妃在陛下左右，岂敢自安！愿陛下审思之，将士安，则陛下安矣。"上乃命力士引贵妃于佛堂，缢杀之。舆尸置驿庭⑪，召玄礼等入视之。玄礼等乃免胄释甲，顿首请罪，上慰劳之，令晓谕军士。玄礼等皆呼万岁，再拜而出，于是始整部伍为行计。谔，见素之子也。国忠妻裴柔与其幼子晞及虢国夫人、夫人子裴徽皆走，至陈仓⑫，县令薛景仙帅吏士追捕，诛之。

【注释】

①马嵬驿：今陕西兴平西北。

②李辅国：本名静忠，后改名辅国。幼年进宫，曾经侍奉高力士，后掌闲厩，入东宫侍候太子李亨。马嵬事变后建议太子分兵北上，因功渐渐掌握大权，声势显赫。

③遮：拦住。

④支体：即"肢体"。

⑤韦见素：左相。

⑥挝（zhuā）：敲打，击打。

⑦杖屦（jù）：手杖和鞋子。屦，鞋子。

⑧倾首：低头。

⑨谔：音 è。

⑩晷（guǐ）刻：片刻，顷刻。

⑪舆（yú）：抬。

⑫陈仓：今陕西宝鸡。

丙申，玄宗一行到马嵬驿，将士又累又饿，都很愤怒。陈玄礼认为祸患是由杨国忠造成的，想要杀掉他，通过东宫宦官李辅国告知太子，太子不能决定。正在此时，吐蕃使者二十余人拦着杨国忠的马，哭诉没有食物，杨国忠还没来得及回答，军士便高喊道："国忠与胡人谋反。"有人向他射箭，射中了马鞍。杨国忠下马逃到驿站西门内，军士追上去杀了他，将他分尸，用枪挑着他的首级挂在驿门外，又杀了他的儿子户部侍郎杨暄及韩国、秦国夫人。御史大夫魏方进说："你们怎么敢杀害宰相？"将士又杀了魏方进。韦见素听到骚乱声出来查看，被乱兵击打，脑部受伤，血流满地。有人说："别伤了韦相公。"韦见素被人救起，才得以幸免。军士围在驿外，玄宗听到喧哗声，询问外面发生了什么事，左右回报说杨国忠谋反。玄宗拄杖出了驿门，慰劳军士，下令收队，军士无人响应。玄宗派高力士询问原因，陈玄礼答道："国忠谋反，贵妃不宜侍奉陛下左右，愿陛下割断恩情正法。"玄宗说："朕自会处理这件事。"入门，驻着手杖低头而立。过了很久，京兆司录韦谔上前进言："如今众怒难犯，安危就在顷刻之间，愿陛下速决。"叩头流血不止。玄宗说："贵妃久居深宫，怎么会知道国忠谋反的阴谋呢？"高力士说："贵妃诚然无罪，但将士已经杀了国忠，而贵妃仍然在陛下左右侍奉，怎么敢安心跟随陛下呢？愿陛下三思，只有将士安心，则陛下才会安全。"玄宗于是就让高力士带贵妃到佛堂，将她缢死。尸体抬放在驿庭，召陈玄礼等进入观看。陈玄礼等这才脱下盔甲，磕头请罪，玄宗慰劳他们，让他们晓谕军士。陈玄礼等高呼万岁，两拜后出了驿庭，于是开始整理队伍准备继续前行。韦谔是韦见素之子。杨国忠的妻子裴柔与其幼子杨晞及虢国夫人、夫人子裴徽都逃跑了，逃到陈仓，县令薛景仙率吏士追捕，加以诛杀。

丁酉，上将发马嵬，朝臣惟韦见素一人，乃以韦谔为御史中丞，充置顿使。将士皆曰："国忠谋反，其将吏皆在蜀，不可往。"或请之河、陇①，或请之灵武②，或请之太原，或言还京师。上意在入蜀，虑违众心，竟不言所向。韦谔曰："还京，当有御贼之备。今兵少，未易东向，不如且至扶风③，徐图去就④。"上询于众，众以为然，乃从之。及行，父老皆遮道请留，曰："宫阙，陛下家居；陵寝，陛下坟墓，今舍此，欲何之？"上为之按辔久之⑤，乃命太子于后宣慰父老。父老因曰："至尊既不肯留，某等愿帅子弟从殿下东破贼，取长安。若殿下与至尊皆入蜀，使中原百姓谁为之主？"须臾，众至数千人。太子不可，曰："至尊远冒险阻，吾岂忍朝夕离左右。且吾尚未面辞，当还白至尊，更禀进止。"涕泣，跋马欲西。建宁王倓与李辅国执鞚谏曰⑥："逆胡犯阙，四海分崩，不因人情，何以兴复！今殿下从至尊入蜀，若贼兵烧绝栈道⑦，则中原之地拱手授贼矣。人情既离，不可复合，虽欲复至此，其可得乎！不如收西北守边之兵，召郭、李于河北⑧，与之并力东讨逆贼，克复二京⑨，削平四海，使社稷危而复安，宗庙毁而更存，扫除宫禁以迎至尊，岂非孝之大者乎？何必区区温情，为儿女之恋乎！"广平王俶亦劝太子留⑩。父老共拥太子马，不得行。太子乃使俶驰白上。上总辔待太子⑪，久不至，使人侦之，还白状，上曰："天也！"乃命分后军二千人及飞龙厩马从太子，且谕将士曰："太子仁孝，可奉宗庙，汝曹善辅佐之。"又谕太子曰："汝勉之，勿以吾为念。西北诸胡，吾抚之素厚，汝必得其用。"太子南向号泣而已。又使送东宫内人于太子，且宣旨欲传位，太子不受。

【注释】

①河、陇：河西、陇右地区。

②灵武：今宁夏灵武。

③扶风：今陕西凤翔。

④徐图去就：慢慢地商议该如何取舍。

⑤按辔（pèi）：扣紧马缰使马缓行或停止。

⑥俟：音 tán。鞚（kòng）：带嚼子的马笼头。

⑦栈道：又称"阁道"、"复道"，古代沿悬崖峭壁修建的一种道路，多出现在今川、陕、甘、滇诸省境内。

⑧郭、李：郭子仪、李光弼，唐代平定安史叛乱的名将。

⑨二京：长安和洛阳。

⑩俶：音 chù。

⑪总辔：抓住马的缰绳，让马停下来。

【译文】

丁酉，玄宗准备从马嵬出发，朝臣只有韦见素一人，于是以韦谔为御史中丞，担任置顿使。将士都说："杨国忠谋反，他的属下将吏都在蜀地，所以御驾不可入蜀。"有人请求往河、陇，有人要求去灵武，有人奏请去太原，还有人说应当回京师。玄宗想要入蜀，担心违背众意，就不肯说出想法。韦谔说："回京就应当有御贼的兵备。如今兵少，不适合向东行进，不如暂且先到扶风，再慢慢讨论去向。"玄宗问大家的意见，众人都觉得这样比较好，于是就采纳了韦谔的建议。等到出发的时候，父老都拦路挽留，说："宫殿是陛下的家，陵寝是陛下祖先的坟墓，如今放弃这些，又想去哪里呢？"玄宗扣紧马缰，停下很久，才让太子在后面宣慰父老。父老就说："陛下既然不肯留下，我们愿意率领子弟跟随太子殿下向东攻打叛军，收复长安。如果殿下和至尊都进入蜀地，那么中原百姓该奉谁为主呢？"很快就聚集了数千人。太子不肯答应，说："陛下冒险远行，我怎么忍心朝夕离他左右呢？而且我尚未面辞，应当回去告诉陛下，听从陛下的安排。"流泪哭泣想要拨马西行。建宁王李倓和李辅国抓住太子的马笼头劝谏说："逆胡犯阙，四海分崩，如果不顺应民意，怎么能战胜叛军呢？如今殿下跟随陛下入蜀，若叛军烧毁栈道，那么中原之地就拱手让人了。民心散了就很难复合，到时候就算是想要有今天这样的局面，恐怕也不行了！不如征集西北守边将士，从黄河以北召回郭子仪、李光弼，联合起来东进讨伐逆贼，光复京洛，平定天下，使社稷转危为安，毁坏宗庙重新建立起来，清扫好宫禁迎回陛下，这岂不是最大的孝顺么？何必在意区区温情，做儿女之恋呢！"广平王李俶也劝太子留下。父老一起围住太子马，太子不得行。于是太子派李俶骑马禀告了玄宗。玄宗在马上等待太子，很久都不到，派人去探察，派去的人回来将情形禀告玄宗，玄宗说："天意啊！"就下令分后军二千人及飞龙厩马跟随太子，并且告谕将士说："太子仁孝，可奉宗庙，你们要好好辅佐。"又派人传谕太子说："你好好做事，不要以我为念。西北诸胡，我待他们很厚，一定会对你有用的。"太子向南大声哭泣。玄宗又派人将东宫内人送还给太子，而且宣旨想要传位，太子不接受。

李辅国弄权

　　马嵬事变之后，太子李亨带兵北上，后来即位为唐肃宗。他身边的亲信宦官李辅国因为始终忠心耿耿地效力左右，渐渐得到重用，并且开始掌权。李辅国的权力主要来自于肃宗的信任以及掌握禁军军权。这一点在逼迁上皇一事中表现得很明显。无论是他用以说服肃宗的理由，还是迁居中调动的射生军，或者是事后集合六军大将向肃宗请罪的行为，无不表明李辅国通过控制禁军而在宫廷中掌握了较大的权力。

　　肃宗的张皇后和李辅国一样，都是因为和肃宗同历患难而得到信重的。张皇后的权力则来自于皇后的身份。肃、代更替之际，张皇后和李辅国长久以来积蓄的矛盾终于爆发。他们都要争取到太子李豫的支持，但是李辅国最占优势的一点是掌握禁军。因此张皇后才要召越王李係和其他宦官临时募集有勇力之士以对抗李辅国。但是禁军的势力在宫廷内部是无与伦比的，这一次对峙以李辅国的胜利告终。

　　在肃、代更替之际，唐代后期很多重要的政治现象都已表现出来，比如宦官干预皇位继承，禁军在政变中举足轻重的地位等等。李辅国则是唐后期第一个通过控制禁军专权的宦官。

上皇爱兴庆宫，自蜀归，即居之。上时自夹城往起居①，上皇亦间至大明宫②。左龙武大将军陈玄礼、内侍监高力士久侍卫上皇；上又命玉真公主、如仙媛、内侍王承恩、魏悦及梨园弟子常娱侍左右③。上皇多御长庆楼，父老过者往往瞻拜，呼万岁，上皇常于楼下置酒食赐之；又尝召将军郭英乂等上楼赐宴。有剑南奏事官过楼下拜舞，上皇命玉真公主、如仙媛为之作主人。

【注释】

①夹城：两边筑有高墙的通道。往起居：前往问候起居如何，即请安问好。

②间：偶尔。

③"左龙武大将军"二句：上述人都是玄宗开元时期的旧人，公主是玄宗妹妹，如仙媛是宫廷女官。

【译文】

上皇喜爱兴庆宫，从蜀地回到长安以后，就住在那里。肃宗经常经由夹城往兴庆宫问候起居，上皇也有时候到大明宫来。左龙武大将军陈玄礼、内侍监高力士都是一直侍候上皇的；肃宗又让玉真公主、如仙媛、内侍王承恩、魏悦和梨园弟子经常侍奉左右让上皇高兴。上皇常常登上长庆楼，经过楼下的父老往往瞻仰朝拜，呼万岁，上皇就常常在楼下置酒食赐给大家；又曾经召将军郭英乂等上楼赐宴。有剑南奏事官经过楼下向上皇拜舞，上皇就命玉真公主、如仙媛做主人招待他。

李辅国素微贱，虽暴贵用事，上皇左右皆轻之。辅国意恨，且欲立奇功以固其宠，乃言于上曰："上皇居兴庆宫，日与外人交通，陈玄礼、高力士谋不利于陛下。今六军将士尽灵武勋臣，皆反仄不安①，臣晓谕不能解，不敢不以闻。"上泣曰："圣皇慈仁，岂容有此！"对曰："上皇固无此意，其如群小何！陛下为天下主，当为社稷大计，消乱于未萌，岂得徇匹夫之孝②？且兴庆宫与闾阎相参③，垣墉浅露④，非至尊所宜居。大内深严，奉迎居之，与彼何殊，又得杜绝小人荧惑圣听⑤。如此，上皇享万岁之安，陛下有三朝之乐⑥，庸何伤乎？"上不听。兴庆宫先有马三百匹，辅国矫敕取之，才留十匹。上皇谓高力士曰："吾儿为辅国所惑，不得终孝矣。"

【注释】

①反仄（zè）：辗转不安。

②徇（xùn）：依从，无原则地顺从。

③闾阎（lúyán）：里巷内外的门，后多借指里巷，民间。

④垣墉（yuányōng）：墙壁。

⑤荧惑：蛊惑，欺骗。

⑥三朝：指儒家所讲的早晨、中午、晚上每天三次去向父母问安。

【译文】

李辅国出身微贱，虽然当时已经骤然显贵，掌权治事了，但上皇左右都很轻视他。李辅国心中怀恨，想要建立奇功以固宠，于是就对肃宗说："上皇居兴庆宫，每天都和外人联络往来，陈玄礼、高力士在阴谋反对陛下。如今六军将士都是灵武功臣，听说这些事都辗转不安，臣百般解释都不能让他们释怀，所以不敢不奏报陛下。"肃宗流泪说："圣皇慈仁，如何会有这种事！"李辅国说："上皇固然并无此意，但无奈身边的小人有这样的想法！陛下为天下主，应当为社稷考虑，在叛乱尚未明显之前就消除掉隐患，怎么能学匹夫之孝？况且兴庆宫与民间相近，墙壁浅露，并非上皇适合居住的处所。大内门户谨严，如果陛下奉迎上皇入居，和兴庆宫又有什么区别，还可以杜绝小人蛊惑圣听。要是这样的话，上皇可以永享太平，陛下也可以朝夕侍奉，又有什么不好呢？"肃宗不肯。兴庆宫先有三百匹马，李辅国矫诏取走，只留下十匹马。上皇对高力士说："皇帝被李辅国迷惑，不会再像以前那样孝顺了。"

　　辅国又令六军将士，号哭叩头，请迎上皇居西内。上泣不应。辅国惧。会上不豫，秋，七月，丁未，辅国矫称上语，迎上皇游西内，至睿武门，辅国将射生五百骑①，露刃遮道奏曰②："皇帝以兴庆宫湫隘③，迎上皇迁居大内。"上皇惊，几坠。高力士曰："李辅国何得无礼！"叱令下马。辅国不得已而下。力士因宣上皇诰曰："诸将士各好在！"将士皆纳刃④，再拜，呼万岁。力士又叱辅国与己共执上皇马鞚，侍卫如西内，居甘露殿。辅国帅众而退。

所留侍卫兵，才尪老数人⑤。陈玄礼、高力士及旧宫人皆不能留左右。上皇曰："兴庆宫，吾之王地，吾数以让皇帝，皇帝不受。今日之徙，亦吾志也。"是日，辅国与六军大将素服见上，请罪。上又迫于诸将，乃劳之曰："南宫、西内，亦复何殊！卿等恐小人荧惑，防微杜渐，以安社稷，何所惧也！"刑部尚书颜真卿首帅百寮上表⑥，请问上皇起居。辅国恶之，奏贬蓬州长史⑦。

【注释】

①射生：由射生手组成的军队。唐肃宗至德二年（757）择射生手千人组成，称供奉射生官。

②露刃遮道：拦在道路上，刀刃明晃晃的露在外面。

③湫（qiū）隘：低洼狭小。

④纳刃：将拔出的刀收起来。

⑤尪（wāng）老：又老又跛。尪，跛。

⑥百寮（liáo）：百官，官吏。寮，假借为"僚"。

⑦蓬州：今四川仪陇。

【译文】

李辅国又让六军将士在肃宗面前号哭磕头，请迎上皇入居西内太极宫。肃宗只是哭泣却不肯答应。李辅国很担心。正好肃宗生病，秋季，七月丁未，李辅国假传诏书，说肃宗要迎上皇到西内太极宫游玩。走到睿武门时，李辅国带领射生五百骑，手持明晃晃的兵器，拦路上奏："皇帝因为兴庆宫低洼狭小，所以迎上皇迁居大内。"上皇受到惊吓，几乎坠马。高力士说："李辅国不得无礼。"叱令他下马。李辅国不得已下马。高力士就宣布上皇诰说："诸将士安好。"将士都收起武器，拜了两拜，高呼万岁。高力士又喝令李辅国和自己一同执上皇马笼头，侍奉护卫上皇进入西内太极宫，居于甘露殿。李辅国率众退下。所留下的侍卫兵，是几个又老又跛的。陈玄礼、高力士及旧宫人都不能再留在上皇左右。上皇说："兴庆宫是我当年住的地方，我屡次要将它让给皇帝，皇帝不受。今日的迁居也合乎我的心意。"当天李辅国和六军大将素服进见肃宗请罪。肃宗迫于诸将，只好慰劳说："南宫、西内，又有什么不同！你们原本也是担心小人蛊惑上皇，防微杜渐以求社稷安稳，并没有什么错，不用担心！"刑部尚书颜真卿带头率百官上表，请问上皇起居。李辅国厌恶他，上奏贬他为蓬州长史。

丙辰，高力士流巫州①，王承恩流播州②，魏悦流溱州③，陈玄礼勒致仕；置如仙媛于归州④，玉真公主出居玉真观。

【注释】

①巫州：今四川巫山。

②播州：今贵州遵义。

③溱（zhēn）州：今四川境内。

④归州：今湖北秭归。

【译文】

丙辰，高力士被流放巫州，王承恩流放播州，魏悦流放溱州，陈玄礼被逼迫致仕；将如仙媛安置在归州，玉真公主出居玉真观。

初，张后与李辅国相表里[1]，专权用事，晚年，更有隙。内射生使三原程元振党于辅国[2]。上疾笃，后召太子谓曰："李辅国久典禁兵，制敕皆从之出，擅逼迁圣皇，其罪甚大，所忌者吾与太子。今主上弥留，辅国阴与程元振谋作乱，不可不诛。"太子泣曰："陛下疾甚危，二人皆陛下勋旧之臣，一旦不告而诛之，必致震惊，恐不能堪也[3]。"后曰："然则太子姑归，吾更徐思之。"太子出，后召越王系谓曰[4]："太子仁弱，不能诛贼臣，汝能之乎？"对曰："能。"系乃命内谒者监段恒俊选宦官有勇力者二百余人[5]，授甲于长生殿后[6]。乙丑，后以上命召太子。元振知其谋，密告辅国，伏兵于陵霄门以俟之，太子至，以难告。太子曰："必无是事。主上疾，亟召我[7]，我岂可畏死而不赴乎！"元振曰："社稷事大，太子必不可入。"乃以兵送太子于飞龙厩，且以甲卒守之。是夜，辅国、元振勒兵三殿[8]，收捕越王系、段恒俊及知内侍省事朱光辉等百余人，系之。以太子之命迁后于别殿。时上在长生殿，使者逼后下殿，并左右数十人幽于后宫，宦官宫人皆惊骇逃散。丁卯，上崩。辅国等杀后并系及兖王侗[9]。是日，辅国始引太子素服于九仙门与宰相相见，叙上皇晏驾，拜哭，始行监国之令。戊辰，发大行皇帝丧于两仪殿，宣遗诏。己巳，代宗即位。

【注释】

①相表里：内外互相配合，共为一体。

②内射生使：掌管内射生的长官，负责禁中安全。程元振：唐后期著名宦官之一。

③堪：指身体经受不起。

④係：音 xì。

⑤内谒者监：内侍省宦官，掌仪法、宣奏、承敕令及外命妇名帐。

⑥授甲：分发盔甲兵器。

⑦亟（jí）：急切迫切。

⑧三殿：麟德殿。

⑨佝：音 xiàn。

【译文】

起初肃宗的张皇后和李辅国内外相呼应，专权用事，到了后来，二人之间有了矛盾。内射生使三原程元振是李辅国的党羽。肃宗病重，张后召太子对他说："李辅国长久以来控制禁军，天子诏书都是由他颁行的，他擅自逼迁上皇，罪行严重，他所忌惮的只是我和太子而已。如今主上正弥留之际，李辅国暗中和程元振阴谋作乱，这样的臣下不可不杀。"太子哭泣着说："陛下病危，二人都是陛下旧日功臣，要是不向陛下禀告而擅自诛杀他们，万一陛下知道，必定十分震惊，恐怕无法承受这样的打击。"张后说：

"既然如此，太子暂且回东宫，让我再好好想想。"太子离开后，张后召越王李係对他说："太子仁厚软弱，不能诛杀贼臣，你能做到么？"越王答道："能。"于是他下令内谒者监段恒俊选有勇力的宦官二百余人，在长生殿后授予盔甲兵器。乙丑，张后以皇帝的命令召见太子。程元振知道他们的计划，密告李辅国，他们在陵霄门设伏兵等候。太子进宫，李、程二人告知张后的计划。太子说："不会有这样的事。主上病重，急于召见我，我岂可因为怕死而不去呢？"程元振说："社稷事大，太子一定不能去。"于是派禁军将太子送到飞龙厩，而且派全副武装的兵士守卫。当天夜里，李辅国、程元振带兵进宫，收捕越王李係、段恒俊以及知内侍省事朱光辉等百余人，关押起来。称奉太子的命令让张后迁居别殿。当时肃宗和张后都在长生殿，使者逼迫张后离开，连同左右数十人都关押在后宫，宦官宫人都害怕逃散。丁卯，肃宗驾崩。李辅国等人杀了张后和越王李係、兖王李侗。这天，李辅国引太子穿素服在九仙门和宰相相见，宣示肃宗驾崩。群臣哭拜太子，太子开始行使监国的职责。戊辰，在两仪殿为大行皇帝发丧，宣遗诏。己巳，代宗即位。

李辅国恃功益横，明谓上曰："大家但居禁中[①]，外事听老奴处分。"上内不能平，以其方握禁兵，外尊礼之。乙亥，号辅国为尚父而不名，事无大小皆咨之，群臣出入皆先诣，辅国亦晏然处之[②]。

①大家：宫中近臣或后妃对皇帝的称呼。

②晏然：安适、安闲的样子。

【译文】

李辅国自负功高，更加专横，公然对代宗说："大家只要安居禁中就好，外事就由老奴处置。"代宗心内不服，但因为他掌握着禁军，所以表面上很尊敬他，待之以礼。乙亥，皇帝称呼李辅国为尚父而不直接叫他的名字，事情无论大小都向他咨询，群臣出入宫廷也都先见他，李辅国心安理得地接受了。

上在东宫，以李辅国专横，心甚不平，及嗣位，以辅国有杀张后之功，不欲显诛之。（宝应元年十月）壬戌夜，盗入其第，窃辅国之首及一臂而去。敕有司捕盗，遣中使存问其家，为刻木首葬之，仍赠太傅。

【译文】

代宗在东宫时，因为李辅国专横，一直不甘心，等到继位之后，因为李辅国有杀张后的功劳，不想公开杀他。宝应元年（762）十月壬戌夜，有盗贼进入李辅国的宅第，杀了他并且将他的首级和一条手臂拿走了。代宗下敕有司捕盗，派宦官到其家中慰问，让人刻了木制首级妥为安葬，追赠太傅。

王叔文、王伾用事

　　顺宗在唐代历史上是个比较特别的皇帝，他在做太子的时候因为中风失音，德宗去世之后，群臣不知道太子是否可以即位，朝廷一度陷入混乱之中。在顺宗登基之后，又因为病情的缘故无法处理政务，无法召对大臣，可以帮助他处理政事的，内廷是宦官李忠言和牛昭容，外朝则主要是出自东宫的王叔文和王伾。

　　王叔文有野心、有手段，早在顺宗为太子的时候就深得信任，并且一早即为顺宗策划即位后应当如何施政如何用人。但是顺宗的健康状况破坏了所有的计划，以二王的资历在朝廷上推行任何重要举措都是很困难的事。何况他们作风急进，罔顾制度，因此他们的反对者，不止包括权力受到威胁的宦官，还有宰相、众多朝臣，甚至皇室，二王的失败是势在必然的。传统上被称为二王八司马的革新事件究竟应该如何评判，当前史学界争议颇大。

（贞元十九年）初，翰林待诏王伾善书①，山阴王叔文善棋②，俱出入东宫，娱侍太子。伾，杭州人也。叔文谲诡多计，自言读书知治道，乘间常为太子言民间疾苦③。太子尝与诸侍读及叔文等论及宫市事④，太子曰："寡人方欲极言之。"众皆称赞，独叔文无言。既退，太子自留叔文，谓曰："向者君独无言，岂有意邪？"叔文曰："叔文蒙幸太子，有所见，敢不以闻？太子职当视膳问安⑤，不宜言外事。陛下在位久，如疑太子收人心，何以自解！"太子大惊，因泣曰："非先生，寡人无以知此。"遂大爱幸，与王伾相依附。叔文因为太子言："某可为相，某可为将，幸异日用之。"密结翰林学士韦执谊及当时朝士有名而求速进者陆淳、吕温、李景俭、韩晔、韩泰、陈谏、柳宗元、刘禹锡等⑥，定为死友。而凌准、程异等又因其党以进，日与游处，踪迹诡秘，莫有知其端者。藩镇或阴进资币，与之相结。

【注释】

①翰林待诏：擅长各种技艺如书画、搏弈者，居翰林院以备应诏，无品阶。王伾（pī）：德宗末年，侍读东宫，得到太子李诵的信任。顺宗即位后，王叔文入主翰林，改革朝政，王伾则通过宦官李忠言沟通内外消息。后改革失败，贬官病逝。

②王叔文：因为下得一手好棋入侍东宫，得到太子信任。

王叔文、王伾用事

③乘间：利用机会。

④宫市：宫中派宦官到民间市场强买物品。

⑤视膳问安：为儿子侍奉父母的礼法，即每日必问安，
每食必在侧。

⑥翰林学士：类似于皇帝的机要秘书。韦执谊：和二
王结交，积极参与了二王的朝政变革。陆淳等人被
称作"有名而求速进者"，即后来的八司马。

【译文】

贞元十九年（803）初，翰林待诏王伾擅长书法，山阴
王叔文精通棋艺，都出入东宫，侍奉太子娱乐。王伾是杭
州人。王叔文有心计，好用手段，自称读书懂得治国之道，
常常利用机会为太子讲述民间疾苦。太子曾经和诸侍读及
王叔文等谈论宫市事，太子说："寡人正想向皇上极力劝谏
此事。"众人都称赞太子的想法，只有王叔文默然无语。等
众人都退下之后，太子留下王叔文，对他说："刚才只有你
不说话，难道有别的看法吗？"王叔文说："叔文蒙太子信
任，有所识见，怎敢不上奏？太子的职责应当只限于关心
皇帝的膳食与健康，不应当谈论外事。陛下在位日久，如
果怀疑太子收买人心，那时候怎么向陛下解释呢？"太子
大惊，于是流着泪对王叔文说："要不是先生，寡人都没有
想到这一点。"从此对他极为信任重视，和王伾一起亲密结
交。王叔文对太子说："某某可为相，某某可为将，希望殿
下将来任用他们。"悄悄地结交翰林学士韦执谊和当时有名
又求速进的朝臣如陆淳、吕温、李景俭、韩晔、韩泰、陈
谏、柳宗元、刘禹锡等，和他们成为生死之交。而凌准、

程异等人又通过这些人和二王结交，常常在一起游处，踪迹诡秘，没有人了解他们的端倪。也有藩镇暗中进送钱财，和他们相结交。

（贞元二十年九月）太子始得风疾，不能言。

【译文】

贞元二十年（804）九月，太子中风，不能说话了。

（永贞元年）春，正月，辛未朔，诸王、亲戚入贺德宗，太子独以疾不能来，德宗涕泣悲叹，由是得疾，日益甚。凡二十余日，中外不通，莫知两宫安否。癸巳，德宗崩。仓猝召翰林学士郑絪、卫次公等至金銮殿草遗诏①。宦官或曰："禁中议所立尚未定。"众莫敢对。次公遽言曰："太子虽有疾，地居冢嫡②，中外属心。必不得已，犹应立广陵王③。不然，必大乱。"絪等从而和之，议始定。次公，河东人也。太子知人情忧疑，紫衣麻鞋，力疾出九仙门，召见诸军使④，人心粗安。甲午，宣遗诏于宣政殿，太子缞服见百官⑤。丙申，即皇帝位于太极殿。卫士尚疑之，企足引领而望之⑥，曰："真太子也！"乃喜而泣。

【注释】

① 郑絪（yīn）、卫次公：人名，时为翰林学士。

②冢（zhǒng）嫡：嫡长子。

③广陵王：太子的长子李纯，后来的唐宪宗。

④军使：禁军将领。

⑤缞（cuī）服：丧服。服三年之丧（臣为君，子为父，妻为夫）者用之。

⑥企足引领：踮起脚，伸长脖子。

【译文】

永贞元年（805）春季，正月辛未朔，诸王亲戚入贺德宗，只有太子因病不能来，德宗流泪悲叹，因此得病，病情日重一日。二十多天里，宫里和朝中音讯不通，朝臣不知道皇帝和太子是否平安。癸巳，德宗驾崩。仓猝之间召翰林学士郑絪、卫次公等到金銮殿起草遗诏。有宦官说："宫中商议由谁继位还没有定。"众人没有敢对答的。卫次公马上说："太子虽然有病，但身为嫡长子，得到朝中内外的一致拥戴。如果太子实在病重无法即位，也该立其子广陵王。不然，必定天下大乱。"郑絪等都纷纷附和，议论才平息下来。卫次公是河东人。太子知道群臣担忧怀疑，于是穿着紫衣麻鞋，勉强支撑病体出九仙门，召见禁军将领，这样人心才比较安定了。甲午，宣读遗诏于宣政殿，太子穿丧服见百官。丙申，在太极殿即皇帝位，是为顺宗。侍卫的将士还在怀疑，踮起脚来伸长脖子看过去，说："真的是太子。"于是高兴得哭了。

时顺宗失音，不能决事，常居宫中施帘帷，独宦官李忠言、昭容牛氏侍左右。百官奏事，自帷中可其奏。自德宗大渐，王伾先入，称诏召王叔文，坐翰林中使决事。伾以叔文意入言于忠言，称诏行下，外初无知者。

【译文】

当时顺宗不能说话，不能处理政事，常常在宫中拉一道帷幕，只有宦官李忠言和昭容牛氏侍奉左右。百官奏事，从帷幕中传出是否同意的意见。自德宗病危时，王伾先入禁中，称德宗诏命召王叔文到翰林院中处理事务。王伾将王叔文的意见告知李忠言，李忠言再将这些意见当作诏书颁行，外臣开始都不知道。

上疾久不愈，时扶御殿，群臣瞻望而已，莫有亲奏对者。中外危惧，思早立太子，而王叔文之党欲专大权，恶闻之。宦官俱文珍、刘光琦、薛盈珍等皆先朝任使旧人，疾叔文、忠言等朋党专恣，乃启上召翰林学士郑絪、卫次公、李程、王涯入金銮殿，草立太子制。时牛昭容辈以广陵王淳英睿，恶之；絪不复请，书纸为"立嫡以长"字呈上，上颔之[1]。癸巳，立淳为太子，更名纯。

【注释】

[1]颔（hàn）之：点头答应。

【译文】

顺宗的病长久不愈，偶尔扶病上殿，群臣不过远远地瞻望而已，没有能够亲自奏对的。朝中内外都觉得局势不妙，令人担心，都希望早立太子，而王叔文等人想要专掌大权，厌恶听到这样的话。宦官俱文珍、刘光琦、薛盈珍等人都是德宗很信任的旧人，他们都讨厌王叔文、李忠言等人结成朋党专断揽权，于是启奏顺宗召翰林学士郑絪、卫次公、李程、王涯入金銮殿，草拟了立太子的制书。当时牛昭容等人因为广陵王李淳英明睿智，不愿意奉诏；郑絪就不再奏请，在纸上写了"立嫡以长"四字呈上，顺宗点头应允。癸巳，立李淳为太子，更名纯。
。

　　贾耽以王叔文党用事，心恶之，称疾不出，屡乞骸骨。丁酉，诸宰相会食中书①。故事，宰相方食，百寮无敢谒见者。叔文至中书，欲与执谊计事，令直省通之②，直省以旧事告，叔文怒，叱直省。直省惧，入白。执谊逡巡惭赧③，竟起迎叔文，就其阁语良久。杜佑、高郢、郑珣瑜皆停箸以待④，有报者云："叔文索饭，韦相公已与之同食阁中矣。"佑、郢心知不可，畏叔文、执谊，莫敢出言。珣瑜独叹曰："吾岂可复居此位？"顾左右，取马径归，遂不起。二相皆天下重望，相次归卧，叔文、执谊等益无所顾忌，远近大惧。

【注释】

①会食：相聚进食。

②直省：在省中值班的官员。

③逡（qūn）巡：迟疑不敢向前的样子。惭赧（nǎn）：
因羞惭而脸红。

④杜佑：唐中叶宰相，史学家。贾、杜、高、郑等人
都是当时的宰相。箸（zhù）：筷子。

【译文】

贾耽因为王叔文朋党用事，心里很厌恶，称病不出，
屡屡请求辞官告老。丁酉，诸宰相在中书省会食。例行规
矩是宰相正在进食，百官没有敢去谒见的。王叔文到中书
省，要和韦执谊商量事宜，令直省通报，直省告诉他旧例，
王叔文却发怒，呵叱直省。直省怕了，只得进入通知韦执
谊。韦执谊觉得惭愧，迟疑了片刻，还是起身出见王叔
文，在阁中谈了很久。杜佑、高郢、郑珣瑜都放下筷子等
候，有通报的人来说："叔文要吃饭，韦相公已经和他在阁
中一起进食了。"杜佑、高郢心里知道不合规矩，但畏惧王
叔文、韦执谊的权势，不敢出声。郑珣瑜独自叹息道："我
怎么还能留在这个相位上？"看看身边的人，取马直接回
家了，不肯再出任丞相。二相都是天下人看重尊敬的官员，
相继辞官，王叔文、韦执谊等人更加无所顾忌，朝野上下
都很害怕。

（四月）乙巳，上御宣政殿，册太子。百官睹太
子仪表，退，皆相贺，至有感泣者，中外大喜。而
王叔文独有忧色，口不敢言，但吟杜甫题《诸葛
亮祠堂》诗曰："出师未捷身先死，长使英雄泪满
襟！"闻者哂之①。

【注释】

①哂（shěn）之：讥笑他。

【译文】

四月乙己，顺宗驾临宣政殿，册立太子。百官看到太子的仪表，退朝之后彼此道贺，甚至有感动落泪的，朝廷内外大喜。而王叔文却有忧愁之色，不敢明说，只吟诵杜甫所题《诸葛亮祠堂》诗曰："出师未捷身先死，长使英雄泪满襟！"听到的人都讥笑他。

五月，辛未，以右金吾大将军范希朝为左、右神策京西诸城镇行营节度使①。甲戌，以度支郎中韩泰为其行军司马②。王叔文自知为内外所憎疾，欲夺取宦官兵权以自固，籍希朝老将③，使主其名，而实以泰专其事。人情不测其所为，益疑惧。

【注释】

①右金吾大将军：官名，掌管宫中及京城昼夜巡警之事。范希朝：著名将领。左、右神策京西诸城镇行营节度使：掌管神策军在京西诸镇行营的军事长官。

②度支郎中：度支掌管全国财赋的统计与支调，唐代有户部，下设度支郎中。行军司马：唐代在节度使下置此职。

③籍（jiè）：通"藉"，借助。

【译文】

五月辛未，以右金吾大将军范希朝为左、右神策京西诸城镇行营节度使。甲戌，以度支郎中韩泰为他的行军司马。王叔文自知为朝廷内外所厌恶憎恨，就想要夺取宦官兵权以保全自己的地位，想凭借范希朝老将的声望控制禁军，所以让范希朝挂名，实际则由韩泰主事。群臣猜不透他到底想做什么，更加怀疑和担心了。

辛卯，以王叔文为户部侍郎，依前充度支、盐铁转运副使。俱文珍等恶其专权，削去翰林之职。叔文见制书，大惊，谓人曰："叔文日时至此商量公事，若不得此院职事，则无因而至矣。"王伾即为疏请，不从。再疏，乃许三五日一入翰林，去学士名。叔文始惧。

【译文】

辛卯，以王叔文为户部侍郎，仍然充度支、盐铁转运副使。俱文珍等人讨厌他专权，削去他翰林之职。王叔文见到制书大惊，对人说："叔文每天不时地要到此地商量公事，如果没有翰林院的职事，就不能来这里了。"王伾立即为他上疏奏请，诏下不准。王伾再次上疏，终于允许他三五日去一次翰林院，除去学士名。王叔文到这时候才开始害怕。

王叔文既以范希朝、韩泰主京西神策军，诸宦者尚未寤。会边上诸将各以状辞中尉，且言方属希朝。宦者始寤兵柄为叔文等所夺，乃大怒曰："从其谋，吾属必死其手。"密令其使归告诸将曰："无以兵属人。"希朝至奉天^①，诸将无至者。韩泰驰归白之，叔文计无所出，唯曰："奈何！奈何！"无几，其母病甚。丙辰，叔文盛具酒馔^②，与诸学士及李忠言、俱文珍、刘光琦等饮于翰林。叔文言曰："叔文母病，以身任国事之故，不得亲医药，今将求假归侍。叔文比竭心力，不避危难，皆为朝廷之恩。一旦去归，百谤交至，谁肯见察以一言相助乎？"文珍随其语辄折之^③，叔文不能对，但引满相劝，酒数行而罢。丁巳，叔文以母丧去位。

【注释】

①奉天：今陕西乾县。

②馔（zhuàn）：食物。

③折之：反驳他。

【译文】

王叔文以范希朝、韩泰主持京西神策军之后，诸宦官还没有醒悟。这时京西各镇行营的诸将各以文状辞去中尉之职，而且表示隶属范希朝。这时宦官才醒悟到兵权将要被王叔文等人所夺，于是大怒，说："要是他的计划成功，我们这些人一定会死在他手里。"秘密派使者回去告知诸将："不要把兵权交给别人。"范希朝到了奉天，诸将一个都没有来。韩泰驰归，告诉王叔文，王叔文也无计可施，只说："这怎么办呢？这怎么办呢？"没多久，王叔文的母亲病重。丙辰，叔文准备了丰盛的酒食，请诸学士及李忠言、俱文珍、刘光琦等在翰林院饮酒。王叔文说："叔文母病，因为身负国事的缘故，不能亲自侍奉医药，现在母亲病重，我必须要请假回去侍奉她。叔文一直竭尽心力，不避危难，都是为了不负朝廷的恩典。一旦离开，一定会有很多说我坏话的，到时候各位有谁肯以一言相助呢？"俱文珍顺口反驳他的话，王叔文不能对答，只好倒满酒相劝，酒过数巡便散了宴席。丁巳，王叔文因为母亲去世而离职。

（七月）王叔文既有母丧，韦执谊益不用其语。叔文怒，与其党日夜谋起复^①，必先斩执谊而尽诛不附己者，闻者恟惧^②。自叔文归第，王伾失据，日诣宦官及杜佑请起叔文为相，且总北军；既不获，则请以为威远军使、平章事，又不得。其党皆忧悸不自保^③。是日，伾坐翰林中，疏三上，不报，知事不济，行且卧，至夜，忽叫曰："伾中风矣！"明日，遂舆归不出^④。己丑，以仓部郎中、判度支案陈谏为河中少尹^⑤。伾、叔文之党至是始去。

【注释】

①起复：重新被任命官职。

②恟（xiōng）惧：惊恐。

③忧悸（jì）：忧惧而心惊胆战。

④舆（yú）：抬。

⑤仓部郎中：仓部为户部之下的机构，郎中为其长官，负责全国各仓库的收支情况。判度支案：掌管财政。

河中少尹：河中尹的副手。河中，即今山西永济。

【译文】

七月，王叔文赴母亲丧，韦执谊就更加不肯依照他的话做事了。王叔文恼怒，和他的党羽日夜图谋如何回来复职，说一定要先斩韦执谊而后把不附和自己的人都杀掉，听说的人都很惊恐，群情汹汹。自王叔文归家之后，王伾失去依靠，每天都去找宦官和杜佑，请复起王叔文为相，而且还要掌管禁军。所求不成，王伾就请求以王叔文为威远军使、平章事，也不能成功。二王一党的人都心惊胆战不知如何自保。一天，王伾坐在翰林院中，三次上疏，都没有答复，知道所求不济，随意睡着了，到夜里忽然叫喊道："王伾中风了。"第二天，就用车轿抬回家不再出来。己丑，以仓部郎中、判度支案陈谏为河中少尹。自此王伾和王叔文一党才渐渐解体。

李锜叛乱

　　宪宗即位以后，政治局面为之一新，军事举措得宜，平定了四川江南的藩镇势力，一时之间各地节度使纷纷要求来朝，后世有史家将这一时期称为"元和中兴"。

　　李锜的叛乱就发生在元和初年。因为朝廷势力增长，各地藩镇态度变得温和起来，请求入朝。李锜也做了相同的表示。但是他又不想真的入朝，在推托无效之后，起兵造反。他的属下却不情愿跟随他对抗朝廷，所以这一次叛变很快就平息下去。

（元和二年）夏，蜀既平①，藩镇惕息②，多求入朝。镇海节度使李锜亦不自安③，求入朝，上许之。遣中使至京口慰抚④，且劳其将士。锜虽署判官王澹为留后⑤，实无行意，屡迁行期，澹与敕使数劝谕之。锜不悦，上表称疾，请至岁暮入朝。上以问宰相，武元衡曰⑥："陛下初即政，锜求朝得朝，求止得止，可否在锜，将何以令四海？"上以为然，下诏征之。锜诈穷，遂谋反。

【注释】

①蜀既平：元和元年（806），宪宗李纯在杜黄裳、李吉甫的支持下，派人平定了西川节度副使刘辟的叛乱。

②惕息：恐惧得不敢出声息，形容提心吊胆的样子。

③镇海节度使：治所在润州，今江苏镇江。李锜：李唐宗室。势力主要在润州一带。

④京口：今江苏镇江。

⑤判官：地方节度使的属官。留后：官职名。唐中叶后，节度使遇有事故，往往以其子侄或亲信将吏代行职务，称节度留后或观察留后。

⑥武元衡：宪宗时期的宰相，因力主削藩，遭到藩镇忌恨。元和十年（815）六月，被淄青藩镇李师道派刺客暗杀。

【译文】

元和二年（807）夏天，平定蜀地叛乱之后，藩镇提心吊胆，大多请求入朝觐见。镇海节度使李锜也内心不安，请求入朝，宪宗答应了。派使者到京口安抚，同时慰劳他的将士。李锜虽然派了判官王澹为留后，其实并没有真正入朝之意，屡屡拖延行期。王澹与朝廷使者多次劝谕李锜入朝。李锜不高兴，上表称病，请求到年底才入朝。宪宗询问宰相的意见，武元衡说："陛下初即大位，如果李锜想入朝就入朝，不想入朝就不入朝，那么决定权就操于李锜之手，陛下如果可以容忍此事，则靠什么来号令天下呢？"宪宗觉得有道理，下诏征讨。李锜无法再假装下去，于是谋反。

李锜以宣州富饶^①，欲先取之，遣兵马使张子良、李奉仙、田少卿将兵三千袭之^②。三人知锜必败，与牙将裴行立同谋讨之^③。行立，锜之甥也，故悉知锜之密谋。三将营于城外，将发，召士卒谕之曰："仆射反逆，官军四集，常、湖二将继死，其势已蹙^④。今乃欲使吾辈远取宣城，吾辈何为随之族灭！岂若去逆效顺，转祸为福乎！"众悦，许诺，即夜，还趋城。行立举火鼓噪，应之于内，引兵趋牙门^⑤。锜闻子良等举兵，怒，闻行立应之，抚膺曰^⑥："吾何望矣！"跣走^⑦，匿楼下。亲将李钧引挽强三百趋山亭^⑧，欲战，行立伏兵邀斩之。锜举家皆哭，左右执锜，裹之以幕，缒于城下^⑨，械送京师^⑩。挽强、蕃落争自杀^⑪，尸相枕藉^⑫。癸酉，本军以闻。乙亥，群臣贺于紫宸殿。上愀然曰^⑬："朕之不德，致宇内数有干纪者^⑭，朕之愧也，何贺之为！"

【注释】

①宣州：今安徽宣城。

②兵马使：作战将领。

③牙将：军中的中下级军官。

④蹙（cù）：紧迫，急促。

⑤牙门：驻军时主将帐前树牙旗以为军门，称"牙门"。或指官署。

⑥抚膺（yīng）：捶胸。膺，胸。

⑦跣（xiǎn）：赤足。

⑧挽强：拉硬弓。

⑨缒（zhuì）：系在绳子上放下去。

⑩械送：戴上刑具押送。

⑪蕃落：外族人。

⑫枕藉（jiè）：纵横交错地躺卧在一起。

⑬愀（qiǎo）然：忧愁的样子。

⑭干纪：违抗法令。

【译文】

李锜觉得宣州富饶，想要先攻下宣州，便派兵马使张子良、李奉仙、田少卿带三千将士攻城。三人料想李锜必败，和牙将裴行立共同倒戈。裴行立是李锜的外甥，所以知道他所有的密谋。三将在城外驻营，出发之前，召士卒集合宣布："李仆射谋反，征讨的官军四面包围过来，常、湖二将相继死去，局势已经相当紧迫。现在又派我们远取宣城，我们为什么要跟随他遭受灭族之祸呢？还不如离开他，转而投效朝廷，可以转祸为福！"众将士都欣然同意，当夜就返城。裴行立举火击鼓，在城内响应，带领士兵往牙门而来。李锜听说张子良等举兵，大怒，听到裴行立响应的消息，捶胸说："我还有什么指望呢！"赤足而逃，躲藏在楼下。亲将李钧率领三百名拉引硬弓的将士赶往山亭，想要一战，被裴行立伏兵斩杀。李锜全家大哭，身边的人抓住李锜，用幕布裹起他，系在绳子上放到城下，戴上刑具押送京师。其属下的挽强、蕃落争相自杀，尸体纵横交错地躺在一起。癸酉，官军奏报了这一消息。乙亥，群臣在紫宸殿向宪宗道贺。宪宗闷闷不乐说："是因为朕做得不够好，才致使天下屡屡有违反法纪的人，这是让朕羞愧的事，有什么可祝贺的！"

　　宰相议诛锜大功以上亲①，兵部郎中蒋乂曰②："锜大功亲，皆淮安靖王之后也。淮安有佐命之功，陪陵、享庙③，岂可以末孙为恶而累之乎！"又欲诛其兄弟，乂曰："锜兄弟，故都统国贞之子也，国贞死王事，岂可使之不祀乎！"宰相以为然。辛巳，锜从父弟宋州刺史铦等皆贬官流放④。

【注释】

①大功：丧服五服之一，服期九月。其服用熟麻布做成，较齐衰稍细，较小功为粗，故称大功。旧时堂兄弟、未婚的堂姊妹、已婚的姑、姊妹、侄女及众孙、众子

妇、侄妇等之丧，都服大功。已婚女为伯父、叔父、兄弟、侄、未婚姑、姊妹、侄女等服丧，也称大功。

②乂：音 yì。

③陪陵：古代指臣子的灵柩葬在皇帝坟墓的近旁。

④铦：音 xiān。

【译文】

宰相商议诛杀李锜以上大功亲属，兵部郎中蒋乂说："李锜大功以上亲族，都是淮安靖王之后。淮安王有佐命之功，因此得以陪陵享庙，怎么可以因为后代子孙做了坏事而受到连累？"又想要杀他的兄弟，蒋乂说："李锜的兄弟是故都统李国贞之子，国贞死于王事，怎么可以让他子孙断绝，无人祭祀呢？"宰相觉得他说得对。辛巳，李锜的从父弟宋州刺史李铦等都贬官流放。

十一月，甲申朔，锜至长安，上御兴安门，面诘之①。对曰："臣初不反，张子良等教臣耳。"上曰："卿为元帅，子良等谋反，何不斩之，然后入朝！"锜无以对。乃并其子师回腰斩之。

【注释】

①诘（jié）：责问。

【译文】

十一月初一，李锜解送到长安，宪宗驾临兴安门，当面质问他。李锜答道："臣原先不想谋反，是张子良等人教臣谋反。"宪宗说："你既然是元帅，子良等谋反，为何不

先杀了他们，然后入朝？"李锜答不出来。于是宪宗下令
将李锜同其子李师回一起腰斩。

甘露之变

　　宦官专权是唐代后期政治的重要特点之一，他们掌握禁军，挟持皇帝的废立，甚至弑君。宪宗和敬宗就死于宦官之手。文宗即位以后，不愿意忍受宦官的专横，一直在寻找能够帮助他解决这一问题的大臣。

　　首先是宋申锡。但是因为事机不密，被王守澄预先察觉，反过来诬陷宋申锡，先发制人。之后，文宗认为他所信任的李训和郑注可以解决宦官问题。他们联络了一些官员，作了详尽的准备，包括可以调动的军事力量。然后计划在太和九年（835）十一月的某一天，谎称天降甘露于宫中，然后事先在那里埋伏好士兵，引宦官进去观看，出其不意，一网成擒。可是因为风吹起了伏兵藏身处的帘幕，仇士良及时发觉了这一计划。他们及时并且第一时间挟持了文宗，因此李训和郑注的计划彻底失败，大量官员被杀，长安陷入混乱之中，而宦官的权力则更加难以撼动了。

（太和四年）上患宦官强盛，宪宗、敬宗弑逆之党犹有在左右者①。中尉王守澄尤为专横②，招权纳贿，上不能制。尝密与翰林学士宋申锡言之③，申锡请渐除其偪。上以申锡沉厚忠谨，可倚以事，擢为尚书右丞。秋，七月，癸未，以申锡同平章事。

【注释】

①宪宗、敬宗弑逆之党：宦官于元和末年和宝历末杀害宪宗和敬宗。

②中尉：神策军中尉，禁军统领。王守澄：唐宪宗李纯时的宦官，主张册立穆宗李恒，后为文宗鸩杀。

③宋申锡：文宗曾选中宋申锡共谋除掉宦官，但事泄，宋被诬蔑谋反，远贬。

【译文】

太和四年（830），文宗担心宦官势力强盛，杀害宪宗、敬宗的逆党还有在左右侍奉的。中尉王守澄尤其专横，招权纳贿，文宗没有办法制止。曾经秘密地和翰林学士宋申锡说到此事，宋申锡请求慢慢除去宦官势力。文宗觉得宋申锡沉稳厚重忠谨，可依靠他做事，提拔他为尚书右丞。秋季，七月癸未，任用宋申锡为同平章事。

（太和五年）上与宋申锡谋诛宦官，申锡推荐吏部侍郎王璠为京兆尹①，以密旨谕之。璠泄其谋，郑注、王守澄知之，阴为之备。上弟漳王凑贤，有人望，注令神策都虞候豆卢著诬告申锡谋立漳王②。

戊戌，守澄奏之，上以为信然，甚怒。守澄欲即遣二百骑屠申锡家，飞龙使马存亮固争曰："如此，则京城自乱矣！宜召他相与议其事。"守澄乃止。是日，旬休③，遣中使悉召宰相至中书东门。中使曰："所召无宋公名。"申锡知获罪，望延英④，以笏叩额而退⑤。宰相至延英，上示以守澄所奏，相顾愕眙⑥。上命守澄捕豆卢著所告十六宅宫市品官晏敬则及申锡亲事王师文等，于禁中鞫之；师文亡命。三月，庚子，申锡罢为右庶子⑦。

【注释】

①璠：音 fán。

②神策都虞候：神策军军官。

③旬休：旬假，官员每十天有一次假期。

④延英：唐代宫殿名，在延英门内。唐中叶以后，双日及非时大臣奏事，另开延英赐对。

⑤笏（hù）：朝见时大臣所执的竹板，用以记事。

⑥愕眙（yí）：惊视。

⑦右庶子：东宫属官。

【译文】

太和五年（831），文宗和宋申锡谋划诛灭宦官，宋申锡推荐吏部侍郎王璠为京兆尹，将文宗的密旨告诉了他。王璠泄露了计划，郑注、王守澄知道以后，暗中做了准备。文宗弟弟漳王李凑有贤名和众望，郑注让神策都虞候豆卢著诬告宋申锡谋立漳王。戊戌，王守澄上奏，文宗以为真

有其事，大怒。王守澄想立即派二百骑杀掉宋申锡全家，
飞龙使马存亮坚决不同意："如果这样做，京城就乱了。应
该召其他宰相一起商议。"王守澄这才罢休。当天是旬休
的日子，文宗派宦官把宰相全部召至中书省东门。宦官说：
"所召没有宋公的名字。"宋申锡知道自己获罪，遥望延英
殿，以笏板叩额而退。宰相到延英殿，文宗将王守澄的奏
表宣示众人，大家惊讶地彼此相顾。文宗让王守澄抓捕豆
卢著所告的十六宅宫市品官晏敬则和宋申锡亲事王师文等
人，在禁中审讯。王师文出逃。三月庚子，宋申锡罢相，
为右庶子。

　　宋申锡获罪，宦官益横。上外虽包容，内不能
堪。李训、郑注既得幸①，揣知上意，训因进讲，
数以微言动上②。上见其才辩，意训可与谋大事，
且以训、注皆因王守澄以进，冀宦官不之疑，遂密
以诚告之。训、注遂以诛宦官为己任，二人相挟③，
朝夕计议，所言于上无不从，声势烜赫④。注多在
禁中，或时休沐⑤，宾客填门，赂遗山积⑥。外人但
知训、注倚宦官擅作威福，不知其与上有密谋也。
上之立也，右领军将军兴宁仇士良有功⑦。王守澄
抑之，由是有隙。训、注为上谋，进擢士良以分守
澄之权。（太和九年）五月，乙丑，以士良为左神策
中尉，守澄不悦。

【注释】

①李训：肃宗时宰相李揆的族孙。郑注：为人诡谲狡险，由宦官王守澄推荐，为文宗任用。意图和李训里应外合一举消灭宦官势力。"甘露之变"失败后，被杀。

②微言：隐微不显、委婉讽谏的言辞。

③相挟（xié）：互相扶持。

④炟（dá）赫：盛大显著。

⑤休沐：休息洗沐，犹休假。

⑥赂遗：赠送或买通他人的财物。

⑦右领军将军：掌握中央军事力量的重要军事长官。仇士良：唐文宗时当权宦官。

【译文】

　　自宋申锡获罪后，宦官更加专横。文宗表面上虽然颇为包容，内心不能忍受。李训、郑注得到皇帝的宠信之后，揣摩得知皇帝的心意。李训借进讲的机会，屡次用隐晦的言辞打动文宗。文宗觉得他有才能，是可以共同谋划大事的人，而且李训、郑注都是通过王守澄的引荐而被皇帝任用的，如果用他们的话，宦官不会起疑心，就把真实想法秘密地告诉了他们。李训、郑注就开始以诛杀宦官为己任，二人互相扶持，朝夕计划，他们的进言，文宗无不听从，因此一时声势显赫。郑注经常在禁中，有时出宫休假，家里宾客盈门，赂送的财货堆得像山一样。外人只知道李训、郑注倚仗宦官的势力擅作威福，不知道他们和文宗也有密谋。文宗即位时，右领军将军兴宁仇士良有功。王守澄排挤仇士良，因此二人有嫌隙。李训、郑注为文宗出主意，晋升仇士良以分夺王守澄之权。太和九年（835）五月乙丑，以仇士良为左神策中尉，王守澄不高兴。

　　始，郑注与李训谋，至镇，选壮士数百，皆持白棓①，怀其斧，以为亲兵。是月（太和九年十一月），戊辰，王守澄葬于浐水②，注奏请入护葬事，因以亲兵自随。仍奏令内臣中尉以下尽集浐水送葬，注因阖门③，令亲兵斧之，使无遗类④。约既定，训与其党谋："如此事成，则注专有其功，不若使行馀、璠以赴镇为名，多募壮士为部曲，并用金吾、台、府吏卒⑤，先期诛宦者，已而并注去之。"行馀、璠、立言、约及中丞李孝本，皆训素所厚也，故列置要地，独与是数人及舒元舆谋之，他人皆莫之知也。

【注释】
①棓（bàng）：同"棒"。
②浐（chǎn）水：今浐河。
③阖（hé）门：关闭门户。
④使无遗类：不留一个人，赶尽杀绝。
⑤金吾、台、府吏卒：负责京师治安的金吾、负责监察的御史台、京兆府的士兵。

【译文】
　　起先，郑注与李训商量，郑注到了凤翔节度使任上，选出数百名壮士，全都手持白木棒，身藏大斧作为亲兵。太和九年（835）十一月戊辰，王守澄葬于浐水，郑注奏请亲自护卫葬礼，借此机会带去亲兵。还奏请让宦官中尉以下的全部集会于浐水送葬，郑注趁机关闭门户，令亲兵杀死他们，一个不留。约定之后，李训和他的党羽们商量："如此事成，则郑注夺走了全部功劳，不如派郭行馀、王璠以赴镇上任的名义，多多招募壮士，再加上金吾、御史台、京兆府的士卒，提前行动，诛灭宦官，然后连郑注也一起除去。"郭行馀、王璠、罗立言、韩约及中丞李孝本，平常都和李训结好，因此李训把他们都安置在重要位置上。他只和这几个人还有舒元舆谋划，别人都不知道内幕。

壬戌，上御紫宸殿。百官班定，韩约不报平安，奏称："左金吾听事后石榴夜有甘露，臣递门奏讫①。"因蹈舞再拜，宰相亦帅百官称贺。训、元舆劝上亲往观之，以承天贶②，上许之。百官退，班于含元殿。日加辰，上乘软舆出紫宸门，升含元殿。先命宰相及两省官诣左仗视之③，良久而还。训奏："臣与众人验之，殆非真甘露，未可遽宣布，恐天下称贺。"上曰："岂有是邪！"顾左、右中尉仇士良、鱼志弘帅诸宦者往视之。宦者既去，训遽召郭行馀、王璠曰④："来受敕旨！"璠股栗不敢前⑤，独行馀拜殿下。时二人部曲数百，皆执兵立丹凤门外，训已先使人召之，令受敕。独东兵入⑥，邠宁兵竟不至⑦。

【注释】

①门奏：夜间的紧急奏章要从门缝里塞进去，故称门奏。

②贶（kuàng）：赏赐。

③两省：门下省、中书省。左仗：即左金吾卫官署。

④遽（jù）：立刻，马上。

⑤股栗：害怕紧张得双腿颤抖。

⑥东兵：王璠的河东军。

⑦邠宁兵：郭行馀的邠宁军。

【译文】

壬戌，文宗驾临紫宸殿。百官列班已定，左金吾大将军韩约不像往常一样报平安，而是奏称："左金吾官署后面的石榴树夜里降有甘露，臣已经递了门奏上报。"行大礼跪拜，宰相也率领百官向文宗道贺。李训、舒元舆劝文宗亲自去看，以承受上天的恩赐，文宗答应了。百官退到含元殿列班。过了一会儿，文宗乘软舆出紫宸门，升含元殿。先让宰相和门下、中书两省官员到左金吾官署观看。过了很久才回来。李训上奏说："臣与众人检验，似乎不是真甘露，不可马上宣布，恐怕天下人当作是真的来称贺。"文宗说："怎么会有这种事！"吩咐左、右中尉仇士良、鱼志弘带宦官去看。宦官去了之后，李训立刻召郭行馀、王璠说："来受诏！"王璠双腿颤抖不敢上前，只有郭行馀拜于殿下。当时二人带领的数百名部下，都手执兵器立于丹凤门外，李训已先派人召集，下令进入禁中听受诏令。但只有王璠的河东兵进入，郭行馀的邠宁兵却没有来。

仇士良等至左仗视甘露，韩约变色流汗。士良怪之曰："将军何为如是？"俄风吹幕起，见执兵者甚众，又闻兵仗声，士良等惊骇走出。门者欲闭之，士良叱之，关不得上①。士良等奔诣上告变。训见之，遽呼金吾卫士曰："来上殿卫乘舆者，人赏钱百缗②！"宦官曰："事急矣，请陛下还宫！"即举软舆，迎上扶升舆，决殿后罘罳③，疾趋北出。训攀舆呼曰："臣奏事未竟，陛下不可入宫！"金吾兵已登殿。罗立言帅京兆逻卒三百余自东来④，李孝本帅御史台从人二百余自西来，皆登殿纵击，宦官流血呼冤，死伤者十余人，乘舆迤逦入宣政门⑤，训攀舆呼益急，上叱之，宦者郗志荣奋拳殴其胸⑥，偃于地。乘舆即入，门随阖，宦者皆呼万岁，百官骇愕散出。训知事不济，脱从吏绿衫衣之⑦，走马而出，扬言于道曰："我何罪而窜谪⑧！"人不之疑。王涯、贾𫗧、舒元舆还中书⑨，相谓曰："上且开延英，召吾属议之。"两省官诣宰相请其故，皆曰："不知何事，诸公各自便！"士良等知上豫其谋，怨愤，出不逊语，上惭惧不复言。

【注释】

①关：门闩。

②缗（mín）：成串的铜钱，每串一千文。

③决：冲破，打破。罘罳（fú sī）：古代的一种屏风，设在门外。

④逻卒：巡逻的士兵。

⑤迤逦：渐次。

⑥郗：音xī。

⑦绿衫：唐制，六品以下绿袍。

⑧窜谪（zhé）：贬官放逐。

⑨愫：音sù。

【译文】

仇士良等往左金吾官署看甘露，韩约紧张得脸色都变了，直冒冷汗。仇士良奇怪地问："将军为什么这个样子？"一阵风把帘幕吹起来，露出很多手执兵器的人，又听到兵器的声音，仇士良等大惊失色，连忙逃出。守门的人想要关门，仇士良大声呵斥，门没能关上。仇士良等奔到文宗面前报告事变发生。李训见此情形，马上召集金吾卫士说："上殿来保卫陛下的，每人赏钱百缗！"宦官说："事态紧急，请陛下回宫。"立刻抬起软舆，把文宗扶持上去，打破殿后的屏风，迅速向北奔逃。李训攀住软舆叫道："臣奏事未完，陛下不可回宫。"此时金吾兵已经来到殿上。罗立言率京兆府三百余士兵自东而来，李孝本率御史台随从二百余人自西而来，都登殿猛烈攻击宦官，宦官流血大声喊冤，死伤十余人。文宗的乘舆跌跌撞撞地抬回宣政门，李训抓住软轿，喊得更加急切，文宗呵斥他，宦官郗志荣用拳猛击李训的胸口，李训被打倒在地。文宗的轿子就进了宣政门，门也随后关上了，宦官都呼万岁，百官惊骇，各自散出。李训知道事情失败了，脱下随从吏的绿衫自己穿上，骑马出宫，在路上故意大声说："我犯了什么罪要流放我？"

别人也不怀疑他。王涯、贾𫗧、舒元舆回到中书省，彼此商量着说："陛下就要开延英殿，召我们议事了。"两省官见宰相询问原因，都说："不知何事，诸公请自便。"仇士良等人知道文宗也参与了这次的计划，很愤怒，出言不逊，文宗又惭愧又害怕，也不再说话。

士良等命左、右神策副使刘泰伦、魏仲卿等各帅禁兵五百人，露刃出阁门讨贼。王涯等将会食，吏白："有兵自内出，逢人辄杀！"涯等狼狈步走，两省及金吾吏卒千余人填门争出。门寻阖，其不得出者六百余人皆死。士良等分兵闭宫门，索诸司，捕贼党。诸司吏卒及民酤贩在中者皆死①，死者又千余人，横尸流血，狼藉涂地，诸司印及图籍、帷幕、器皿俱尽。又遣骑各千余出城追亡者，又遣兵大索城中。舒元舆易服单骑出安化门，禁兵追擒之。王涯徒步至永昌里茶肆，禁兵擒入左军。涯时年七十余，被以桎梏②，掠治不胜苦③，自诬服，称与李训谋行大逆，尊立郑注。王璠归长兴坊私第，闭门，以其兵自防。神策将至门，呼曰："王涯等谋反，欲起尚书为相，鱼护军令致意！"璠喜，出见之。将趋贺再三，璠知见绐④，涕泣而行，至左军，见王涯曰："二十兄自反，胡为见引？"涯曰："五弟昔为京兆尹，不漏言于王守澄，岂有今日邪！"璠俯首不言。又收罗立言于太平里，及涯等亲属奴婢，皆入两军系之。户部员外郎李元皋，训之再从弟也，训实与之无恩，亦执而杀之。故岭南节度使胡证，家巨富，禁兵利其财，托以搜贾𬌗入其家，执其子溵⑤，杀之。又入左常侍罗让、詹事浑锷、翰林学士黎埴等家⑥，掠其赀财，扫地无遗。锷，瑊之子也⑦，坊市恶少年因之报私仇，杀人，剽掠百货⑧。互相攻劫，尘埃蔽天。

【注释】

①酤（gū）贩：买卖酒的商贩。

②桎梏（zhìgù）：刑具，脚镣手铐。

③掠治：拷打讯问。

④见绐（dài）：被欺哄。

⑤溵：音 yīn。

⑥锷：音 huì。

⑦瑊：音 jiān。

⑧剽（piào）掠：攻抢，劫掠。

【译文】

仇士良等命左、右神策副使刘泰伦、魏仲卿等各率禁兵五百人，手持明晃晃的兵器出阁门讨贼。王涯等将要会餐，吏人报告说："有兵自宫内涌出，逢人就杀。"王涯等狼狈而逃，两省官员和金吾兵近千余人争相夺门而出。宫门很快关闭，来不及逃出来的六百余人都被杀死。仇士良等分兵关闭所有宫门，到诸司寻找李训党人。在诸司中的吏卒和民间卖酒的商贩也都被杀死，大约有千余人，横尸流血，狼藉涂地，诸司的印章、图籍、帷幕、器皿都被毁掉。又派千余骑兵出城追拿逃亡的人，还派兵在城中大肆搜索。舒元舆改换衣服单骑逃出安化门，被禁兵追获。王涯徒步来到永昌里茶肆，被禁军捉入左军。王涯当时已经七十余岁，戴着刑具，被拷打讯问不胜其苦，于是自诬，称和李训谋反，尊立郑注为帝。王璠归长兴坊私第，关门不出，以河东兵护卫。神策军将至门，喊道："王涯等谋反，想以尚书为相，鱼护军让我们向您致意。"王璠大喜，出来相见。神策军急速进来，再三假意道贺，王璠知道被骗了，流泪而行，到左军见到王涯说："二十兄自己谋反，为什么要把我供出来呢？"王涯说："五弟当年做京兆尹的时候，不把宋申锡的计划泄露给王守澄，哪里会有今日？"王璠低头不语。又在太平里收捕到罗立言，还有王涯等人的亲属奴婢，都关在左右两军。户部员外郎李元皋，是李训的再从弟，李训对他也不好，也被抓捕处死。前岭南节度使胡证，家资巨富，禁兵贪图他的钱财，借口搜捕贾𫠢，进入胡家，抓住其子胡溵处死。又闯入左常侍罗让、詹事浑锣、翰林学士黎埴等家，将他们的家财抢掠一空。浑锣是浑瑊的儿子。民间地痞恶少也趁此机会报私仇，杀人抢劫，互相攻击，搞得尘埃蔽天。

唐昭宗和朱温

昭宗即位以后，致力于消除宦官的专权，但其时已近唐末，国力衰落，皇室的力量已经非常薄弱了，皇帝无论想做什么，都困难重重。当时朝中有宦官，朝外又有朱温和李茂贞这样的悍将，对皇室构成了极大的威胁。

因为感受到了昭宗的敌意，以左军中尉刘季述为首的宦官决定冒险废立，他们逼迫朝廷官员同意，废黜和幽禁了皇帝，另立幼主。

但是好景不长，这件事在朝中丞相和外朝朱温、李茂贞等人的联手反抗下很快就失败了，参与废立的宦官被全部杀死、灭族，昭宗复位。

由于昭宗和丞相崔胤坚持要全部杀死宦官，宦官集团为求自保，再一次用武力劫持了昭宗，投向凤翔李茂贞。李茂贞在和朱温战争中落败，于是杀死了为首的宦官，将昭宗和皇室交到朱温的手中。

昭宗终于在朱温的支持下接受丞相崔胤的建议，杀掉了几乎所有的宦官。

很快的，朱温凭借自身的军事实力，逼迫昭宗迁居洛阳，并烧毁了长安的宫殿和民居。此时的昭宗已经完全落到了朱温的控制中，迁往洛阳后昭宗很快被杀，朱温掌握了所有的权力，唐朝走向最后的灭亡。

在某个程度上，宦官和唐皇室的统治相始终。

（昭宗光化三年）司空、门下侍郎、同平章事王抟①，明达有度量，时称良相。上素疾宦官枢密使宋道弼、景务修专横，崔胤日与上谋去宦官②，宦官知之。由是南、北司益相憎嫉③，各结藩镇为援以相倾夺。抟恐其致乱，从容言于上曰："人君当务明大体，无所偏私。宦官擅权之弊，谁不知之！顾其势未可猝除，宜俟多难渐平，以道消息。愿陛下言勿轻泄以速奸变。"胤闻之，谮抟于上曰："王抟奸邪，已为道弼辈外应。"上疑之。及胤罢相，意抟排己，愈恨之。及出镇广州，遗朱全忠书④，具道抟语，令全忠表论之。全忠上言："胤不可离辅弼之地，抟与敕使相表里，同危社稷。"表连上不已。上虽察其情，迫于全忠，不得已，胤至湖南复召还。

【注释】

①抟：音 tuán。

②崔胤：昭宗时的主要宰相。

③南、北司：即南衙宰相和北门宦官。

④朱全忠：原名朱温，安徽砀山人。曾参加黄巢起义，后降唐，昭宗赐名"全忠"。907年，杀唐哀帝，建立梁朝，后人称后梁太祖。

【译文】

光化三年（900），司空、门下侍郎、同平章事王抟，明达有度量，时人称之为良相。昭宗向来痛恨宦官枢密使宋道弼、景务修专横，崔胤经常和昭宗商量如何除去宦官，宦官知道这件事。因此南衙、北司相互更加憎恨，各自和藩镇联络当作后援而互相倾轧。王抟害怕这样下去会带来灾难，于是从容地对昭宗说："人君应当主持大体，不能偏私。宦官擅权的坏处，谁不知道！只是其势力壮大，不能仓猝之间去除，只能等多难的局势渐渐平复，再慢慢地想办法。希望陛下不要轻易说出心中的想法，以免事情泄露反而招致叛乱。"崔胤听说了，在昭宗面前诬陷王抟说："王抟奸邪，已成为宋道弼等人的外应。"昭宗有些怀疑。崔胤罢相，以为是王抟排挤自己，更加恨他。崔胤出镇广州之际，写信给朱全忠，详细地叙述了王抟的话，让朱全忠上表。朱全忠上奏说："崔胤不可以离开辅弼之地，王抟与宦官相勾结，共同危害社稷。"不断地上表。昭宗虽然了解内情，但迫于朱全忠的势力，不得已将已到湖南的崔胤再次召还。

初，崔胤与上密谋尽诛宦官，及宋道弼、景务修死，宦官益惧。上自华州还[1]，忽忽不乐，多纵酒，喜怒不常，左右尤自危。于是左军中尉刘季述、右宫中尉王仲先、枢密使王彦范、薛齐偓等阴相与谋曰[2]："主上轻佻多变诈，难奉事；专听任南司，吾辈终罹其祸[3]。不若奉太子立之，尊主上为太上皇，引岐、华兵为援[4]，控制诸藩，谁能害我哉！"

【注释】

①华州：今陕西华县。

②偓：音wò。

③罹（lí）：遭逢，遭遇。

④岐、华兵：凤翔节度使和镇国节度使的兵马。

【译文】

最初崔胤和昭宗密谋杀尽宦官，等到宋道弼、景务修死后，宦官更加害怕。昭宗自华州回京，闷闷不乐，经常纵酒，喜怒无常，侍奉左右的尤其担心自己不知什么时候遭到不测。于是左军中尉刘季述、右宫中尉王仲先、枢密使王彦范、薛齐偓等暗中商议："主上轻佻多变，难以侍奉；只听信南司诸臣，我辈终究难免杀身之祸。不如奉立太子登基，尊主上为太上皇，引岐、华将士为后援，控制藩镇，到那个时候谁还能害我们！"

十一月，上猎苑中，因置酒，夜，醉归，手杀黄门、侍女数人。明旦，日加辰巳宫门不开①。季述诣中书白崔胤曰："宫中必有变，我内臣也，得以便宜从事，请入视之。"乃帅禁兵千人破门而入，访问，具得其状。出，谓胤曰："主上所为如是，岂可理天下！废昏立明，自古有之，为社稷大计，非不顺也。"胤畏死，不敢违。庚寅，季述召百官，陈兵殿庭，作胤等连名状，请太子监国，以示之，使署名。胤及百官不得已皆署之。上在乞巧楼，季述、仲先伏将士千人于门外，与宣武进奏官程岩等十余人入请对。季述、仲先甫登殿，将士大呼，突入宣化门，至思政殿前，逢宫人，辄杀之。

上见兵入，惊堕床下，起，将走，季述、仲先掖之令坐。宫人走白皇后，后趋至，拜请曰："军容勿惊宅家②，有事取军容商量。"季述等乃出百官状白上，曰："陛下厌倦大宝，中外群情，愿太子监国，请陛下保颐东宫③。"上曰："昨与卿曹乐饮，不觉太过，何至于是！"对曰："此非臣等所为，皆南司众情，不可遏也。愿陛下且之东宫，待事小定，复迎归大内耳。"后曰："宅家趣依军容语！"即取传国宝以授季述，宦官扶上与后同辇，嫔御侍从者才十余人，适少阳院。季述以银樕画地数上曰④："某时某事，汝不从我言，其罪一也。"如此数十不止。乃手锁其门，镕铁锢之，遣左军副使李师虔将兵围之，上动静辄白季述，穴墙以通饮食，凡兵器针刀皆不得入，上求钱帛俱不得，求纸笔亦不与。时大寒，嫔御公主无衣衾，号哭闻于外。季述等矫诏令太子监国，迎太子入宫。辛卯，矫诏令太子嗣位，更名缜。以上为太上皇，皇后为太上皇后。甲午，太子即皇帝位，更名少阳院曰问安宫。

【注释】

①日加辰巳：在辰巳之际。辰时，七点到九点。巳时，
　　九点到十一点。

②宅家：唐代宫中对皇帝的敬称。

③保颐：颐养天年。

④樕（zhuā）：马鞭子。

【译文】

十一月，昭宗在禁苑中打猎，置酒，夜里昭宗大醉回宫，亲手杀黄门、侍女数人。第二天早上，到了辰巳，宫门还没有开。刘季述到中书省对崔胤说："宫中必有变故，我是内臣，可以便宜从事，请让我入禁中看看。"于是率禁兵千人破门而入，问了问，才知道昨夜的情况。出宫告诉崔胤说："主上如此所作所为，怎能治理天下？废昏立明是自古就有的事，这是为社稷考虑，可不是不忠于君主。"崔胤怕死，不敢违抗。庚寅，刘季述召百官，在殿庭布置了军队，拟就和崔胤等人的连名状，请太子监国，展示给百官看后，让他们签名。崔胤和百官不得已都签了名。昭宗在乞巧楼，刘季述、王仲先在门外埋伏了上千将士，带了宣武进奏官程岩等十余人入内请召对。刘季述、王仲先才登殿，门外的将士大声呼喊，突然冲入宣化门，直到思政殿前，遇见宫人就杀。昭宗见到乱兵闯入，惊吓得从床上跌了下来。爬起来想跑，刘季述、王仲先扶掖着他让他坐下。宫人跑着去告诉皇后，皇后赶来，拜请道："军容不要惊扰陛下，有事慢慢商量。"刘季述等拿出百官的连名状对昭宗说："陛下厌倦皇位，朝野内外都希望太子监国，请陛下在东宫颐养天年。"昭宗说："昨天和臣下饮酒，后来不知不觉间是太过分了一点，但何至于此？"答道："这并非臣等所为，都是南司宰相和群臣的意思，无法改变了。希望陛下暂且到东宫去，待局势稍稍安定，再迎陛下回大内。"皇后说："陛下快依了军容的话。"便取传国玉玺交给刘季述，宦官扶着昭宗和皇后同坐辇上，嫔御侍从才十余人，往东宫少阳院去了。刘季述以银树在地上边画边说："某时某事，你不听我的话，这是一条罪过。"如此画了数十条不止。然后亲手锁上门，将熔化的铁汁灌入锁中，派左军副使李师虔带兵围住少阳院，昭宗任何动静都要报告给刘季述，在墙上穿洞以通饮食，只要是兵器针刀都不能送进去，昭宗要钱帛不给，要纸笔也不给。其时天气大寒，嫔御公主缺少衣服被子，号哭的声音宫外都听得到。刘季述等矫诏令太子监国，迎太子入宫。辛卯，矫诏令太子即位，改名李缜。以昭宗为太上皇，皇后为太上皇后。甲午，太子即皇帝位，将少阳院改名为问安宫。

季述加百官爵秩，与将士皆受优赏，欲以求媚于众。杀睦王倚，凡宫人、左右、方士、僧、道为上所宠信者，皆榜杀之①。每夜杀人，昼以十车载尸出，一车或止一两尸，欲以立威。将杀司天监胡秀林，秀林曰："军容幽囚君父，更欲多杀无辜乎！"季述惮其言正而止。季述等欲杀崔胤，而惮朱全忠，但解其度支盐铁转运使而已。崔胤密致书全忠，使兴兵图返正。

【注释】

①榜杀：鞭笞致死。

【译文】

刘季述提高百官爵秩，让他们与将士都受丰厚的赏赐，想以此讨好众臣。杀睦王李倚，凡是为昭宗所宠信的宫人、左右、方士、僧、道都鞭笞致死。每天夜里杀人，白天则用十辆车装载尸体出宫，一辆车上有时仅一两具尸体，想用这种方法来树立威望。将要杀司天监胡秀林，胡秀林说："军容幽禁君父，还要杀更多的无辜之人吗？"刘季述因为忌惮他讲话正直而放弃了杀他。刘季述等还想杀崔胤，又忌惮朱全忠，所以只解除了崔胤度支盐铁转运使的职务。崔胤秘密写信给朱全忠，让他派兵图谋反正。

朱全忠在定州行营①，闻乱，丁未，南还。十二月，戊辰，至大梁②。季述遣养子希度诣全忠，许以唐社稷输之；又遣供奉官李奉本以太上皇诰示全忠。全忠犹豫未决，会僚佐议之，或曰："朝廷大事，非藩镇所宜预知。"天平节度副使李振独曰："王室有难，此霸者之资也。今公为唐桓、文③，安危所属。季述一宦竖耳，乃敢囚废天子，公不能讨，何以复令诸侯！且幼主位定，则天下之权尽归宦官矣，是以太阿之柄授人也④。"全忠大悟，即囚希度、奉本，遣振如京师诇事⑤。即还，又遣亲吏蒋玄晖如京师，与崔胤谋之；又召程岩赴大梁。

【注释】

①定州：今河北定州。

②大梁：今河南开封。

③桓、文：齐桓公、晋文公，是春秋时期的霸主。

④太阿（ā）：古宝剑名，用来比喻权柄。

⑤诇（xiòng）：侦察，刺探。

【译文】

朱全忠在定州行营，听说了长安的变乱。丁未启程回京。十二月戊辰到大梁。刘季述派养子希度去见朱全忠，许诺奉上唐社稷；又派供奉官李奉本带了太上皇诰给朱全忠看。朱全忠犹豫未决，和僚佐商议。有人说："朝廷大事不是藩镇可以干预的。"只有天平节度副使李振说："王室有难，这是称霸的最好机会。如今您就是唐代的齐桓公、晋文公，天下安危都系于您一人的身上。刘季述不过是一介宦官罢了，竟敢囚废天子，如果您不能讨伐这样的乱臣贼子，又怎么能号令诸侯！况且一旦幼主的皇位稳固，则天下的权力就尽归宦官了，这就是将权柄拱手授人。"朱全忠猛然醒悟，立即囚禁希度、李奉本，派李振到京师侦察情势，又派亲信蒋玄晖到京师，和崔胤商议；又召程岩赴大梁。

（天复元年）正月，乙酉朔，王仲先入朝，至安福门，孙德昭擒斩之①，驰诣少阳院，叩门呼曰："逆贼已诛，请陛下出劳将士。"何后不信，曰："果尔，以其首来！"德昭献其首，上乃与后毁扉而出。崔胤迎上御长乐门楼，帅百官称贺。周承诲擒刘季述、王彦范继至，方诘责，已为乱梃所毙②。薛齐偓赴井死，出而斩之。灭四人之族，并诛其党二十余人。宦官奉太子匿于左军，献传国宝。上曰："裕幼弱，为凶竖所立，非其罪也。"命还东宫，黜为德王，复名裕。

【注释】

①孙德昭：时为左神策指挥使。宦官刘季述等废昭宗立太子裕，孙德昭于次年元旦杀刘季述等，奉昭宗复位。

②梃（tǐng）：棍棒。

【译文】

天复元年（901）正月乙酉朔，王仲先入朝，到安福门，孙德昭捉住杀了他，然后骑马驰往少阳院，叩门叫道："逆贼已诛，请陛下出来慰劳将士。"何皇后不信，说："要是这样，你拿逆贼的首级来。"孙德昭进献了首级，昭宗和皇后便破门而出。崔胤迎昭宗登长乐门楼，率百官向昭宗道贺。周承诲抓住刘季述、王彦范送来，在责问的时候，二人已被乱棒打死。薛齐偓投井而死，尸身出井后又施以斩刑。灭四人之族，同时诛杀其党羽二十余人。宦官奉太子藏匿于左军，此时出来向皇帝献传国玉玺。昭宗说："李裕幼弱，为叛贼所立，这不是他的罪过。"让他重回东宫，贬黜为德王，复名裕。

崔胤请上尽诛宦官，但以宫人掌内诸司事。宦官属耳，颇闻之，韩全诲等涕泣求哀于上①，上乃令胤："有事封疏以闻，勿口奏。"宦官求美女知书者数人，内之宫中，阴令诇察其事，尽得胤密谋，上不之觉也。全诲等大惧，每宴聚，流涕相诀别，日夜谋所以去胤之术。胤时领三司使②，全诲等教禁军对上喧噪，诉胤减损冬衣。上不得已，解胤盐铁使。时朱全忠、李茂贞各有挟天子令诸侯之意③，全忠欲上幸东都，茂贞欲上幸凤翔。胤知谋泄，事急，遗朱全忠书，称被密诏，令全忠以兵迎车驾，且言："昨者返正，皆令公良图，而凤翔先入朝抄取其功。今不速来，必成罪人，岂惟功为他人所有，且见征讨矣！"全忠得书，秋，七月，甲寅，遽归大梁发兵。

【注释】

①韩全诲：昭宗时重要的宦官。

②三司使：负责盐铁、户部、度支三司的官员。

③李茂贞：本名宋文通，因为在唐僖宗出奔过程中护驾有功，赐姓名李茂贞。后割据凤翔，成为关中最强大的藩镇。天复元年（901），朱温意图请昭宗迁都洛阳，宦官韩全诲与李茂贞劫持昭宗到凤翔。两年后，李茂贞不敌朱温，被迫杀韩全诲，送出昭宗。

【译文】

崔胤请昭宗杀尽宦官，只以宫人掌管内诸司事。宦官侍奉在侧，听到了消息，韩全诲等向昭宗哭泣哀求，于是昭宗对崔胤说："有事封奏，不要口奏。"宦官又找了识字的美女数人，安置宫中，暗中让她们侦察其事，崔胤的密谋全部被宦官了解，昭宗都没有察觉。韩全诲等人非常害怕，每次宴聚都流泪诀别，日夜都在谋划除去崔胤的方法。

当时崔胤领三司使，韩全诲等人教唆禁军对昭宗喧哗，告发崔胤减损冬衣。昭宗不得已，解除了崔胤盐铁使的职务。当时朱全忠、李茂贞各有挟天子以令诸侯之意，朱全忠想要昭宗去东都，李茂贞则想要昭宗去凤翔。崔胤知道计谋泄露，事情紧急，送信给朱全忠，称奉密诏，令朱全忠派兵迎接陛下车驾，而且说："上次能够拨乱反正，都赖令公出的好主意，而李茂贞却先行入朝夺取了功劳。如今不速来，必将成为罪人，不止是功劳为人所夺，而且将被朝廷征讨！"朱全忠得信，七月甲寅，马上回到大梁准备发兵。

十月，戊戌，朱全忠大举兵发大梁。

韩全诲闻朱全忠将至，丁酉，令李继筠、李彦弼等勒兵劫上，请幸凤翔，宫禁诸门皆增兵防守，人及文书出入搜阅甚严。上遣人密赐崔胤御札，言皆凄怆①，末云："我为宗社大计，势须西行，卿等但东行也。惆怅！惆怅！"戊戌，上遣赵国夫人出语韩偓②："朝来彦弼辈无礼极甚，欲召卿对，其势未可。"且言："上与皇后但涕泣相向。"自是，学士不复得对矣。癸卯，全诲等令上入阁召百官，迫寝正月丙午敕书，悉如咸通以来近例③。是日，开延英，全诲等即侍侧，同议政事。丁未，神策都指挥使李继筠遣部兵掠内库宝货、帷帐、法物，韩全诲遣人密送诸王、宫人先之凤翔。戊申，朱全忠至河中，表请车驾幸东都，京城大骇，士民亡窜山谷。是日，百官皆不入朝，阙前寂无人。

【注释】

①凄怆（chuàng）：凄惨悲伤。

②韩偓：翰林学士。

③咸通：懿宗的年号，859—873 年。

【译文】

十月，戊戌，朱全忠在大梁大举发兵。

韩全诲听说朱全忠要来，丁酉，下令李继筠、李彦弼等带兵劫持昭宗，请皇帝前往凤翔，宫禁诸门都增兵防守，不论是人员还是文书出入搜查得都很严。昭宗派人秘密赐给崔胤御札，言词凄怆，最后写道："我为宗社大计，势必要西行凤翔，你们尽管东行好了。惆怅！惆怅！"戊戌，昭宗派赵国夫人出宫对韩偓说："早上李彦弼辈无礼之极，陛下想要召你奏对，但看局势是不可能了。"赵国夫人又说："陛下与皇后只能相对哭泣。"自此开始，翰林学士也难以被皇帝召见了。癸卯，韩全诲等让昭宗入阁召百官，逼迫皇帝废除正月丙午敕书规定的宦官不能和宰相一起升殿，而要恢复咸通以来近例。这一天，开延英殿召对，韩全诲等人侍侧，共同商议政事。丁未，神策都指挥使李继筠派兵抢劫内库宝货、帷帐、法物，韩全诲派人将诸王、宫人先秘密地送到凤翔。戊申，朱全忠至河中，上表请皇帝驾幸东都，京城大惊，士民逃亡，入山避难。当天，百官都不入朝，宫门前寂寂无人。

十一月，己酉朔，李继筠等勒兵阙下，禁人出入，诸军大掠。士民衣纸及布襦者，满街极目。韩建以幕僚司马邺知匡国留后。朱全忠引四镇兵七万趣同州，邺迎降。

【译文】

十一月己酉朔，李继筠等带兵把守宫门，禁止人出入，诸军大肆抢劫。满街都是穿着纸衣和棉布短袄的士民。韩建以幕僚司马邺为匡国留后。朱全忠带领四镇兵七万往同州，司马邺迎降。

韩全诲等以李继昭不与之同，遏绝不令见上。时崔胤居第在开化坊，继昭帅所部六十余人及关东诸道兵在京师者共守卫之。百官及士民避乱者，皆往依之。庚戌，上遣供奉官张绍孙召百官，崔胤等皆表辞不至。壬子，韩全诲等陈兵殿前，言于上曰："全忠以大兵逼京师，欲劫天子幸洛阳，求传禅。臣等请奉陛下幸凤翔，收兵拒之。"上不许，杖剑登乞巧楼。全诲等逼上下楼，上行才及寿春殿，李彦弼已于御院纵火。是日冬至，上独坐思政殿，翘一足，一足蹋栏干①，庭无群臣，旁无侍者。顷之，不得已，与皇后、妃嫔、诸王百余人皆上马，恸哭声不绝，出门，回顾禁中，火已赫然。是夕，宿鄠县②。

【注释】

①蹋（tà）：踩，踏。

②鄠（hù）县：今陕西户县。

【译文】

韩全诲等因为李继昭不和他们同心，就加以阻止，杜绝不让他见昭宗。当时崔胤的宅第在开化坊，李继昭率部下六十余人和在京师的关东诸道兵一起守卫在那里。百官和士民避乱的都避到那里。庚戌，昭宗派供奉官张绍孙召集百官，崔胤等都上表表示不能前来。壬子，韩全诲等在殿前布置军队，对昭宗说："朱全忠以大兵逼近京师，想要劫持天子去洛阳，要求陛下传位。臣等请奉陛下去凤翔，招集兵马与他相抗。"昭宗不肯答应，杖剑登乞巧楼。韩全诲等逼昭宗下楼，昭宗才走到寿春殿，李彦弼已经在御院纵火。当天是冬至，昭宗独坐思政殿，翘起一足，一足踏在栏杆上，庭中无群臣，身旁又无侍者。过了一会儿，不得已与皇后、妃嫔、诸王百余人上马，恸哭声不绝，出宫门，回顾皇宫，火势已经很大了。当夜，住在鄠县。

朱全忠至长安，宰相率百官班迎于长乐坡。

【译文】

朱全忠到长安，宰相率百官在长乐坡列班相迎。

戊申，李茂贞独见上，中尉韩全诲、张彦弘、枢密使袁易简、周敬容皆不得对。茂贞请诛全诲等，与朱全忠和解，奉车驾还京。上喜，即遣内养帅凤翔卒四十人收全诲等①，斩之。

【注释】

①内养：近身宦官。

【译文】

天复三年（903）正月戊申，李茂贞单独觐见昭宗，中尉韩全诲、张彦弘、枢密使袁易简、周敬容都不得召对。李茂贞请诛韩全诲等人，与朱全忠和解，奉车驾还京。昭宗高兴，李茂贞立刻派出近身宦官带领凤翔兵四十人收捕韩全诲等人，斩杀了他们。

全诲等已诛，而全忠围犹未解。茂贞疑崔胤教全忠欲必取凤翔，白上急召胤，令帅百官赴行在。凡四降诏，三赐朱书御札，言甚切至，悉复故官爵，胤竟称疾不至。茂贞惧，自致书于胤，辞甚卑逊。全忠亦以书召胤，且戏之曰："吾未识天子，须公来辨其是非。"胤始来。

【译文】

韩全诲等人被杀之后，朱全忠仍然没有解除对凤翔的包围。李茂贞疑心是崔胤教唆朱全忠一定要攻取凤翔，于是请昭宗急召崔胤，令其率百官赴行在。下了四次诏书，三次赐朱书御札，言词恳切，恢复崔胤过去所有的官爵，崔胤竟然称病不到。李茂贞怕了，自己写信给崔胤，言辞卑下谦恭。朱全忠也写信召崔胤，开玩笑说："我没见过天子，一定要等你来这里辨别真假。"崔胤这才赶来。

甲子，车驾出凤翔，幸全忠营，全忠素服待罪。命客省使宣旨释罪①，去三仗②，止报平安，以公服入谢。全忠见上，顿首流涕。上命韩偓扶起之。上亦泣，曰："宗庙社稷，赖卿再安；朕与宗族，赖卿再生。"亲解玉带以赐之。少休，即行。全忠单骑前导十许里，上辞之。

【注释】

①客省使：负责上传下达以及依礼处置朝廷和藩镇关系的官员。

②三仗：即勋仗。唐天子衞卫分为五仗：一曰供奉仗，以左右卫为之；二曰亲仗，以亲卫为之；三曰勋仗，以勋卫为之；四曰翊仗，以翊卫为之；五曰散手仗，以亲、勋、翊卫为之。皆带刀捉仗，列坐于东西廊下。见《新唐书·仪卫志上》。

【译文】

　　甲子，车驾出凤翔，到朱全忠营中，朱全忠穿素服等着皇帝问罪。昭宗让客省使宣旨免罪，去三仗，止报平安，让朱全忠穿朝服觐见。朱全忠见着昭宗，磕头流泪。昭宗命韩偓扶起他。昭宗也哭着说："宗庙社稷全靠你才得以恢复安宁；朕与宗族也靠你才得以重生。"亲自解下玉带赏赐给朱全忠。略微休息就出发了。朱全忠单骑在前面引路，走了十多里，昭宗辞谢。

　　庚午，全忠、崔胤同对。胤奏："国初承平之时，宦官不典兵预政。天宝以来，宦官浸盛。贞元之末，分羽林卫为左、右神策军以便卫从，始令宦官主之，以二千人为定制。自是参掌机密，夺百司权，上下弥缝①，共为不法，大则构扇藩镇②，倾危国家；小则卖官鬻狱③，蠹害朝政④。王室衰乱，职此之由，不翦其根，祸终不已。请悉罢诸司使，其事务尽归之省寺，诸道监军俱召还阙下。"上从之。是日，全忠以兵驱宦官第五可范等数百人于内侍省，尽杀之，冤号之声，彻于内外。出使外方者，诏所在收捕诛之，止留黄衣幼弱者三十人以备洒扫。

【注释】

①弥缝：纠正错误。

②构扇：挑拨煽动。

③卖官鬻狱：收受贿赂，出卖官爵，枉法断狱。

④蠹（dù）害：祸害。

【译文】

庚午，朱全忠、崔胤一同觐见昭宗奏对。崔胤奏："国初太平时节，宦官不掌握兵权，不参与朝政。天宝以来，宦官势力渐盛。贞元末年，分羽林卫为左、右神策军以便于宿卫，这才开始让宦官统率军队，以二千人为定制。从此以后，宦官参掌机密，夺朝廷诸司的权力，上下勾结弥缝，共为不法之事，大到挑拨煽动藩镇，危害国家；小到卖官枉法断狱，祸害朝政。王室衰乱就是由他们造成的，如果不将祸根剪除干净，总难免留有后患。请陛下将内诸司使全部罢黜，其事务归于省寺，派出去到诸道任监军的也都召回宫中。"昭宗听从了他的建议。当天，朱全忠派兵驱赶宦官第五可范等数百人到内侍省，全部诛杀，喊冤的声音响彻宫廷内外。出使地方的宦官，则下诏令当地的地方官员将其收捕处死，只留下三十名黄衣幼弱者以备洒扫。

（天祐元年）正月，丁巳，上御延喜楼，朱全忠遣牙将寇彦卿奉表，称邠、岐兵逼畿甸①，请上迁都洛阳。及下楼，裴枢已得全忠移书②，促百官东行。戊午，驱徙士民，号哭满路，骂曰："贼臣崔胤召朱温来倾覆社稷，使我曹流离至此！"老幼缰属③，月余不绝。壬戌，车驾发长安，全忠以其将张廷范为御营使，毁长安宫室百司及民间庐舍，取其材，浮渭河而下，长安自此遂丘墟矣。全忠发河南、北诸镇丁匠数万，令张全义治东都宫室，江、浙、湖、岭诸镇附全忠者④，皆输货财以助之。甲子，车驾至华州，民夹道呼万岁，上泣谓曰："勿呼万岁，朕不复为汝主矣！"馆于兴德宫，谓侍臣曰："鄙语云：'纥干山头冻杀雀⑤，何不飞去生处乐。'朕今漂泊，不知竟落何所！"因泣下沾襟，左右莫能仰视。二月，乙亥，车驾至陕⑥，以东都宫室未成，驻留于陕。丙子，全忠自河中来朝⑦，上延全忠入寝室见何后，后泣曰："自今大家夫妇委身全忠矣！"

【注释】

①邠（bīn）：州县名。汉晋新平郡，唐置邠州，今改
　称彬县。岐：岐州，治所在雍县，今陕西凤翔南。

②移书：官员之间的往来公文。

③缰（qiǎng）属：连续不断。

④江、浙、湖、岭：长江、浙江、两湖和岭南地区。

⑤纥干山头：今山西大同东。

⑥陕：陕州，今河南三门峡市。

⑦河中：今山西永济。

【译文】

天祐元年（904）正月丁巳，昭宗登上延喜楼，朱全忠
派牙将寇彦卿奉表，称邠、岐两地的军队已逼近京畿，请
昭宗迁都洛阳。等到昭宗下楼，裴枢已收到朱全忠的移书，
催促百官东行。戊午，驱赶百姓迁徙，号哭满路，百姓骂
道："贼臣崔胤召朱温来颠覆社稷，害得我们这样流离失
所。"路上老幼相继不断，持续了一个多月。壬戌，车驾从
长安出发，朱全忠派手下张廷范为御营使，拆毁长安宫室、
百司衙门及民间房舍，取得的木材，都扔在渭河里，长安
自此变成废墟。朱全忠征发黄河南、北诸镇数万工匠，下
令张全义修造洛阳宫室，长江、浙江、两湖和岭南地区依
附朱全忠的诸节度使，都运来财货帮助兴建。甲子，昭宗
车驾到达华州，百姓夹道相迎拜呼万岁，昭宗哭着说："不
要称呼万岁，朕不再是你们的君主了。"在兴德宫下榻，对
侍臣说："俗语云：'纥干山头冻杀雀，何不飞去生处乐。'
朕如今漂泊，不知最终落在哪里？"于是泪下沾襟，左右

都不能仰视。二月乙亥，车驾至陕州，因为东都宫室尚未修好，暂时驻留在此。丙子，朱全忠自河中来朝见，昭宗引朱全忠入寝室见何皇后，皇后流泪说："自今以后，我们夫妇就都交付给你了。"

三月，丁未，以朱全忠兼判左、右神策及六军诸卫事。癸丑，全忠置酒私第，邀上临幸。乙卯，全忠辞上，先赴洛阳督修宫室。上与之宴群臣，既罢，上独留全忠及忠武节度使韩建饮，皇后出，自捧玉卮以饮全忠①，晋国夫人可证附上耳语。建蹑全忠足②，全忠以为图己，不饮，阳醉而出。全忠奏以长安为佑国军，以韩建为佑国节度使，以郑州刺史刘知俊为匡国节度使。丁巳，上复遣间使以绢诏告急于王建、杨行密、李克用等③，令纠帅藩镇以图匡复，曰："朕至洛阳，则为所幽闭，诏敕皆出其手，朕意不复得通矣！"

【注释】

①卮（zhī）：古代一种圆形盛酒器。

②蹑（niè）：踩。

③王建、杨行密、李克用：都是当时重要的藩镇节度使。

【译文】

三月丁未，任命朱全忠兼管左、右神策及六军诸卫事。癸丑，朱全忠在自己的私宅设置酒宴，邀请昭宗临幸。乙卯，朱全忠向昭宗请辞，先赴洛阳督造宫室。昭宗和朱全忠一起设宴款待群臣，宴会之后，昭宗单独留下朱全忠和忠武节度使韩建饮酒，何皇后出来亲自捧玉卮劝朱全忠饮酒，晋国夫人可证则和昭宗耳语。韩建轻踩了踩朱全忠的脚，朱全忠以为昭宗要谋害自己，就不肯饮酒，佯装喝醉了，告辞离开。朱全忠上奏，在长安建佑国军，派韩建任佑国节度使，任命郑州刺史刘知俊为匡国节度使。丁巳，昭宗再次派使者携带写在绢上的诏书向王建、杨行密、李克用等人告急，让他们带领藩镇，匡复唐室，说："朕到了洛阳，就会被囚禁，诏敕都出自朱全忠之手，朕的心意就再也不能传达出来了！"

　　四月，辛巳，朱全忠奏洛阳宫室已成，请车驾早发，表章相继。上屡遣宫人谕以皇后新产，未任就路，请俟十月东行①。全忠疑上徘徊俟变，怒甚，谓牙将寇彦卿曰："汝速至陕，即日促官家发来。"闰月，丁酉，车驾发陕。壬寅，全忠逆于新安②。上之在陕也，司天监奏："星气有变，期在今秋，不利东行。"故上欲以十月幸洛。至是，全忠令医官许昭远告医官使阎祐之、司天监王墀、内都知韦周、晋国夫人可证等谋害元帅③，悉收杀之。

【注释】

①俟（sì）：等待。

②新安：今河南新安。

③墀：音 chí。

【译文】

四月辛巳，朱全忠奏报洛阳宫室已经建成，请皇帝车驾尽早出发，催请的奏章接连不断。昭宗屡次派宫人对朱全忠说，因为皇后刚刚分娩，还不能上路，请等到十月再出发。朱全忠疑心昭宗故意拖延，在等待救驾的军队，大怒，对牙将寇彦卿说："你立刻到陕州，催促皇帝即日动身。"闰月丁酉，昭宗车驾自陕州出发。壬寅，朱全忠到新安去迎接。昭宗在陕州时，司天监上奏说："星象气有变化，就应在今秋，东行会不吉利。"所以昭宗想在十月才启程去洛阳。这个时候，朱全忠让医官许昭远告发医官使阎祐之、司天监王墀、内都知韦周、晋国夫人可证等谋害朱全忠，把他们全部收捕处死。

癸卯，上憩于榖水。自崔胤之死，六军散亡俱尽，所余击毬供奉、内园小儿共二百余人，从上而东。全忠犹忌之，为设食于幄^①，尽缢杀之。豫选二百余人大小相类者，衣其衣服，代之侍卫。上初不觉，累日乃寤^②。自是上之左右职掌使令皆全忠之人矣。

【注释】

①幄（wò）：形如房屋的大帐幕。
②累日：数日。

【译文】

癸卯，昭宗在洛阳城内的榖水边休息。自从崔胤死后，禁卫六军已经四散，只剩下击毬供奉、内园小儿共二百余人，跟随昭宗到了洛阳。即使这样，朱全忠仍然有所忌惮，他假装在帐幕中设食款待，把他们都绞死了。事先准备的二百多和他们身材高矮大小相近的，穿上他们的衣服，代替他们侍卫皇帝。昭宗起初还没有察觉，过了几天才醒悟过来。自此之后，昭宗左右掌权发令的也都是朱全忠的人了。

八月，壬寅，帝在椒殿①，玄晖选龙武牙官史太等百人夜叩宫门②，言军前有急奏，欲面见帝。夫人裴贞一开门见兵，曰："急奏何以兵为？"史太杀之。玄晖问："至尊安在？"昭仪李渐荣临轩呼曰："宁杀我曹，勿伤大家！"帝方醉，遽起，单衣绕柱走，史太追而弑之。渐荣以身蔽帝，太亦杀之。又欲杀何后，后求哀于玄晖，乃释之。

【注释】

①椒殿：后宫。

②玄晖：枢密使蒋玄晖，朱全忠心腹，奉命监视昭宗。

龙武牙官：禁军龙武军的小军官。

【译文】

八月壬寅，昭宗在椒殿，蒋玄晖挑选了龙武军中牙官史太等百人，夜叩宫门求见，说军中有急报，要面见皇帝。夫人裴贞一开门见有士兵，就问道："急奏要士兵干什么？"史太杀死裴贞一。蒋玄晖问："陛下在哪里？"昭仪李渐荣临轩喊道："你们杀我们这些人好了，不要伤害陛下！"昭宗正好喝醉了，立刻起身，穿着单衣绕着柱子奔逃，史太追上去杀死了昭宗。李渐荣挡在皇帝身前，史太也一起杀了她。又想杀何皇后，何皇后哀求蒋玄晖，就放过了她。

癸卯，蒋玄晖矫诏称李渐荣、裴贞一弑逆，宜立辉王祚为皇太子，更名柷①，监军国事。又矫皇后令，太子于柩前即位。宫中恐惧，不敢出声哭。丙午，昭宣帝即位，时年十三。

【注释】

①柷：音 zhù。

【译文】

癸卯，蒋玄晖假传旨意，称李渐荣、裴贞一弑逆，谋害了昭宗，应当立辉王李祚为皇太子，更名为李柷，监军国事。又假传皇后令，让太子在灵柩前即位。宫中都很恐惧，不敢出声哭泣。丙午，昭宣帝即位，当时十三岁。

朱全忠闻朱友恭等弑昭宗，阳惊，号哭自投于地①，曰："奴辈负我，令我受恶名于万代！"癸巳，至东都，伏梓宫恸哭流涕②，又见帝，自陈非己志，请讨贼。先是，护驾军士有掠米于市者，甲午，全忠奏朱友恭、氏叔琮不戢士卒③，侵扰市肆，友恭贬崖州司户④，复姓名李彦威，叔琮贬白州司户⑤，寻皆赐自尽。彦威临刑大呼曰："卖我以塞天下之谤，如鬼神何！行事如此，望有后乎！"

【注释】

①自投于地：以头碰地，表示自责之意。

②恸（tòng）：大哭。

③戢（jí）：禁止，约束。

④崖州：今海南琼山。司户：州县司户参军，县称司户，掌户籍、赋税、仓库交纳。

⑤白州：今广东博白。

【译文】

朱全忠听说朱友恭等弑杀了昭宗，假装吃惊，然后大声号哭，以头碰地说："这些奴才辜负我，让我蒙受千秋万代的恶名。"癸巳至东都，拜谒梓宫时，趴在上面恸哭流涕，又进见昭宣帝，陈述弑逆事并非自己的意思，请皇帝允许自己为皇室捉拿弑君之贼。之前护驾军士中有人在集市上抢米。甲午，朱全忠上奏说朱友恭、氏叔琮不约束士卒，侵扰市场，将朱友恭贬为崖州司户，恢复姓名李彦威，氏叔琮贬为白州司户，不久又都赐自尽了。李彦威临刑前大叫道："出卖我可以堵住天下人的毁谤，可是你又能骗得了鬼神吗？如此行事，还指望会有后代吗？"

后周纪

周世宗征伐淮南

周世宗是五代后期颇有作为的君主，只是去世得早，很多事业都没能够完成，其中大部分被北宋承袭。征讨淮南是世宗统一大业的一个部分。后周和南唐的这场战争胜败之势非常明显，后周拥有极大的优势，这一点也同样出现在后来北宋征伐南唐的过程中。

（显德三年）正月，庚子，帝下诏亲征淮南①。

壬寅，帝发大梁②。李毂攻寿州③，久不克。唐刘彦贞引兵救之④，至来远镇，距寿州二百里，又以战舰数百艘趣正阳⑤，为攻浮梁之势⑥。李毂畏之，召将佐谋曰："我军不能水战，若贼断浮梁，则腹背受敌，皆不归矣！不如退守浮梁以待车驾。"上至圉镇⑦，闻其谋，亟遣中使乘驿止之⑧。比至，已焚刍粮⑨，退保正阳。丁未，帝至陈州⑩，亟遣李重进引兵趣淮上⑪。

【注释】

①帝：周世宗柴荣，954—959年在位，在经济、政治及军事等各方面进行了整顿和改革，为统一事业作出了重要贡献。

②大梁：今河南开封。

③李毂：北周征发南唐的统帅。寿州：今安徽寿县。

④刘彦贞：南唐将领。

⑤正阳：今安徽寿县西南正阳关。

⑥浮梁：河上的浮桥。

⑦圉（yǔ）镇：今河南杞县西南。

⑧亟（jí）：立刻，急切。乘驿：乘驿站的马行进。

⑨刍（chú）：喂牲口的草。

⑩陈州：今河南淮阳。

⑪李重进：北周将领。

显德三年（956）正月庚子，世宗下诏亲征淮南。

壬寅，世宗从大梁出发。李穀攻打寿州，很久也攻不下来。南唐刘彦贞带兵支援，到距寿州二百里的来远镇，又用数百艘战舰开往正阳，做出要攻打浮梁的架势。李穀担心，召集将佐商议："我军不能水战，如果敌人截断浮梁，那么我们会腹背受敌，就都回不去了！不如退守浮梁以待陛下车驾降临。"世宗抵达围镇时听到了李穀的计划，立刻派中使乘驿马前往阻止他。等使者赶到的时候，李穀的军队已经将粮草焚毁，退保正阳了。丁未，世宗到达陈州，立刻派李重进带兵赶往淮上。

辛亥，李穀奏："贼舰中淮而进，弩砲所不能及①，若浮梁不守，则众心动摇，须至退军。今贼舰日进，淮水日涨，若车驾亲临，万一粮道阻绝，其危不测。愿陛下且驻跸陈、颍②，俟李重进至，臣与之共度贼舰可御，浮梁可完，立具奏闻。但若厉兵秣马③，春去冬来，足使贼中疲弊，取之未晚。"帝览奏，不悦。

【注释】

①弩（nǔ）：弓箭。

②驻跸（bì）：帝王出行途中停留暂住。颍：今安徽阜阳。

③厉兵秣（mò）马：磨好兵器，喂好马。

【译文】

辛亥，李榖上奏说："敌军的船只在淮河当中行进，箭和炮都射不到，如果浮梁守不住，则军心动摇，势必要退兵。如今敌舰一天天挺进，淮水一天天上涨，如果陛下车驾亲临，万一粮道断了，其危险是难以预测的。希望陛下暂时驻跸在陈、颍一带，等李重进到了，臣和他联手，则敌舰可以抵御，浮梁可以保证完好，立具奏闻。如果厉兵秣马，春天离开，冬天再回来，这样也足以使敌人疲劳，到时候再作战也不晚。"世宗看到奏章，很不高兴。

刘彦贞素骄贵，无才略，不习兵①，所历藩镇，专为贪暴，积财巨亿，以赂权要，由是魏岑等争誉之②，以为治民如龚、黄③，用兵如韩、彭④，故周师至，唐主首用之。其裨将咸师朗等皆勇而无谋⑤，闻李榖退，喜，引兵直抵正阳，旌旗辎重数百里，刘仁赡及池州刺史张全约固止之⑥。仁赡曰："公军未至而敌人先遁，是畏公之威声也，安用速战！万一失利，则大事去矣！"彦贞不从。既行，仁赡曰："果遇，必败。"乃益兵乘城为备⑦。李重进度淮，逆战于正阳东，大破之，斩彦贞，生擒咸师朗等，斩首万余级，伏尸三十里，收军资器械三十余万。是时江、淮久安，民不习战，彦贞既败，唐人大恐，张全约收余众奔寿州，刘仁赡表全约为马步左厢都指挥使。皇甫晖、姚凤退保清流关⑧。滁州刺史王绍颜委城走⑨。

【注释】

①不习兵：不熟悉军事。

②魏岑：南唐元宗李璟信任的大臣。

③治民如龚、黄：像龚遂、黄霸那样长于治理地方。
二人均是西汉著名的良吏。

④用兵如韩、彭：像韩信和彭越那样善于用兵。二人
是刘邦手下著名的大将。

⑤裨（pí）将：副将，佐将。裨，辅佐。

⑥刘仁赡：南唐守卫寿州的官员，忠心于南唐。池州：
今安徽贵池。

⑦乘（chéng）城：守城。

⑧皇甫晖：南唐大将。清流关：今安徽滁州西南。

⑨滁州：今安徽滁州。

【译文】

　　刘彦贞向来骄贵，没有什么才能，不会打仗，在历次
藩镇任上肆意贪污，积累了巨亿资财，用来贿赂权贵，因
此魏岑等人争相称赞，说他治理地方如龚遂、黄霸，用兵
如韩信、彭越，所以周师入侵，唐主第一个就想起来用他
了。其副将咸师朗等人都有勇无谋，听说李毂后退，大喜，
带兵直抵正阳，旌旗辎重绵延数百里。刘仁赡和池州刺史
张全约坚决制止他。刘仁赡说："你军队未到而敌人先逃遁，
是畏惧你的声威，哪里需要速战呢！万一失利，则大事不
妙了。"刘彦贞不肯听。他走了之后，刘仁赡说："真的遇
到敌军的话，一定会败。"于是增加兵员，加以防守，做好
准备。李重进渡过淮河，在正阳东迎战刘彦贞，大破刘军，

斩杀刘彦贞，生擒咸师朗等人，斩首万余级，死在战场上的尸体蔓延三十里，周人缴获南唐的军资器械三十余万。当时江淮长久安定，百姓不熟悉作战了，刘彦贞败了以后，唐人大为惊恐，张全约收集剩下的军队逃奔到寿州，刘仁赡上表请任命张全约为马步左厢都指挥使。皇甫晖、姚凤退保清流关。滁州刺史王绍颜弃城逃走。

　　壬子，帝至永宁镇①，谓侍臣曰："闻寿州围解，农民多归村落，今闻大军至，必复入城。怜其聚为饿莩②，宜先遣使存抚，各令安业。"甲寅，帝至正阳，以李重进代李毂为淮南道行营都招讨使，以毂判寿州行府事。丙辰，帝至寿州城下，营于淝水之阳③，命诸军围寿州，徙正阳浮梁于下蔡镇④。丁巳，征宋、亳、陈、颍、徐、宿、许、蔡等州丁夫数十万以攻城，昼夜不息。唐兵万余人维舟于淮⑤，营于涂山之下⑥。庚申，帝命太祖皇帝击之⑦，太祖皇帝遣百余骑薄其营而伪遁，伏兵邀之，大败唐兵于涡口⑧，斩其都监何延锡等，夺战舰五十余艘。

【注释】

①永宁镇：今安徽阜阳东南。

②饿莩（piǎo）：饿死的人。

③淝水之阳：淝水的北面。阳，山的南面、水的北面称之"阳"。

④下蔡镇：安徽凤台。

⑤维舟：系船停泊。

⑥涂山：今安徽怀远东南。

⑦太祖皇帝：指赵匡胤。

⑧涡口：今安徽怀远东。

【译文】

　　壬子，世宗到达永宁镇，对侍臣说："听说寿州解围，农民大多回村落去了，如今听说大军到了，必定再次入城。可怜他们聚到城中就会饿死，还是应该先派人存问安抚，让他们各安其业。"甲寅，世宗到达正阳，派李重进代替李榖为淮南道行营都招讨使，李榖兼管寿州行府事。丙辰，世宗到达寿州城下，在淝水北面扎营，命诸军包围寿州，将正阳浮梁迁移到下蔡镇。丁巳，征发宋、亳、陈、颍、徐、宿、许、蔡等州丁夫数十万攻城，昼夜不停。唐兵万余人在淮河边系船停泊，在涂山下扎营。庚申，世宗命赵匡胤出战。赵匡胤派出百余骑兵靠近他们的营地然后假装逃走，引唐兵来追，事先则设下了伏兵，大败唐兵于涡口，斩杀都监何延锡等人，夺得战舰五十余艘。

　　二月，丙寅，下蔡浮梁成①，上自往视之。

　　戊辰，庐、寿、光、黄巡检使元城司超奏败唐兵三千余人于盛唐②，擒都监高弼等，获战舰四十余艘。上命太祖皇帝倍道袭清流关③。皇甫晖等陈于山下，方与前锋战，太祖皇帝引兵出山后；晖等大惊，走入滁州，欲断桥自守。太祖皇帝跃马麾兵涉水，直抵城下。晖曰："人各为其主，愿容成列而战。"太祖皇帝笑而许之。晖整众而出，太祖皇帝拥马颈突陈而入，大呼曰："吾止取皇甫晖，他人非吾敌也！"手剑击晖，中脑，生擒之，并擒姚凤，遂克滁州。后数日，宣祖皇帝为马军副都指挥使④，引兵夜半至滁州城下，传呼开门。太祖皇帝曰："父子虽至亲，城门王事也，不敢奉命！"明旦，乃得入。

【注释】

①浮梁：浮桥。

②元城：今河北大名。盛唐：今安徽六安。

③倍道：兼程。

④宣祖皇帝：赵弘殷，赵匡胤之父。

【译文】

二月丙寅，下蔡镇的浮梁建成，世宗亲自前往视察。

戊辰，庐、寿、光、黄巡检使元城人司超上奏在盛唐大败唐兵三千余人，捉住都监高弼等人，获战舰四十余艘。世宗命赵匡胤兼程往袭清流关。皇甫晖等列阵于山下，正和前锋作战时，赵匡胤带兵从山后出来；皇甫晖等大惊，逃入滁州，想要断桥自守。赵匡胤骑马指挥士兵渡河，直抵城下。皇甫晖说："人各为其主，希望你可以让我排成阵列再战。"赵匡胤笑着答应了。皇甫晖整理好军队率众而出，赵匡胤抓住马颈突然穿入军阵，大喊道："我只要取皇甫晖，别人不是我的对手。"手持剑击中皇甫晖的头部，生擒了他，又抓住了姚凤，于是滁州平定。过了几天，赵弘殷为马军副都指挥使，带兵半夜到了滁州城下，传呼开门。赵匡胤说："父子虽是至亲，但守城是王事，责任重大，不敢夜半开城。"第二天天亮，赵弘殷才得以入城。

（显德三年）三月，甲午朔，上行视水寨，至淝桥，自取一石，马上持之至寨以供砲，从官过桥者人赍一石①。

【注释】

①赍（jī）：拿东西给人，送给。

【译文】

显德三年（956）三月初一，世宗巡视水寨，到淝桥的时候自己取了一块石头，拿在手上骑马带到水寨以供应砲，过桥的随从官员每人拿了一块石头。

太祖皇帝乘皮船入寿春壕中①，城上发连弩射之②，矢大如屋椽③。牙将馆陶张琼遽以身蔽之④，矢中琼髀⑤，死而复苏。镞着骨不可出⑥，琼饮酒一大卮，令人破骨出之。流血数升，神色自若。

【注释】

①壕：护城河。

②连弩：装有机栝，可以同发数矢或连发数矢之弓。

③椽（chuán）：椽子，架在房檩承托屋面板和瓦的长木条。

④馆陶：今河北馆陶。

⑤髀（bì）：大腿。

⑥镞（zú）：箭头。

【译文】

赵匡胤乘皮船进入寿春的护城河中，城上发连弩射击，箭大得像屋椽。牙将馆陶人张琼马上用身体挡住，结果张琼的大腿中了一箭，死而复苏。箭头射入骨头里取不出来，张琼饮一大杯酒，让人把骨头刺破才取了出来。流血数升，但他神色自若。

唐主使李德明、孙晟言于上①，请去帝号，割寿、濠、泗、楚、光、海六州之地。仍岁输金帛百万以求罢兵。上以淮南之地已半为周有，诸将捷奏日至，欲尽得江北之地，不许。

【注释】

①晟：音shèng。

【译文】

唐主派李德明、孙晟来见世宗，提出自己去除帝号，割让寿、濠、泗、楚、光、海六州之地给后周。每年还送金帛百万以求罢兵。世宗认为淮南之地一半已经归属于后周所有，诸将的捷报每天都源源不断地送来，想要得到所有长江以北的土地，所以不肯答应和谈。

唐齐王景达将兵二万自瓜步济江①，距六合

二十余里②，设栅不进③。诸将欲击之，太祖皇帝曰："彼设栅自固，惧我也。今吾众不满二千，若往击之，则彼见吾众寡矣；不如俟其来而击之，破之必矣！"居数日，唐出兵趣六合，太祖皇帝奋击，大破之，杀获近五千人，余众尚万余，走渡江，争舟溺死者甚众，于是唐之精卒尽矣。

【注释】

①瓜步：今江苏六合东南。

②六合：今江苏六合。

③栅（zhà）：栅栏。

【译文】

　　唐齐王李景达率领二万兵从瓜步渡江，在离六合二十余里的地方设置栅栏防守，不再前进。后周诸将想要出战，赵匡胤说："敌人设栅自固是害怕我们。如今我们的军队不满二千，如果出击，敌军就会发现我们真正的军力；不如等他们来进攻的时候再出战，一定能够打败他们。"过了几天，唐军出兵往六合，赵匡胤带兵奋力出击，大破唐军，杀获将近五千人，南唐军剩下的万余人逃跑渡江，为了争船又淹死了很多，这样一来，南唐的精兵就消耗得差不多了。